# 股权投资学

## （各论）

谭祖卫　著

中国财政经济出版社

**图书在版编目（CIP）数据**

股权投资学．各论/谭祖卫著．—北京：中国财政经济出版社，2015.9
ISBN 978－7－5095－6378－6

Ⅰ.①股…　Ⅱ.①谭…　Ⅲ.①股权－投资基金－研究　Ⅳ.①F830.59

中国版本图书馆 CIP 数据核字（2015）第 208673 号

责任编辑：樊清玉　　　责任校对：李　丽
封面设计：耕　者　　　版式设计：康普宝蓝

中国财政经济出版社 出版
**URL**：http：//ckfz.cfeph.cn
E－mail：ckfz@cfeph.cn

社址：北京市海淀区阜成路甲 28 号　邮政编码：100142
营销中心电话：010－88190406　北京财经书店电话：010－64033436、84041336
北京联兴盛业印刷股份有限公司印刷　各地新华书店经销
710×1000 毫米　16 开　16.25 印张　250 000 字
2015 年 10 月第 1 版　2015 年 10 月北京第 1 次印刷
印数：1—4 060　定价：80.00 元
ISBN 978－7－5095－6378－6/F・5138
（图书出现印装问题，本社负责调换）
本社质量投诉电话：010－88190744
**打击盗版举报热线：010－88190492，QQ：634579818**

本书献给我的父亲与母亲！

本套书出版受到以下公司和机构资助：
1. 中关村创新研修学院
2. 北京市知识管理研究基地
3. 北京中海投资管理有限公司
4. 燕园创新北京投资管理有限公司
5. 大川（赣州）投资管理有限公司

# 序 / PREFACE

股权和创业投资基金作为私募基金的主要类型，从20世纪中叶开始到现在已经有70余年的发展历史，美国是其发源地，也是目前股权和创业投资最发达的国家。在我们熟知的硅谷，依托于斯坦福、加州大学伯克利分校等世界知名大学，以思科、英特尔、惠普和苹果等世界顶级企业为代表的1万家以上的科技型企业引领着全球众多高科技领域特别是电子计算与现代通信领域的飞速发展，而这些高科技企业的成长与壮大也离不开股权和创业投资的支持。早在第二次世界大战结束后，斯坦福大学就采纳Frederick Terman的建议设立工业园，Terman同时为初创企业提供创业资本。惠普公司是硅谷早期获得创业投资最成功的例子之一，随后有思科公司以及苹果公司等。当1972年第一家创业投资基金在硅谷的Sand Hill落户，创业投资基金就与大量高科技、高成长企业结为了密不可分的伙伴，共同见证了硅谷的成长，而Sand Hill在硅谷也成为了创业投资资本的代名词。时至今日，放眼世界，凯雷、黑石、KKR、TPG、IDG、红杉资本、贝恩资本和华平投资等私募基金巨头的存在，极大地推动着创业与创新。

我国作为新兴市场经济国家，在发展股权和创业投资基金方面拥有欧美发达国家所不具有的诸多后发优势。比如，即便是放眼全球也可谓一马当先的经济增速；逐步走向成熟与开放的巨大新兴市场；政府无论从政策上还是资金上都能给予大力支持；以及中华民族坚韧无畏的奋斗精神等。但是，我国股权和创业投资基金的起步毕竟较晚，无论是政策法规层面，还是实务运作层面，都还处于摸索过程中。

1985年3月中共中央发布的《关于科学技术体制改革的决定》首次提出“对变化迅速、风险较大的高技术开发工作，可以设立创业投资支持”。此后，科技部等有关部委即开始探索发展创业投资。同年，国家出资设立了中国新技术创业投资公司，其目的是为高技术开发企业提供贷款支持。虽然后来的实践表明：贷款方式与创业投资方式相去甚远，并不适合创业期科技型企业，但这种探索的意义在于使国人了解了创业投资与贷款资金投入的本质区别。

本人1993年即参与了我国第一家创业投资基金——淄博乡镇企业投资基金的管理工作。1995年末考入原国家计委（现国家发改委）财政金融司工作后，1996年5月撰写的第一篇内参报告即呼吁“借鉴市场经济发达国家经验，发展有中国特色创业投资基金”。此报告受到国务院领导重视后，即遵照批示着手研究起草创业投资基金相关法规和政策。20个春秋过去了，虽然也有了些进展，但距构建完善的创业投资政策法律体系还相差甚远。

所幸的是，在推进国家创业投资政策法律体系建设过程中，我结识了一批富有情怀且潜心研究的志士仁人。其中，谭祖卫博士就是其中最突出的一位。2014年10月，《创业投资企业管理暂行办法》终于得以发布。为促进创业投资（基金）企业发展，办法明确国务院有关部委和地方政府可以设立创业投资引导基金，通过参股支持等方式，引导社会资金参与投资商业性创业投资基金。但是，财政性创业投资引导基金如何设立和运作，仍没有固定的模式可以借鉴。当时谭祖卫博士正在从事博士后研究，其主要工作之一便是构建海淀区创业投资引导基金运作模式和方案。从这些年的运作实践看，海淀区创业投资引导基金作为我国最早设立的地方性引导基金之一，对全国起到了很好的示范作用。通过总结其经验，2008年，国家发改委会同财政部、商务部起草并通过国务院办公厅颁布了《创业投资引导基金规范设立指导意见》。

后来，谭博士一直在持之以恒地从事股权和创业投资研究，并积极参与国家发改委财政金融司和我本人负责指导的中国投资协会创业投资专业委员会的多项研究和实际工作，提出了不少很有见地的政策和工作建议。今天，他花费十年心血研究形成的《股权投资学（总论）》与《股权投资学（各论）》终于要正式出版了，这既是他个人的幸事，也是我国股权和创业投资界的幸事！

纵观全球股权和创业投资的发展历程，其为促进世界经济发展以及高新技术产业化发挥了重要作用，但是从学科体系上看，股权和创业投资在整个金融领域尤其是在投资学分类中尚没有找到应有的位置。尽管国内外不少学者从不同角度做了一些研究探讨，但还缺乏系统、全面的梳理与总结。谭博士能够博采众家之长，进行有益的开创性探索，实在难能可贵！

尽管这套书存在这样与那样的不足之处，但其为进一步完善股权和创业投资理论作出了三方面重大贡献：

第一，丰富了传统投资学分类。作者把股权投资作为一个完整的、独立的学科纳入投资学家族中，使其成为继实业投资、证券投资之后的第三种投资类型，即股权投资成为连接实业投资与证券投资的一个重要投资类型。

第二，试图构建一个完整的股权投资理论体系框架。《总论》主要从基本理论出发进行阐述，包括基本概念定义与分类、股权投资市场组成、股权投资发展环境（如法规环境、科技创新环境以及文化环境）和股权基金内部运营（如内部运营机制、基金募集与设立、项目投资、投后管理以及基金退出等）；而《各论》主要从实务角度论述各类股权基金的起源与发展、运作模式、运作特点以及未来发展趋势，如天使投资、创业投资、成长基金、并购基金、母基金、政策性基金、外资基金、物权基金、股权众筹、夹层基金以及上市公司私人股权基金。

第三，探索性地对股权投资一些基本概念进行了系统规范定义。以往业内缺乏对股权投资领域一些基本概念的系统定义，如私人股权、股权投资等，作者在这方面做了一些探索性的工作。

股权和创业投资作为一种新型的投资工具，其理论体系还在不断完善中。由于不同的经济金融制度与文化背景存在较大差异，因此，结合我国具体经济金融制度和文化背景，推进有中国特色股权和创业投资理论发展，还有很长的路要走。我期待作者在以后的理论研究与实务工作中对本套著作进行进一步完善，也希望其他学者以及业内人士能够像谭博士一样，积极探索，勇于开拓，为我国股权和创业投资理论建设作出新贡献！

**刘健钧**

**2015 年 9 月 25 日**

# 自序 / PREFACE

1997 年我从期货开始涉入金融投资领域，以后相继从事过证券以及实业投资工作。但当时我硕士所学专业是农业化学，与金融投资专业相差甚远，直到 2002 年攻读博士学位才开始比较系统地学习金融投资专业理论。2005 年博士毕业有幸进入北京航空航天大学与中关村科技园区联合博士后工作站从事政府引导基金运营机制研究，并直接参与中关村创业投资引导基金的设立与运营工作。在此期间还参与了中关村创业孵化投融资体系构建的研究与实务工作。因此，我最初从事股权投资是从研究政府创业投资引导基金开始的，并且在以后的工作中参与了多只股权基金的实务工作，尤其是政府引导基金的设立与运营。这套书的出版也是对我本人从事股权投资理论研究与实务操作十年的总结。

从 1946 年成立研究和发展公司（ARD）到现在，在股权投资的推动下，美国先后产生了英特尔、谷歌、苹果、微软等世界级高新技术企业，同时也确保了其现代信息技术产业的全球领先地位。1985 年，国家科委、财政部共同出资设立了中国新技术创业投资公司，其目的是为高技术开发企业投资或贷款，该公司的成立类似于美国的 ARD，对发展我国股权投资具有里程碑的意义。今年是我国发展创业投资整 30 年，在 30 年的发展过程中，我国股权投资规模不断扩大，股权投资市场不断完善，大大促进了创新创业，催生出一批优秀企业，如百度、阿里巴巴、搜狐等。

股权投资的快速发展，吸引了国内外许多学者从不同角度对股权投资进行大量研究，内容包括股权投资运营机制、股权投资风险控制体系以及股权投资监管制度等。同时，也激发了股权投资专业教育与培训领域的活力，国内外许多大学纷纷开设相关课程甚至设立相关专业，各大社会培训机构也纷纷设立股权投资培训项目。但是，总体上股权投资理论研究与教育还滞后于实务，至今学术界仍没有就股权投资构建一个完整的理论体系，股权投资专业教育与培训也缺乏系统的教材。

在这些背景下，通过吸收借鉴众多学者的大量研究成果，结合自己平时的一些研究以及从业经历，我努力尝试构建股权投资理论体系，期望可以起到抛砖引玉的作用。

本套书分《股权投资学（总论）》与《股权投资学（各论）》两册。《总论》侧重于从理论方面系统与全面地阐述股权投资，主要包括三部分内容：一是论述股权投资基本理论，包括股权投资基本概念与分类、股权投资市场组成以及股权投资相关理论等内容；二是论述股权投资发展环境，包括股权投资法规环境、股权投资科技创新环境以及股权投资文化环境等内容；三是论述股权基金内部运营，包括基金内部运营机制、基金募集与设立、项目投资、投后管理以及基金退出等内容。

《各论》侧重于从实务角度论述各类股权基金的起源与发展、运作模式、运作特点以及未来发展趋势，主要包括天使投资（Angel Investment）、创业投资（Venture Capital）、成长基金（Pre－IPO）、并购基金（Buy－out Fund）、母基金（Fund of Fund）、政策性基金（Policy－Directed Fund）、外资基金（Foreign Capital）、物权基金（Real Right Fund）、股权众筹（Equity Crowdfunding）、夹层基金（Mezzanine Fund）以及上市公司股权投资（PIPE）。

这套书力求从基本概念以及股权投资起源出发构建股权投资

理论体系，包括私人股权的定义、股权投资在整个投资行业的地位与作用、股权基金系统归类与分类、股权基金与私募基金之间的关系以及股权基金内部运营机制等。同时，也力求从实务出发向读者介绍各类股权基金的实际运作，包括基金设立与运作过程中的法律问题与税收问题、基金内部运营流程与制度以及基金运营风险控制问题等。

虽然本套书得以顺利出版，但由于本人学识以及从业经历有限，书中不足之处在所难免，大体表现在：一是缺乏不同法律法规与金融制度下股权投资运作模式的比较；二是《各论》中部分基金如股权众筹、物权基金、夹层基金等，论述得还比较空泛，操作性较差；三是《各论》中尚缺少对各基金的经典案例分析，可能导致读者缺乏感性认知。本人在以上方面都曾努力作过尝试，但终因力不从心而没有成功。

写作过程中，刘健钧老师的许多学术观点对我启发很大，尤其是关于政策性基金、我国股权投资监管以及天使投资等方面的一些独到观点。书中也吸收了北京大学经济学院金融系何小锋教授关于股权投资的一系列学术观点。另外，本套书采用了清科集团大量行业数据，在此表示感谢。

本套书能顺利出版要感谢中关村创新研修学院执行院长柳进军教授，他不仅从出版经费上给予了大力支持，还从中关村创新研修学院战略发展出发把此套书列为该院研究课题并提供了大量研究素材。

我的同事葛新权教授、张键教授、王斌教授、李建良副教授、田林子老师、刘亚娟老师以及业内几位好朋友如吴昌侠、郑怀树、胡芳日、孟兆辉、郝玉强以及姜明明等为本套书的写作提供了素材并提出了一些很好的建议，尤其是田林子老师在校稿过程中做了大量工作，在此一并感谢！

感谢中国财政经济出版社对本套书出版给予的大力支持，

樊清玉老师以及梁飞老师不仅做了大量的编辑加工工作，还对书稿内容提出了许多宝贵的修改意见。

感谢我的研究生以及本科生为我搜集了大量基础资料，包括崔耀娜、刘春晓、郝江培、金勐、王丽娜、牛燕、许凯楠、郭一凡、姜召彬、付莉、刘俊霞、胡方凤和覃俊雄等，尤其是刘春晓、付莉和刘俊霞做了大量校稿工作。

由于本书写作过程较长并几经易稿，如有文献标注不当或遗漏之处，请多多包涵。书中其他不当之处，敬请批评指正。

# 目 录 / CONTENTS


1 第 1 章　天使投资（Angel Investment）/ 1

1.1　概述 / 1
1.2　天使投资特点 / 5
1.3　天使投资模式 / 8
1.4　国内外天使投资发展现状 / 13

2 第 2 章　创业投资（Venture Capital）/ 18

2.1　概述 / 18
2.2　创业企业 / 22
2.3　创业投资“三特”政策 / 29
2.4　创业投资基金运作特点 / 36

3 第 3 章　成长基金（Pre－IPO）/ 41

3.1　概述 / 41
3.2　成长型企业 / 43
3.3　成长基金运作 / 47
3.4　我国成长基金特点 / 53

4 第 4 章　并购基金（Buy－out Fund）/ 61

4.1　概述 / 61
4.2　并购重组基本理论 / 66
4.3　并购基金类型及运作 / 84
4.4　我国并购基金发展现状 / 91

5 第5章 母基金（Fund of Fund）/ 96

5.1 概述 / 96
5.2 母基金运作与业务 / 101
5.3 母基金二级市场投资业务 / 105
5.4 人民币母基金运作模式分类 / 107
5.5 人民币母基金发展趋势 / 112

6 第6章 政策性基金（Policy – Directed Fund）/ 117

6.1 概述 / 117
6.2 政策性基金理论基础 / 120
6.3 国外政策性基金运作模式 / 123
6.4 我国政策性基金发展现状 / 130

7 第7章 外资基金（Foreign Capital）/ 144

7.1 概述 / 144
7.2 外资基金设立方式 / 150
7.3 外资基金退出方式 / 159
7.4 我国外资基金监管与发展现状 / 161

8 第8章 物权基金（Real Right Fund）/ 165

8.1 概述 / 165
8.2 房地产基金 / 168
8.3 艺术品基金 / 177

9 第9章 股权众筹（Equity Crowdfunding）/ 188

9.1 众筹概述 / 188
9.2 股权众筹运作模式 / 196
9.3 我国股权众筹发展与监管 / 200

10 第 10 章 夹层基金（Mezzanine Fund）/ 204

10.1 概述 / 204

10.2 夹层基金运作 / 207

10.3 我国发展夹层基金相关法律问题 / 213

10.4 国内外夹层基金发展现状 / 218

11 第 11 章 上市公司股权投资（PIPE）/ 221

11.1 概述 / 221

11.2 PIPE 交易方式与特点 / 223

11.3 PIPE 交易结构设计及证券选择 / 223

11.4 我国 PIPE 监管与发展现状 / 227

参考文献 / 230

CHAPTER 1

# 第1章 天使投资 (Angel Investment)

天使投资（Angel Investment）是创新创业的启动器，为创业者插上翅膀。天使（Angel）源自于希腊文angelos，本义指上帝的使者，代表圣洁、良善。因此，天使投资顾名思义是圣洁的投资，不掺杂任何商业利益，因为创业的早早期投资风险极大。天使投资发展早期主要以个人投资为主，但随着整个股权投资业的发展，市场上所有早早期投资都冠以“天使投资”之名，从而出现商业化、专业化以及机构化的天使投资，但天使投资支持早期创业者的宗旨没有变。天使投资是两种主要早期投资的一种。

## 1.1 概述

### 1.1.1 定义

天使投资作为一种职业的历史并不长，但这种投资行为早就存在于经济生活中。早在1874年，年轻的亚历山大·贝尔就是借助于两位天使投资人创立了世界上第一家电话公司。贝尔最初希望能够从银行获得一些启动资金，但银行认为他的想法太大胆，风险太高，没有贷款给他，而波士顿的一位成功的律师和一位皮货商资助了贝尔，成全了他的创业理想。1903年，五位天使投资人投资4万美元，使得亨利·福特实现了他的汽车梦：福特汽车公司。1997年上市的亚马逊公司，就是基于若干投资者的 120 万美元天使投资。后来，亚马逊又融到 800 万美元的创业投资。现在的苹果公司和谷歌公司都在早期得到过天使投资资助。人们常说，天使投资家有着钢筋一样的神经和金子一样的心。没有天使投资家，就没有今天的苹果和谷歌[①]。

天使投资分狭义天使投资与广义天使投资，其中狭义天使投资指源于天使本意的投资，即以不追求商业利润为目的，具有财务自由的个人以自有资金对早期有巨大发展潜力和高成长性的企业或创意提供权益资金支持的投资行为。从投资出发点来看，天使投资人不是从商业角度评价投资行为，而是看准了创业项目未来可能给社会带来的效应，愿意帮助创业者并为此承担投资风险。这部分天使投资人往往都是企业成功人士，借助资本渠道利用自身成功经验助推创新创业，以此给社会带来更大回报。

广义的天使投资泛指早早期投资。随着股权投资发展，市场更加细分，市场上所有早早期投资都冠以“天使投资”之名，因此，广义的天使投资泛指对早早期项目进行投资，以期获取高额利润并承担高风险的投资行为，与狭义的天使投资相比，具有商业化、专业化以及机构化特点。目前，广义的天使投资发展速度越来越快，主要原因在于：一方面股权投资市场越来越细分，投资阶段更加专业化；另一方面各国政府在逐渐加大对早期天使投资的扶持力度。但从天使投资本义、投资阶段以及制度经济学基本原理上分析，商业化以及机构化对发展天使投资存在一定障碍[②]。

### 1.1.2 天使投资发展历程

天使投资最早起源于 19 世纪的纽约百老汇表演，戏剧投资在当时社会被认为是一项面临巨大风险的项目，那时的出资者往往不是为了获得超额的利润回报，而是出于对艺术的热爱进行投资。因此，百老汇出现的最初意义上的投资具有一定的慈善性质，“天使投资”一词应运而生。最早的“天使投资者”就是指这些为兴趣提供资金支持戏剧发展的投资人。美国 Jeffery Sohl 教授引入天使投资这个概念并建立了著名的天使投资研究基地专门来研究这种特定的投资人和投资结构[③]。

---

① 于林：“我国天使投资发展现状与对策研究”，《改革与战略》，2012 年第 10 期。

② 裘实：“保持天使投资本色 避免基金概念炒作”，《投资与合作》，2015 年 3 月 14 日。

③ 刘红：“天使投资初探”，《商场现代化》，2009 年第 10 期。

天使投资起源于美国并创造了一个又一个的商业传奇。1874 年，天使投资人亚历山大投资并创建了当今世界闻名的贝尔公司；20 世纪初，五个天使投资人给福特 4 万美元的小额投资，造就了今天的汽车巨头；纵观当今的国际知名公司的成长史，如互联网媒体巨头、电子数码巨头在线购物平台、甚至冰激凌制造商几乎都在最初的起步阶段获得天使资本作为启动资金。美国天使投资业的发展历程即是全球发达国家天使投资行业发展的缩影。从 20 世纪开始，科技在经济发展中起到了日益重要的作用，各国纷纷加大了对高科技产业的扶持力度，天使投资在欧洲和亚洲的新兴国家也得到了重视和良好的发展，为这些国家的经济腾飞做出了突出的贡献。

中国的天使投资出现于 20 世纪 90 年代。当时天使投资甚至股权投资都鲜为人知。尽管天使投资在我国起步较晚，但它在股权投资市场中发挥的作用却日益重要。2008 年到 2013 年，中国天使投资案例数量和融资规模均呈逐年增加态势，2013 年全年共披露天使投资案例 262 起，总投资金额达到 10.09 亿元。

天使投资大致经历了三个发展阶段，第一阶段以个人投资为主，即天使投资人用自有资金自己投资，公益性目的较强；第二阶段机构投资，即通过募集资金依靠团队专业化投资，商业性目的较强；第三阶段平台化投资，即产业化平台 + 机构天使 + 开放式创新，通过天使投资聚集资源，解决初创企业资金短缺以及发展初期所需的资源如孵化等，天使投资开始平台化。这种模式成为天使投资未来发展的主要趋势之一。

### 1.1.3 天使投资的作用

许多天使投资故事人们耳熟能详，如张朝阳的“爱特信”得到其老师美国麻省理工学院尼古拉·庞帝教授等 20 多万美元天使投资，后转型为搜狐网，并发展到今天规模；2000 年李彦宏和徐勇借助 120 万美元天使投资，创建百度；刚刚毕业的田溯宁和丁健结识爱国华商刘耀伦先生并获得了 25 万美元天使投资创建“亚信”；牛根生刚创立蒙牛时，其好友谢秋旭投资并将其中的大部分（近 95%）的股权以“谢氏信托”的方式“无偿”赠与蒙牛的管理层、雇员及其他受益人，最终谢秋旭也收获不菲，380 万元的投入如今已变成10亿元[①②]。

具体来说，天使投资作为创新创业的启动器，对创业企业发展的促进作用主要表现在以下几方面：

第一，为企业设立注入第一笔资金，确保创业企业启动。创业企业在设立之初常由于缺乏资金而止步，使得一些很好的创意或技术难以实现以及产业化。由于创业者特别是一些科技企业的创业者往往都是科研人员，缺乏资金积累，而且缺乏资产抵押无法从银行获得贷款。而天使投资的资金注入，使得一些具有良好发展前景的项目能够正常启动。

第二，为创业者提供丰富的企业管理经验，促进初创企业成长。对于初创期的企业除资金缺乏外，企业管理经验不足也是造成企业过早夭折的主要原因之一。很多天使投资人都具有所投行业相关背景以及丰富的创业经验，其中不乏一些成功的企业家，他们会将自有的资金及经验与企业的成长捆绑在一起，并参与一些企业的重大战略决策以及为企业管理提供经验借鉴。因此，投资者丰富的企业管理经验对创业者来说也至关重要。

第三，为投资人提供了一种新的投资方式，引导资本投向。天使投资作为新型投资方式进入市场，由于其投资规模小、公益性等特点，一方面可以引导一些企业成功人士投入资金支持创新创业；另一方面，可以引导政策性资金以天使投资方式扶持创新创业。除此之外，还可以通过天使投资基金的方式，吸引社会闲散资金支持创业者，同时获得高额的投资回报，缓解民间闲置资本超常增长与投资微量释放形成的尖锐矛盾。

第四，有助于我国建设创新型国家。在天使资本的支持下，我国大批新兴的高新技术企业脱颖而出。为了确保其超额垄断利润的获得，在残酷的市场竞争中立于不败之地，创业企业不得不始终致力于新技术、新产品的研发以维持其技术的先进地位。其结果必然促使整个社会科技投入水平的大幅上升，使科技因素在我国经济发展中的贡献不断提高，从而提高经济增长的集约化程度。

---

① 王红：“天使投资在中国的发展探索”，《企业管理》，2009 年第 1 期。

② 周运兰：“中小企业股权融资和股权再融资研究”，华中农业大学博士学位论文，2008 年。

## 1.2 天使投资特点

### 1.2.1 天使投资人特点

目前，天使投资人大致分为三类：一是天使投资自然人，包括富有家族、成功企业家、中产阶级等，主要以自有资金进行投资；二是天使投资基金，包括一些股权投资公司，主要通过私下募集资金设立基金对早早期项目进行投资；三是由政府主导设立的政策性天使投资机构，主要由政府财政出资，也包括国有投资公司或大型国有企业出资，如天使投资引导基金。政策性天使投资机构一般不直接投资项目而是参股天使投资基金。目前，天使投资基金已经成为天使投资队伍中的主力军。这些投资人综合起来具有以下特点：

第一，受教育程度较高，事业有成。作为天使投资人不一定是极其富有的人，但一般是受过高等教育，事业有成，收入水平较高并实现财务自由的人。一个天使投资家投资的最高额度取决于他所能承受的最大额度。目前，天使投资家大多是来自于事业有成的企业家、大型企业的CEO、企业高管，很多投资者具有亲身创业经历，拥有丰富的创业经验。因此，天使投资者往往受教育程度较高，事业有成。

第二，具有爱心，乐于助人。天使投资初衷就是行善、助人，所以天使投资人首先要有爱心。虽然投资属于商业行为，但天使投资人的投资心态或投资目的不是以盈利为主要目标，考察项目时社会价值放在首位，尽管面临巨大投资风险。因此，天使投资人投资时首先考虑社会是否将来因此受益而不是个人收益。

第三，阅历丰富，善于识人。天使投资人除了投资创新和创意，其次就是识人，也就是辨别创业者。若创业者本身不会做人，即使是再好的项目也不能投资。天使投资人经历丰富，具备判断创业者是否可靠、是否适合管理企业的能力。判断的标准包括创业者的人格、品德、信用、是否与投资者有相同的理想与价值观、创业者的背景等，否则就会出现创业者接受投资之后将资金挪作他用或者企业做不大的情况。

第四，风险意识强并善于避险。天使投资项目的风险通常比创业投资或后期投资项目风险要高，所以，天使投资人一般具有很强的风险意识，并且能主动采取措施规避风险。但天使投资规避风险的理念与其他股权投资的风险规避理念不同，不以追求单个项目安全为规避风险原则。因此，天使投资人通常会采取概率避险措施，同样规模的资金尽可能地多投项目，即每个项目投资额度不大，但投资项目数量多。

### 1.2.2 天使投资项目特点

天使投资的项目都处于早早期，有的甚至处于萌芽状态，这些项目与其他项目相比，具有新生事物的一些特点：

第一，项目创新性强。好的天使投资项目最大的亮点就是创新。投资于有创意的项目或企业可以为天使投资人带来十倍、百倍、甚至千倍的回报。创新是创造和维持天使投资生命力的源泉，也只有创新才能让企业的发展空间更大、融资能力更强、成功的概率更高，天使投资人的投资回报率才会更高。

第二，项目风险较高。投资风险高与投资阶段早相关。通常投资阶段越早，投资风险越大。对于创立初期的企业，尤其是种子期企业，企业技术尚不成熟，产品还未得到市场认可，商业模式也未得到认可，管理团队未受到各种考验，一切都处于未知状态，选择这个阶段投资的风险非常大。

第三，项目相对不成熟。天使投资通常是在企业种子期和初创期。种子期的项目还只存在创业的想法或者方案设计，项目离市场还有一定距离，需要追加投入资金对已取得的基础研究或者应用研究成果进行创新开发。此时投资风险很大，但资金需求相对较小。一个创业企业随着企业的发展，创业风险逐步降低，融资规模逐渐增大。

第四，投资额度较小。天使投资额度小，一方面是由于企业还处于设立或发展早期，企业规模小，所需资金不多；另一方面，天使投资人为了规避风险，控制单个项目的投资强度，以便投资更多的项目。

### 1.2.3 天使投资运营特点

由于天使投资人以及投资对象具有自己明显的特点，决定天使投资运营具有不同于其他股权基金的运营特点：

（1）项目决策特点

首先，天使投资项目筛选在于识人，即判断创业者是否合适。投资者要用最短的时间去判断这个创业者或创业团队在人品、经验、信用和能力等方面是否合适。其次，决策主观性较强。因为企业成立时间短，缺乏足够的历史数据，包括财务数据，企业未来预测数据就没有可比性。所以，天使投资决策依据主要靠投资人的经验来判断，主观性较强。再次，决策速度快。天使投资规模小，而且项目公司简单，有时往往就一个想法，尽调的工作量小。所以，决策速度快。第四，决策个人化。天使投资不追求单个项目安全，决策主要靠投资人个人经验，不像其他股权投资要求通过投资决策委员会进行民主决策以降低决策风险。所以，天使投资决策往往一个人即可。

（2）企业估值特点

企业估值难，更何况是早期企业。早期企业估值与其说是一门学问不如说是一项艺术，这也是天使投资协议中最具争议的地方，最终的估值结果是双方谈判的产物。通常开始为初创企业估值时，需要考虑以下几个因素：一是有没有其他投资人竞争。如果其他投资者对某家企业也有兴趣，那么第一家投资者就会认为这项投资有利可图，由于企业受投资者欢迎，因此对企业的估值就越大。二是用户或早期客户。公司存在的重点是获得用户，假如早期企业拥有10万用户，即便所有其他的事情都对企业不利，那么也会受到投资人的青睐。三是企业的成长潜力。创业公司最具决定性的因素就是成长，企业成长轨迹能够为投资人预测未来收入提供依据，所以对早期企业的估值，成长性是估值的关键因素。四是企业收入。收入不能显示企业的全部潜力，但是可以帮助投资人对企业进行估值。五是创始人和员工。一家成功的创业企业更有赖于创始人的执行力，创始人曾经在哪里工作，承担什么样的项目，从哪个公司离职，都是影响估值的因素。六是所属行业。每个行业都有自己独特的估值逻辑和方法。投资人在投资前研究一下项目公司所在行业最近一段时间的融资和并购消息，对估值来讲还是很有必要的。七是知识产权完整性。天使投资人经常使用一种“经验法则”就是每一项专利可以为公司增加一定数额的估值，所以专利的价值应该加在企业估值里面。

对于早期企业的具体估值方法确实是一个主观性比较大的工作，很多天使投资人都倾向于将创业者的自身因素作为主要考核标准。而创业者要想达到融资的目的，就需要寻找投资人的预期收益区间，最后双方经协商达成一致价格，即合理估值。

（3）风险控制特点

天使投资针对项目公司特性，在风险控制方面采取具有自己特色的一些策略与措施。首先，天使投资规避风险理念与其他股权投资的风险规避理念不同，不以追求单个项目安全为规避风险原则。因此，天使投资会在同样的资金规模下尽可能多投项目，即每个项目投资额度不大，但增加项目公司数量，通过提高成功概率规避风险。其次，参与项目公司日常管理程度更深。因为早早期公司规模很小，而且投资价格较低，天使投资容易持股比例较大。因此，参与项目公司日常管理程度较深，除进入董事会外，有时会参与企业管理层安排、市场开发、再融资等企业日常管理。这样可以及时发现项目公司风险并规避风险。最后，风险控制不如其他股权基金更有系统性。天使投资在风险控制方面通常更偏重于对创业者的个人信任，并没有专业、有组织的风险控制体系。

### 1.2.4 天使投资退出特点

在所有退出方式中，股权基金青睐 IPO 退出以及并购退出，但由于天使投资对象是初创期企业，投资期长，加上公益性特征，使得天使投资倾向于并购退出以及创业股东回购退出。虽然并购退出收益不如 IPO，但退出效率高。天使投资创业股东回购条款不同于其他股权基金原股东回购条款，由于天使投资创业股东回购条款初衷是把项目公司未来收益让渡于创业股东，天使投资起“送君一程”作用，而其他股权基金原股东回购条款带有惩罚性，以便自身可以退出，规避风险。另外，如果天使投资是项目公司的第一轮融资，而其他股权基金或投资者就是项目公司第二轮融资以后进入。此时，天使投资有可能通过股权转让方式把所持项目公司股权让渡于其他股权基金或投资者而自身退出，即其他股权基金有可能作为天使投资退出的接盘者。

## 1.3 天使投资模式

根据投资方式不同可以将天使投资的模式分为五种①。第一种是以个人为投资主体的天使投资。第二种是天使投资团队模式，以天使投资俱乐部、天使投资联盟、天使投资协会为主。这种投资模式克服了天使投资人模式融资额度少、投资期限短、经验不足等缺点。第三种是机构天使投资模式，即天使投资基金，这种模式改变了原始模式下的分散、零星的缺点。第

① 胡智：“天使投资和天使投资者能动性的研究”，中国科学技术大学硕士学位论文，2012 年。

四种是孵化器形式的天使投资，将孵化器与天使投资相结合，利用孵化器自身条件提供创业场地、管理等服务。第五种模式是投资平台式的天使投资，随着近年来互联网的迅速发展，出现了一批依附技术平台的创业企业。

### 1.3.1 模式一：天使投资自然人模式

天使投资人主要有三种基本类型，超级天使投资人、职业性天使投资人以及高科技领域内专家。

所谓超级天使（Super－Angel）就是一些非常成功的创业者或职业经理人，基于其丰富的创业经历、企业管理经验、某一领域产品开发经验以及丰富的企业发展资源，热衷于从事天使投资，一方面帮助创业者，另一方面获得高额投资回报①。

所谓职业性天使人就是利用自有资金专门从事天使投资，而且投资领域比较广泛。这类天使投资人一般具有丰富的商业经验和市场开拓能力，能为初创企业提供丰富的信息资源以及商业经验。

所谓高科技领域内专家就是在某个技术领域拥有很强的技术能力的人。他们虽没有经营企业的经验但却掌握某一领域最新的前沿知识，并利用已掌握的知识技术去投资相关领域内的初创企业。有些技术专家参与投资的原因在于可以将其掌握的技术通过一个企业推向市场，同时又无须花费时间去承受运营公司所带来的烦恼。

最近几年在我国出现了一些年轻的天使投资人，他们大都是成功企业家的后代。虽然他们很年轻，但是通常在家族企业中积累了一定的企业管理经验，又同时拥有丰厚的闲余资金，从而成为新兴的天使投资人。

### 1.3.2 模式二：天使投资基金模式

以自然人为投资主体的天使投资模式，无论是对初创企业的帮助还是自身的投资能力，都有很大的局限性，但由于天使投资人各自具有自己的优势，如专业知识、人际关系等，以大家联合起来的形式进行投资，能够优势互补，发挥更大的作用。因此，机构化天使投资模式逐渐发展起来，如天使投资基金。

机构化天使投资发展大约分为三个阶段：第一个阶段是松散的会员管

---

① 徐苏涛、李天宝：“网络视角下的天使投资机制”，《科技创新与生产力》，2013 年第 3 期。

理式的天使投资，这种天使投资机构采用由会员自愿参与、分工负责的管理办法，如会员分工进行项目初步筛选、尽职调查等；第二个阶段是密切合作式的经理人管理式的天使投资机构。这种天使投资机构利用天使投资家的会员费或其他资源雇用专门的职业经理人进行管理；第三个阶段是管理天使投资基金的天使投资机构，同投资于早期创业企业的创业投资基金相似，是正规的、有组织的、有基金管理人的非公开权益资本基金。天使投资基金作为一个独立的合法实体，负责管理整个投资的机会寻找、项目估值、尽职调查和投资的全过程①。

天使投资基金的出现使得天使投资从根本上改变了它原有的分散、零星、个体、非正规的性质，是天使投资趋于正规化的关键一步。投资基金形式的天使投资能够让更多没有时间和经验选择公司或管理投资的被动投资者参与到天使投资中来，这种形式将会是天使投资发展的趋势。根据投中研究院不完全统计，2009 年至今，我国共披露天使投资基金 67 只（如图 1－1）。

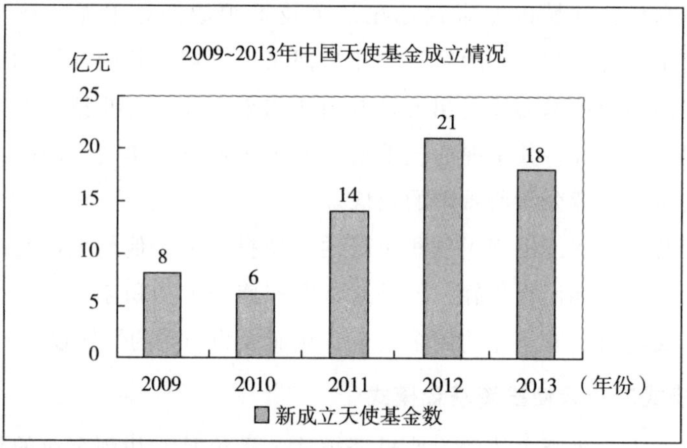


资料来源：2013 年中国天使投资年度报告。

**图 1－1　2009～2013 年中国天使投资基金成立情况**

目前，天使投资基金依据发起人不同可以分为以下几种类型：一是由著名天使投资人发起的基金，如徐小平主导的真格天使投资基金；二是由风险投资机构成立的天使投资基金，如红杉中国主导的真格基金、戈壁投

① 王超："美国天使投资制度研究及对我国的启示"，对外经济贸易大学硕士学位论文，2012 年。

资主导的绿洲计划等；三是政府天使引导基金参股的天使投资基金，如北京富汇天使基金总规模2.5亿元，其中国家以及北京市政府共出资1亿元。

但是从天使投资理念及运作特点来看，天使投资机构化也存在一定敝端，如决策效率不如个人天使投资高、投资强度较大，创业者定位易受影响以及因投资理念发生变化创业者获得投资的门槛提高等。

### 1.3.3 模式三：孵化器+天使投资模式

天使投资与孵化器结合是未来天使投资发展的主要方向之一。所谓孵化器是专门为初创企业尤其是科技型初创企业提供便利的配套措施、廉价的办公场地、甚至人力资源服务等，同时在企业经营层面也会给予入驻企业各种帮助，多设立在科技园区里。世界许多知名孵化器不仅孵化了知名企业，而且吸引了很多知名天使投资人加入，如美国硅谷著名的孵化器Y Combinator对入驻企业投入少量资金，并给每个创业者安排企业教练以及开设创业课程等创业辅导。国内这种模式的典型代表有李开复成立的创新工场、北京中关村国际孵化器以及联想之星孵化器等。

天使投资与孵化器协同发展的可能性表现在以下几个方面：一是融合发展可加速企业孵化。在资金规模有限的条件下，孵化器可借助天使投资的资金优势，满足入孵企业对创业资金的需求，从而使得科技企业能够更为健康、迅速地发展。二是融合发展可减少投资成本。孵化器吸引了大批创业企业入孵，形成了一定的聚集密度。天使投资可以到孵化器集中挑选项目，减少寻找项目的时间和成本，提高天使投资的投资效率。另外，企业入驻时需要通过孵化器的考察，经过了一道筛选，孵化器能为天使投资提供入驻企业较为丰富的信息。除此之外，通过孵化器天使投资可以在一定程度上将“远程投资”转变为“近程投资”。因为孵化器经理可以成为天使投资人的良好合作伙伴和得力助手，利用自己的专业优势和资源更好地为天使投资服务。三是融合发展可以降低天使投资的风险。天使投资与项目公司间必须进行及时准确的信息交流。但是由于信息不对称急需孵化器充当创业者和天使投资人之间的信息传递的桥梁，帮助天使投资降低创业企业管理风险。而且，孵化器通过提供服务来提高创业者的素质、企业管理水平，在一定程度上担负了部分管理职能，降低了创业企业的管理风险。另外，孵化器不仅在创业企业入驻前对其进行了多方的考核，而且在孵化过程中也对其进行多方面考核与了解，其考核过程与天使投资的前期考核极为相似。因此，天使投资和企业孵化器的协同发展可以降低天使投资风险，增强孵化器的孵化投资功能①。

孵化器与天使投资融合主要有两种模式：一是孵化器自己主导或者参与天使投资基金设立，使孵化器具备投资功能。在我国，民营孵化器在这方面发展较快，这也是孵化器自身孵化模式的发展方向（如图1-2）。二是孵化器与天使投资机构合作，孵化器负责寻找项目并孵化项目，而天使投资机构负责投资项目，两者之间约定一个利益分配。这种模式在国有孵化器中比较普遍，因为国有孵化器对外投资受到很多条件限制（如图1-3）。

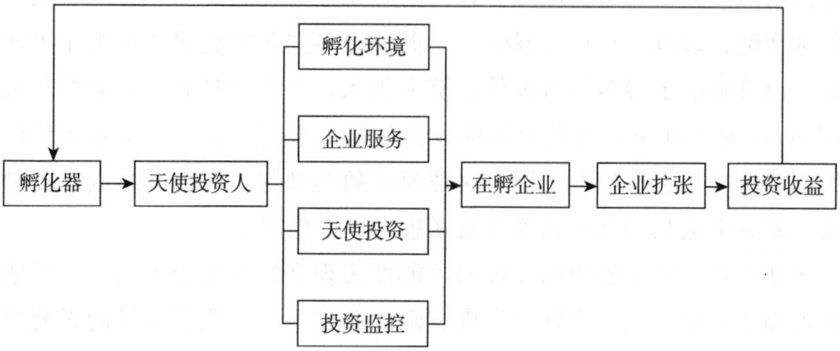


资料来源：2013年中国天使投资年度报告。

**图1-2　孵化器+天使投资融合发展模式一**

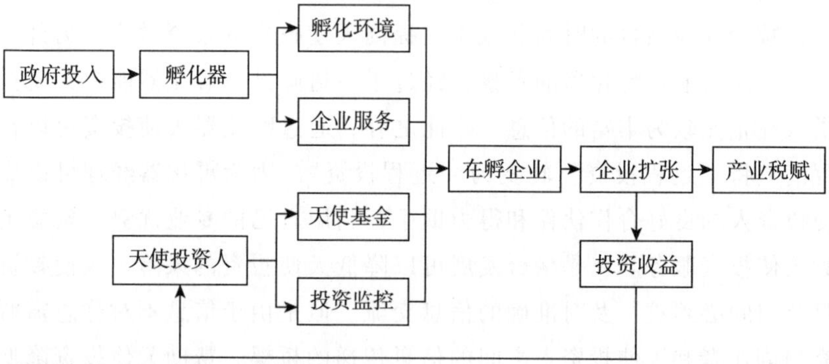


资料来源：2013年中国天使投资年度报告。

**图1-3　孵化器+天使投资融合发展模式二**

① 郑元婷："高新技术中小企业中天使投资的运行模式及对策研究"，中南大学硕士学位论文，2009年。

### 1.3.4 模式四：天使投资平台模式

随着互联网和移动互联网的发展，越来越多的应用终端和平台开始对外部开放接口，使得很多创业团队和创业公司可以基于这些应用平台进行创业。比如围绕苹果 App Store 的平台，就产生了很多应用、游戏等，让许多创业团队趋之若鹜。

很多平台为了吸引更多的创业者在其平台上开发产品，提升其平台的价值，设立了平台型投资基金，对在其平台上有潜力的创业公司进行投资。这些平台基金不但可以给予创业公司资金上的支持，而且可以给他们带去平台上丰富的资源。平台创业基金是由实力较为雄厚的企业发起的，为专门领域创业提供资金帮助的基金，特别是在 TMT 领域，平台创业基金较为活跃。目前国内平台创业基金主要有：腾讯安全创业基金、联想乐基金、阿里云基金、新浪微博开发基金等。

### 1.3.5 模式五：天使投资联盟模式

天使投资基金虽然可以解决天使自然人在投资过程中缺乏专业性以及高风险性等问题，但天使投资基金同时带来投资决策效率降低以及基金存续时间限制等问题。所以，天使投资联盟开始出现。所谓天使投资联盟就是一些天使投资自然人或组织以联盟的方式聚集在一起共享信息如项目源信息，并对项目进行公开评审与讨论，但决策独立并保留个人决策风格。这样不仅可以解决天使自然人信息匮乏、专业性不足的投资弊端，又能保留天使投资决策效率高的特性。对于合适的项目，有兴趣的成员可以按照各自的时间和经验，分配尽职调查工作，并可以多人联合投资，以提高投资额度和降低风险。最近，在我国天使投资发展快速的地区陆续成立了天使投资联盟，如中关村成立了天使投资协会、天使投资联盟、天使投资百人会、天使投资俱乐部等行业组织，并逐渐呈现出在行业组织推动下实现以联盟的方式投资的现象。

## 1.4 国内外天使投资发展现状

### 1.4.1 国外天使投资发展现状

天使投资起源于美国，在欧美等一些经济发达国家得到了良好发展，并积累了丰富经验，尤其是美国。

（1）美国天使投资发展现状

自从天使投资出现以来，得到了美国政府的重视和大力扶持，从而使天使投资业得到良好的发展。在美国想成为合格天使投资人，对其个人资产或者收入有着严格的要求。美国证监会规定，个人资产在100万美元以上，或者个人年收入达到20万美元并且与配偶的共同年收入在30万美元以上的个人或者家庭才能参与天使投资，即符合天使投资人条件。2007年全美约有260万个人或家庭符合天使投资者条件①。美国早期天使投资人习惯独立行事，但从20世纪80年代末期开始，为了方便共享信息和更好地调查企业，天使投资开始以非正式团体的形式组合在一起进行资源共享。美国每个天使投资联盟平均约有85位投资人会员，每年的投资大约为200万美元至500万美元。美国各州政府为天使投资人和初创企业提供税收优惠，进一步促进了天使投资和初创企业发展。另外，美国政府还在技术上为天使投资人提供专业支持，建立了“天使资本网”，其服务的目标是弥补初创企业50万到500万美元之间的资金缺口。为了充分地利用这个网络，美国政府于2000年4月把“天使资本网”改造为非盈利性组织。在美国政府的扶持下天使投资业快速发展。

（2）欧洲天使投资发展现状

在欧洲天使投资者被尊称为“商业天使”。与美国建立的“天使资本网”类似，欧洲在1997年建立了“欧洲商业天使网”，把欧洲主要国家和城市商业天使网络连接形成统一平台。在“欧洲商业天使网”的协助下，全欧洲潜在商业天使逐渐认识到天使投资特点，并愿意成为商业天使以发现适合投资的早期企业。英国的商业天使网络发展较早，影响也较大。另外，比利时政府推出了一项合作者计划，许诺提供贷款给予那些已经获得天使投资的初创期企业，在一定程度上促进了天使投资发展。

欧洲天使投资的发展主要得益于欧盟及欧盟成员国对商业天使和各类商业天使网络作用的重视。目前，欧盟分别实施了两种资助计划，一是财政工程行动，意在与欧洲各国政府对商业天使网络的结构性资助项目形成联动；二是为培养企业家精神和企业而设立的跨年度资助计划②。

---

① 高文杰：“我国中小型高新技术企业知识产权融资方式的动态比较分析”，中国科学技术大学硕士学位论文，2011年。

② 于林、张燕：“政府引导天使投资发展的国际比较与启示”，《探索》，2013年第4期。

（3）日本天使投资发展现状

日本经济在20世纪70～80年代发展迅速，但到了90年代出现了停滞不前的状况，而且初创中小企业数量也明显下降。为了改变这种情况，日本政府开始重视发展新兴的高科技产业。与欧美国家政策相似，日本政府也制定了一系列天使投资优惠和激励政策。1997年4月，日本政府颁布了“天使税收待遇”条例，规定在企业注册登记之前投资于该企业的资本，可以延迟三年报税。这一系列的激励措施促进了天使投资网络的建立，据统计记录在册的天使投资人超过了10万人。

### 1.4.2 我国天使投资发展现状及存在的问题

我国的天使投资起源于20世纪90年代，互联网的兴起带动了一批高科技企业，这些企业大都处于初创阶段，风险较大，无法通过传统的银行贷款和风险投资进行融资，资金缺乏严重制约了早期企业的发展。在这种经济背景下，第一批以网络为主的天使投资项目应运而生，以新浪、搜狐网站为代表。到了2004年，出现了第二批天使投资，以携程网、空中网为代表。到了2006年，我国出现了专业的天使投资团队和天使投资基金。2013年，受各种原因影响，特别是证券市场行情不佳以及IPO关闭，中国股权投资市场发展趋于理性化，股权基金投资阶段逐步前移。在此背景下，我国天使投资日趋活跃，项目公司数量和融资规模持续上升，已成为我国资本市场上不可忽视的投资力量。据不完全统计，2013年全国共披露天使投资案例有262起，总投资金额约10.09亿元（如图1-4）。

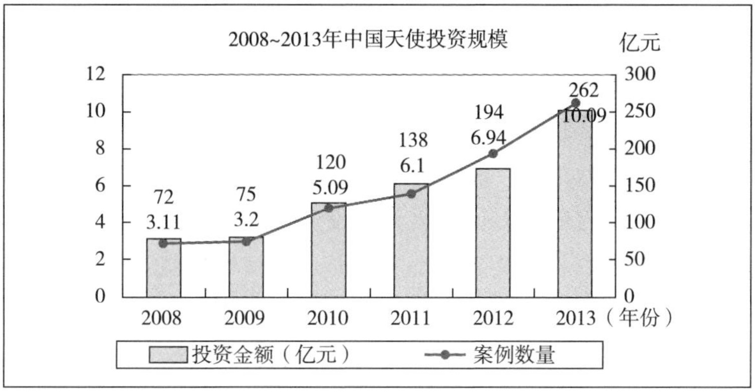


资料来源：2013年中国天使投资年度报告。

图1-4 2008～2013年中国天使投资规模

天使投资行业方面，我国天使投资行业分布较为集中，其中互联网、移动互联网、IT 行业最受我国天使投资人热捧，2008 年至今的投资案例数量占比分别为 34%、20% 和 18%，投资金额分别达到 15.1 亿元、5.9 亿元和 5.3 亿元。此外，像制造业、文化传媒、医疗健康等行业也受到了天使投资人的关注（如图 1－5）。

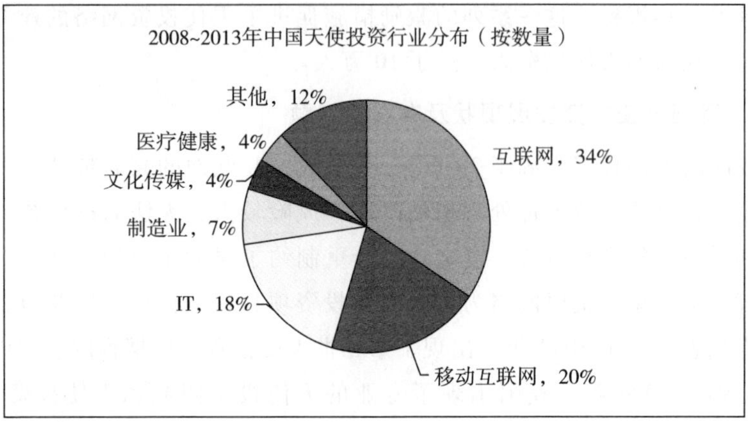


资料来源：2013 年中国天使投资年度报告。

**图 1－5　2008～2013 年中国天使投资行业分布（按数量）**

（1）制约我国天使投资发展因素

虽然我国天使投资发展态势良好，但是法律保障不足、退出机制不健全、天使投资项目缺乏有效的信息传播途径等问题，制约我国天使投资进一步发展。①法律环境不完善。目前，我国没有出台专门的股权投资法规，包括天使投资相关法规，天使投资者合法利益难以保障，天使投资者积极性受到影响。②缺乏有效的项目信息沟通平台。我国天使投资缺乏有效率的项目信息沟通渠道，没有真正意义上的综合性、专业化的服务中介平台。③政府扶持力度不够。虽然天使投资最近越来越受到政府支持，但力度还不够，包括税收以及公共投入方面。④市场机制不健全，社会信用整体缺失。目前，我国社会整体缺乏完善的信用体系，存在着比较严重的信用危机，不按期履行合约、不守信用的事屡屡发生，造成投资者与创业者之间相互不信任，谈判成本增加，致使天使投资人利益受损。⑤投资理念落后。我国投资者长期以来受到传统投资观念影响，不愿踏足天使投资领域。天使投资在我国还属于一种比较新的投资方式，国内投资者对其含义、资本特性、运作模式都相对陌生，符合要求或者有经验的天使投资人少。

（2）国外天使投资经验借鉴

欧美国家天使投资发展相对较成熟，一些成功的经验值得我们借鉴。一是加大政府资金支持力度，包括税收优惠激励政策以及提供风险损失补偿。税收激励措施是国外政府促进天使投资发展的重要手段。政府给予天使投资者一定程度的税收抵免或者某些优惠措施，以此来鼓励民间投资者投资于初创企业。天使投资人投资成功率非常低，如果天使投资人出现部分或全部损失的情况下，政府公共部门能够提供部分损失补偿，提高天使投资人积极性。二是构建全国性的天使投资网。构建全国性的天使投资人网络可以有效降低天使投资者与融资企业相互间的搜寻成本，创业者利用网络发布融资信息，天使投资人则利用网络寻找较高质量的项目，天使投资人网络在市场中起到中介的作用，辅助双方之间的衔接。世界上大约有2/3 的天使投资信息已经网络化，实现了投资和技术信息的共享。在美国、加拿大和英国等风险资本市场较为发达的国家，都存在着大量发达的天使投资网络，其中的大多数是由政府部门或非盈利机构经营，也有少数是出于商业目的而设立。三是提供天使投资人培训。天使投资发展历史较短，投资人缺乏充分了解。国外促进天使投资发展的一个有力措施就是建立天使投资人协会或学院。此外，大学和商学院也提供一些天使投资培训课程，为天使投资人提供业务指导。四是积极参与投后管理，为项目公司提供增值服务。处在初创期的企业由于创业者缺乏创业经验和企业管理经验面临许多困难，而天使投资人恰好可以弥补创业者的不足，利用自己的经验和能力积极参与企业的运营，为企业提供强有力的支持和高增值的服务①。

---

① 邓超、郑元婷、王昌东：“政府促进天使投资发展的国际比较及启示”，《经济问题探索》，2010 年第 1 期。

CHAPTER 2

# 第2章　创业投资 (Venture Capital)

创业投资（Venture Capital，缩写为VC）是创业企业早期成长的助推器，帮助具有发展潜力的创业企业渡过“死亡谷”。创业投资属于早期投资，但投资阶段比天使投资稍晚一些。由于创业企业的一些特性，特别是融资特征，使得创业投资在运作上也具有自己的特点，包括基金组织形式、项目评价标准、投资决策、投后管理、投资退出以及备案监管等。创业投资对创新创业具有促进作用，相对投资风险也较大，因此各国政府对创业投资给予“三特”政策。此外，创业投资也是两种主要早期投资基金的一种。

## 2.1　概述

### 2.1.1　定义

创业投资译自Venture Capital，即创业企业投资，简称为创投（VC）。关于创业投资定义，国内外很多相关组织机构都有自己的理解，如全美创业投资协会（NVCA）定义创业投资是由专业投资者投入到新兴的、迅速发展的、有巨大竞争潜力的企业中的一种股权性资本。英国创业投资协会(British Venture Capital Association，BVCA）虽没有正式定义，但规定其成员为“积极活跃地管理资金，用于对英国未上市公司进行长期股权投资的机构”。欧洲投资银行定义创业投资是为形成和建立专门从事某种新思想或新技术生产的小型公司而进行的股份形式承诺的投资。经济合作与发展组织（OECD）有三种不同的表述：①创业投资是投资于以高科技和知识为基础，生产与经营技术密集型的创新产品或服务的投资；②创业投资是专门购买在新思想和新技术方面独具特色的中小企业的股份，并促进这些中小企业的形成和创立的投资；③创业投资是一种向极具发展潜力的新建企业或中小企业提供股权资本的投资行为。美国《企业管理百科全书》定义创业投资为不能从股票市场、银行或与银行相似的传统融资渠道获得资本的企业融资行为。我国学者和专业机构从不同角度对创业投资进行了定义，具有代表意义的《创业投资企业管理暂行办法》把创业投资定义为：创业投资是指向创业企业进行股权投资，以期所投资创业企业发育成熟或相对成熟后主要通过股权转让获得资本增值收益的投资方式①。

综合以上不同定义，简单来说创业投资就是对具有发展潜力的创业企业进行权益性投资，并为其提供增值服务，期望企业发展到一定程度后，通过各种退出机制转让所持股权获取高额股权价差的投资行为。与其他股权基金相比，其主要特征是投资对象为创业企业，尤其是科技型创业企业，服务于创新创业。

由于对Venture的理解不同，国内曾经有不少学者把Venture Capital译为“风险投资”。但从投资理念来分析，创业投资的本意不是主动去冒风险，而是追逐风险背后的巨大收益，风险防范机制是创业投资的重要运营机制，创业投资不是风险喜好者。另外，Venture的基本词意是“风险”，作动词译为“冒险”，作为名词有“风险”、“风险事业”以及“具有风险的企业”之意，如“joint－Venture”意为“合资企业”。考虑以上两点，把Venture Capital译为对创业企业投资更符合其本义。再者，从政府扶持角度，“创业投资”比“风险投资”更能表达政府财政资金使用的宗旨，即促进创新创业，也更容易被民众所理解与支持。

### 2.1.2 创业投资作用

中小企业尤其是科技型中小企业的资金问题是企业发展壮大面临的最大问题。传统银行金融机构主要以融资企业的不动产抵押作为投资风险规

---

① 王立中：“天津市创业投资机制研究”，天津大学硕士学位论文，2004年。

避措施，投资收益来自利差，决定了银行的主要投资服务对象为发展稳定的大中型企业。而中小科技型企业轻资产、规模小、高风险、高收益等特点，决定了以传统的方式从银行等金融机构获得债权融资面临巨大障碍。创业投资作为一种专门投资早期创业企业的股权投资，弥补早期企业融资缺口，帮助企业渡过“死亡谷”，其意义与作用主要体现在宏观以及微观两个层面。

宏观层面的作用：一是促进经济发展。中小企业数量占企业总数的99%，GDP的贡献达到60%，总体超过大企业。因此，创业投资为中小企业提供融资服务就能促进经济的发展。二是提供大量就业岗位。中小企业数量庞大，能提供75%左右的就业岗位。三是优化产业结构。在创业投资的支持下，世界各国一大批优秀企业脱颖而出，如美国的英特尔、Google、苹果以及中国的腾讯、阿里巴巴等，并且这些企业都发展成为互联网、数字技术、电子技术等新兴行业的领头羊企业。由于这些创新型企业的发展壮大，一些高能耗、高污染的传统行业比重明显降低。四是支持高新技术产业发展。科技型中小企业是发展高新技术产业的基础。受政策导向影响，创业投资主要投资具有未来发展潜力、代表行业发展趋势的新兴产业，如我国提出了节能环保、新兴信息产业、生物产业、新能源、新能源汽车、高端装备制造业和新材料七大战略新兴产业，都将是创业投资的主要投资对象。五是促进创新创业。中小企业是促进创新创业的重要载体。在新技术或商业模式方面具有创新的中小企业更易获得创业投资青睐，因为这类企业发展潜力大，未来获得高额垄断收益概率高，但这类企业投资风险大、融资难，需要创业投资对其进行投资帮助。六是促进多层次资本市场发展。资本市场与股权投资互为发展、互为促进，因为股权投资需要借助资本市场退出，如各国相继建立的创业板、场外市场都拓展了创业投资退出渠道，反过来，创业投资发展促进了多层次资本市场以及活跃了资本市场。创业投资搭建了企业与资本市场之间的桥梁。

微观层面的作用：第一，为企业提供资金，提高成活率。初创期企业一般都要面临“死亡谷”。这个时期企业原始的自有资金基本用完，而企业还没有产生销售收入，财务只出不进，企业面临断粮危机，是企业最容易“死亡”的时期。创业投资提供资金帮助企业渡过难关，提高具有发展潜力企业的成活率。第二，促进企业融资能力。创业投资一旦投资企业，一方面创业投资基金会利用自身的资本市场优势帮助企业进行再融资；另一方面创业投资的进入能帮助企业增信，企业比较容易从银行获得债权融资。第三，提高企业资本运作能力。创业投资进入后，出于自身退出需求会积极帮助企业进行上市以及并购等资本运作模式设计，如选择上市地点、选择上市时间、上市模式以及寻找并购方等。第四，帮助企业整合资源。因为创业投资基金投资了大量企业，在产业链、用户链上具有丰富的资源，促进企业与企业间互动。另外，有些创业投资基金如政府引导基金，可以促进企业与政府间互动。第五，改善股权结构。创业企业一般股权结构比较单一，家族式管理比较明显，不利于现代企业制度建设，特别是随着企业规模扩大后其弊端会越来越明显。创业投资进入后可以优化股权结构，建立现代企业管理制度。第六，提供投后增值服务。创业投资基金投资后可以为企业提供共性与个性化的增值服务，帮助企业解决经营发展过程中的困难。

### 2.1.3 VC与PE关系

VC与PE关系随着PE这个词的外延变化而变化。学术界普遍认为VC起源可以追溯到1946年世界上第一家现代意义的创业投资公司——美国研究与开发公司（ARD，American Research & Development Corp.），成立于美国波士顿。然而早期创业投资活动出现于19世纪末20世纪初，当时美国与欧洲的一些财团以铁路、钢铁、石油以及玻璃工业为投资对象进行创业投资，现代意义上的创业投资活动则始于第二次世界大战以后。在ARD成立之前，1946年J. H. Whitey用初始资本大约1千万美元创建了第一个创业投资公司并杜撰了一个新词叫“Venture Capital”。其后不久，ARD成立以便扶植和推进当地企业家的工作。ARD公司在1957年对DEC公司（Digital Equipment Company）的投资堪称创业投资的经典之作：最初它对DEC的投资仅为6万美元，十几年后的出售则高达4亿美元。这也是为什么ARD成为现代创业投资标志的重要原因。而狭义的PE出现可以追溯到1976年华尔街著名投资银行贝尔斯登的三名投资银行家合伙成立了KKR投资公司，专门从事即将上市公司的投资业务如IPO与并购业务。因此，PE发展相对于VC更晚。但此时的PE外延仅限从事后期投资的股权基金，而VC指专门从事早期投资的股权基金，两者属于投资阶段偏好不同的两类股权基金①。

但随着股权投资逐渐发展成一个独立的投资行业，如股权基金种类越来越丰富，自身理论体系也越来越完善，此时，由于 Private Equity（PE）这个词的内涵是私人股权投资，所以其外延自然扩展到整个股权投资，即广义的 PE 不再仅限于后期投资的股权基金而是代表整个股权投资，包括天使投资、VC、并购基金等，而后期投资则由成长基金或发展资本等词所代替。所以，现在 PE 已发展成一个投资行业，VC 只是 PE 各类股权基金中的一种。

从以上可以看出，VC 的产生与发展对整个股权投资业的发展起着非常重要的作用，特别是在股权投资发展早期阶段。

## 2.2 创业企业

### 2.2.1 定义

创业企业指处于发展初期阶段的企业，包括创建或重建的企业。但在实践中很难量化创业企业，如 2005 年《创业投资企业管理暂行办法》把创业企业定义为创建或重建过程中的成长性企业，但不含已经在公开市场上市的企业，其外延非常宽泛。创业投资对创业企业的划分通常以创业企业是否产生销售收入，并且净现金流是否能稳定为正作为标准。当企业财务上能够形成自我良性循环，净现金流能长期稳定为正时，证明企业度过了创业期。一般企业度过创业期自企业创建需要 3～5 年左右。

创业企业与中小企业、小企业以及微型企业等几个概念类似，但创业企业侧重企业发展状态，不易界定，而后面几个概念侧重企业规模，如注册资金、人员数量、销售收入以及企业资产规模等指标，可进行量化并易界定。美国《小企业投资法案》（SBIA，Small Business Investment Act）和小企业管理局（SBA，Small Business Administration）把小企业界定为：雇佣员工小于等于 500 人的企业，或者企业的净资产价值小于 600 万美元，净税后收入小于 200 万美元。我国 2011 年颁布了《中小企业划型标准规定》，根据企业从业人员、营业收入、资产总额等指标，结合行业特点制

---

① 谢琼："中国转型经济环境下创投企业的投资管理过程及风险控制方法研究"，复旦大学硕士学位论文，2009 年。

定中型、小型、微型三种类型企业标准（详见表 2－1）。它们的共同特征是规模不大，所以，各国政府出台政策特别是优惠政策时，一般使用小企业或中小企业等概念，因为它们易界定，使得政策具有可操作性。

**表 2－1　　中小微企业划型标准**

| 行业类型 | 中型企业 | 小型企业 | 微型企业 |
|---|---|---|---|
| 农、林、牧、渔业 | 营业收入 2 亿元以下、500 万元以上 | 营业收入 500 万元以下、50 万元以上 | 营业收入 50 万元以下 |
| 工业 | 从业人员 1 000 人以下、300 人以上且营业收入 4 亿元以下、2 000 万元以上 | 从业人员 300 人以下、20 人以上且营业收入 2 000 万元以下、300 万元以上 | 从业人员 20 人以下或营业收入 300 万元以下 |
| 建筑业 | 营业收入 8 亿元以下、6 000万元以上且资产总额 8 亿元以下、5 000 万元以上 | 营业收入 6 000 万元以下、300 万元以上且资产总额 5 000万元以下、300 万元以上 | 营业收入 300 万元以下或资产总额 300 万元以下 |
| 批发业 | 从业人员 200 人以下、20 人以上且营业收入 4 亿元以下、5 000 万元以上 | 从业人员 20 人以下、5 人以上且营业收入 5 000 万元以下、1 000 万元以上 | 从业人员 5 人以下或营业收入 1 000 万元以下 |
| 零售业 | 从业人员 300 人以下、50 人以上且营业收入 2 亿元以下、500 万元以上 | 从业人员 50 人以下、10 人以上且营业收入 500 万元以下、100 万元以上 | 从业人员 10 人以下或营业收入 100 万元以下 |
| 交通运输业 | 从业人员 1 000 人以下、300 人以上且营业收入 3 亿元以下、3 000 万元以上 | 从业人员 300 人以下、20 人以上且营业收入 3 000 万元以下、200 万元以上 | 从业人员 20 人以下或营业收入 200 万元以下 |
| 仓储业 | 从业人员 200 人以下、100 人以上且营业收入 3 亿元以下、1 000 万元以上 | 从业人员 100 人以下、20 人以上且营业收入 1 000 万元以下、100 万元以上 | 从业人员 20 人以下或营业收入 100 万元以下 |
| 邮政业 | 从业人员 1 000 人以下、300 人以上且营业收入 3 亿元以下、2 000 万元以上 | 从业人员 300 人以下、20 人以上且营业收入 2 000 万元以下、100 万元以上 | 从业人员 20 人以下或营业收入 100 万元以下 |

续表

| 行业类型 | 中型企业 | 小型企业 | 微型企业 |
|---|---|---|---|
| 住宿业 | 从业人员300人以下、100人以上且营业收入1亿元以下、2 000万元以上 | 从业人员100人以下、10人以上且营业收入2 000万元以下、100万元以上 | 从业人员10人以下或营业收入100万元以下 |
| 餐饮业 | 从业人员300人以下、100人以上且营业收入1亿元以下、2 000万元以上 | 从业人员100人以下、10人以上且营业收入2 000万元以下、100万元以上 | 从业人员10人以下或营业收入100万元以下 |
| 信息传输业 | 从业人员2 000人以下、100人以上且营业收入10亿元以下、1 000万元以上 | 从业人员100人以下、10人以上且营业收入1 000万元以下、100万元以上 | 从业人员10人以下或营业收入100万元以下 |
| 软件和信息技术服务业 | 从业人员300人以下、100人以上且营业收入1亿元以下、1 000万元以上 | 从业人员100人以下、10人以上且营业收入1 000万元以下、50万元以上 | 从业人员10人以下或营业收入50万元以下 |
| 房地产开发经营 | 营业收入20亿元以下、1 000万元以上且资产总额1亿元以下、5 000万元以上 | 营业收入1 000万元以下、100万元以上且资产总额5 000万元以下、2 000万元以上 | 营业收入100万元以下或资产总额2 000万元以下 |
| 物业管理 | 从业人员1 000人以下、300人以上且营业收入5 000万元以下、1 000万元以上 | 从业人员300人以下、100人以上且营业收入1 000万元以下、500万元以上 | 从业人员100人以下或营业收入500万元以下 |
| 租赁和商务服务业 | 从业人员300人以下、100人以上且资产总额12亿元以下、8 000万元以上 | 从业人员100人以下、10人以上且资产总额8 000万元以下、100万元以上 | 从业人员10人以下或资产总额100万元以下 |
| 其他未列明行业 | 从业人员300人以下、100人以上 | 从业人员100人以下、10人以上 | 从业人员10人以下 |

备注：中型企业标准的上限即为大型企业标准的下限。如工业大型企业标准即为：从业人员1 000人以上且营业收入4亿元以上。

创业企业类似中小企业，分传统型与科技型。科技型企业是知识密集、技术密集的经济实体，我们国家专门制定了《高新技术企业认定管理办法》。科技型创业企业就是在创业企业基础上同时还要符合高新技术企业条件，如从事相关科技领域、知识产权在企业中的地位以及无形资产在企业总资产中占有一定比例等。因为创业企业比较难界定，科技型创业企业更难界定。相对来说，中小高新技术企业反而界定比较容易，因为，国家有中小企业划分标准，在此基础上符合高新技术企业相关条件即可。我国创业投资基金如需要享受税收优惠，其投资对象除需要通过国家高新技术企业认定以外，同时还应符合职工人数不超过 500 人，年销售（营业）额不超过 2 亿元，资产总额不超过 2 亿元的条件。

科技型创业企业作为技术创新的重要载体推动社会进步与经济繁荣，是一个创新活力的重要标志。然而由于科技型创业企业具有不确定性、高风险、高收益以及信息不对称，企业在传统的债权融资过程中总是遇到很多难题，制约了企业发展，而创业投资是科技型创业企业的主要融资渠道。因此，大力发展创业投资有助于促进创新创业。

### 2.2.2 创业企业特点

虽然创业企业难以界定，但在实践中创业企业表现出许多明显的特征，也正是这些特征吸引创业投资基金纷纷投资。

（1）人力资源结构特点

创业企业由于规模小，发展时间短，人力资源结构简单，如果是传统型的创业企业，其员工基本是文化程度较低、以体力劳动为主；而科技型创业企业员工文化程度高、以脑力劳动为主。无论哪种创业企业，其人力资源结构扁平化，没有中间层，即管理层，除创业者外就是员工。

（2）产品特点

如果是科技型创业企业，其产品一般具有创新性或改良性，而且基本成型，但要大规模推广还需经过市场检验。由于研发费用开支较大，产品早期价格相对较高，会影响市场推广。传统创业企业产品，产品创新性弱，只能在产品价格上寻找竞争优势。所以，一般传统创业企业的产品价格相对现有市场上同类产品价格更低。另外，传统创业企业产品还可在质量和性能上寻找竞争优势。总体上，创业企业产品特点就是创新性、价格低、质量好。

（3）商业模式特点

如果创业企业要在激烈竞争的市场上求生存、求发展，除在产品上具有自己的特色外，商业模式创新非常重要，特别是在互联网时代。互联网不仅改变我们的生活与工作，同时改变了创业模式与商业模式。因此，目前许多创业企业一方面借助互联网思维模式，改变自己的创业方式，如众筹创业；另一方面，借助互联网改变传统行业的经营模式与盈利模式。

（4）技术特点

科技型创业企业除技术创新外，技术成熟度较差，一方面表现在成本高；另一方面，稳定性差，特别是在大规模运用时。所以，科技型创业企业融资的一个主要目的就是进一步完善技术。完善技术的风险要大于开拓市场，所以，创业投资对科技型创业企业的融资用途比较谨慎。

（5）股权结构特点

创业企业无论是科技型创业企业还是传统创业企业，股权结构过于集中，创业者或创业者团队绝对控股。在创业期，绝对控股是一把双刃剑，决策效率高与武断专行并存。创业时期决策效率非常重要，船小好掉头。但如果创业者武断专行长期找不到正确的方向，企业很快走向死亡。正因为股权结构集中，创业投资的进入可以优化股权结构，改善管理机制。

（6）企业管理特点

创业企业管理一般扁平化，没有更多的管理层，除了创业者就是员工，创业者既是股东又是管理员，而创业者缺乏企业管理经验，一般都在实践中探索经验。另外，创业企业特别是传统创业企业家族式管理比较严重。

（7）市场开拓特点

创业企业产品刚刚定型，在市场中的占用率非常低，市场认可度有待进一步提高。囿于资金不足，创业企业一般采取传统的方式进行市场开拓，效率低，并缺乏专业的市场营销人员。创业投资比较青睐融资用途主要用于市场开拓的企业，因为见效快，风险相对低。

（8）财务状况特点

创业企业财务状况最明显的一个特点就是还未形成良性循环，企业净现金流还未稳定实现正数。企业还处在“死亡谷”或刚渡过“死亡谷”。资金短缺是企业面临最大的问题。所以，创业企业融资一方面为了渡过“死亡谷”，另一方面可能寻求发展资金。

（9）企业发展特点

创业企业发展特点就是处于“死亡”与发展之间。如果创业坚持一段时间有可能发展前景非常好，也有可能在创业期夭折。所以，创业企业融资非常重要，往往决定了企业未来发展前途。

### 2.2.3 创业企业融资方式及选择

融资方式是指资金需求方获得资金的方式，如融资来源、融资渠道以及融资工具等。创业企业融资方式有很多种类，每一种融资方式各有优缺点及适用的创业企业类型也不同。

（1）内源融资与外源融资

根据融资来源不同可分内源融资与外源融资两种融资方式。内源融资是企业依靠其内部积累进行的融资，具体包括三种形式：资本金、折旧基金转化为重置投资和留存收益转化为新增投资①。

内源融资对企业资本的形成具有原始性、自主性、低成本性和抗风险性等特点。相对于外源融资，它可以减少信息不对称问题及与此有关的激励问题，节约交易费用，降低融资成本，强化企业剩余控制权。但是，内源融资能力及其增长，要受到企业的盈利能力、净资产规模和未来收益预期等各方面的制约。

外源融资是指企业通过一定方式从外部融入资金，它对企业的资本形成具有高效性、灵活性、大量性和集中性等特点。从实际看，外源融资是成长中的企业获取资金的重要渠道，它包括银行借款、发行债券、融资租赁和商业信用等负债融资方式与吸收直接投资、发行股票等权益性融资等形式。

内源融资与外源融资在融资成本上存在差异，内源融资成本相对较低，因而企业融资一般是由内源融资发展到外源融资。创业之初，主要依靠内源融资来积累；随着企业逐步成长，抗风险能力增强，内源融资难以满足要求，外源融资就成为企业扩张的主要融资方式。

（2）直接融资与间接融资

根据融资渠道不同可分为直接融资与间接融资两种融资方式。直接融资是指资金供求双方之间直接进行交易的资金融通方式，如政府拨款、民间借贷、股东借款、员工内部集资以及投资机构直接投资，也包括一些需要借助专业的金融中介机构提供服务的直接融资方式，如企业壮大后在资

---

① 周海彤、魏静茹、刘晴：“资本结构、公司高管和公司价值——基于权衡理论、啄序理论等探讨资本结构对公司高管和公司价值的影响”，《商品与质量：理论研究》，2012年第6期。

本市场发行债券或股票等。

直接融资具有直接性、长期性、不可逆性（即股票融资无须还本）和流通性（指股票与债券可在证券二级市场上流通）。

利用直接融资的方式，企业处于主动地位，对融资的时间、数量、成本等均可主动做出选择，在总量上不受资金来源的限制。但也存在局限性，主要表现为易受融资双方资信的限制，受融资的时间、地点、范围的限制①。

间接融资是指资金供求双方不直接产生交易而是各自与金融中介机构发生交易，金融机构不仅提供服务并直接参与交易，如通过银行借款以及票据贴现等。

间接融资具有与直接融资截然相反的特性，即间接性、集中性、安全性、周转性。即资金的初始供应者和资金的需求者不直接发生借贷关系，由中介机构把众多供应者的资金集中起来贷给需求者。由于银行或非银行金融机构资金实力雄厚，内部管理严格，可有效分散、管理风险，因此融资风险较小，信誉度高，稳定性强。

（3）债权性与权益性融资

根据融资工具不同可分为债权性与权益性融资两种融资方式。债权性融资就是资金供求双方形成债权与债务关系，债务到期后还本付息，债权融资包括向政府借贷、向银行借贷、向亲朋好友借贷、向民间借贷、向社会公众发行债券等。债权融资的特点在于，融资企业必须根据借款协议按期归还本金并支付利息，一般不影响企业的股东及股权结构。

权益性融资就是资金供求双方形成股东关系，利益共享，风险共担，包括融资方从天使投资基金、创业投资基金、成长基金以及并购基金等股权基金中融资以及在资本市场 IPO。权益性融资特点在于引入资金无须偿还，但同时企业引入新股东会使企业的股东构成和股份结构产生变化；不需要支付利息且不必按期还本，但需按企业的经营状况支付红利。

创业投资基金是一类主要投资创业企业的股权基金，尤其青睐科技型创业企业。创业投资基金由于投资科技型企业不仅可以获得丰厚的投资回

---

① 罗莎："政策性金融支持对上海中小企业融资难破解的可行性与政策建议"，苏州大学硕士学位论文，2007 年。

报，对区域乃至世界创新创业还起到促进作用。

### 2.2.4 科技型创业企业融资特点

科技型创业企业综合了科技型企业高风险、高收益以及创业企业规模小、管理不规范等特征，因而，在融资上体现出以下特点：

（1）银行贷款困难

一是由于科技型创业企业研发的技术以及开发的新产品能否成功依然受很多不确定性因素影响，风险较大。银行贷款一要追求利润，二要追求资金安全性。二是科技型创业企业与银行信息不对称。银行对企业生产状况、经营状况、财务状况、信用状况不甚了解。而且银行提供贷款后，对企业的行为监督成本高。同时，科技型创业企业成立时间短，信用水平不好判断。三是有形资产规模小，而无形资产比重较高。无形资产本身就有很大的不确定性，所以未来利益更有很大的不确定性。综合以上原因，银行为了降低风险、保证收益，选择较少贷款①。

（2）深受创业投资青睐

一是由于科技型创业企业具有高成长性、高收益性特点，符合创业投资基金的投资理念，从而成为创业投资基金的主要投资对象。二是科技型创业企业有一定的资本市场退出渠道。各国为了支持高科技企业发展，在证券市场上设有高科技创业板块，如各国开设的创业板以及我国在深圳证券交易所专门设有中小企业板。这些资本市场除了方便科技型企业在资本市场进行融资，还为创业投资基金提供了退出渠道。

（3）融资需求呈现阶段性与波动性

这是因为，第一，在科技型创业企业发展初创期需要的资金数量相对较小，主要来自天使投资，随着企业不断发展以及研发不断深入，所需资金规模陡然增加，融资难度也增加。第二，由于科技型企业的技术更新快，产品更新快，企业为了保持竞争优势，需要不断地投入资金进行技术创新，这就需要进行多轮融资。

## 2.3 创业投资“三特”政策

创业投资在整个股权投资中起步最早，而且主要投资科技型创业企

---

① 魏布谊：“科技型中小企业融资问题分析”，《中小企业管理与科技》，2012年第28期。

业，对促进区域创新创业起着重要作用，所以，许多国家如我国与美国创业投资，在宏观层面体现出“三特”，即：特别立法、特别扶持以及特别监管政策。

### 2.3.1 政府对创业投资特别立法

（1）美国创业投资立法

第二次世界大战结束后，1953 年美国政府为了促进创业企业发展成立了小企业管理局（SBA）。SBA 对小企业的界定：首先必须是独立的盈利性机构，雇员在 500 人以下，且企业至少有 51% 的雇员是美国公民或永久居民。到了 20 世纪 50 年代中后期，美国政府为了加速发展先进技术，要求美国联邦储备系统进行有关调查。美国联邦储备局的调查表明，资金短缺是发展创新型高新技术企业的最大障碍。为此，1958 年美国国会通过了《小企业投资法案》（SBIA），准许成立投资小企业的投资公司并且政府给予资金支持。从 1958 年到 1963 年，美国约有 692 个公司注册为小企业投资公司，共募集私人权益资金 4.64 亿美元，形成了直到 60 年代末为止的美国第一次创业投资浪潮，有力推进了美国以半导体技术为代表的新兴产业发展①。

（2）我国创业投资立法

为推动我国创业投资发展，2005 年我国出台了《创业投资企业管理暂行办法》（《暂行办法》），随后出台了《创业投资引导基金规范运作指导意见》等一系列针对创业投资的法规和政策。《暂行办法》的出台直接导致了 2006 年我国创业投资发展的第一个高峰期。

《暂行办法》在制度上体现了三大创新，一是规定国家与地方政府可以设立创业投资引导基金，并通过参股和提供融资担保等方式扶持创业投资企业的设立与发展。二是明确对创业投资企业的税收扶持，规定“国家运用税收政策扶持创业投资企业发展，并引导其增加对中小企业尤其是中小高新技术企业的投资”。三是提出“国家有关部门应当积极推进多层次资本市场体系建设，完善创业投资企业的投资退出机制”。

另外，《暂行办法》为当时开展创业投资提供了以下九个方面法律保护：①对投资者人数和单个投资者的投资金额作出规定，为创业投资企业

---

① 陈柳钦：“美国风险投资业的发展及其借鉴”，《上海行政学院学报》，2005 年第 1 期。

以私募方式募集资金提供法律依据；②规定以公司形式设立的创投企业，可以委托管理顾问机构作为“经理”负责其投资管理业务，为实行委托管理提供法律保护；③规定创投企业可以实行承诺资本制度。若承诺实收资本不低于3 000万元人民币，首期到位资本只需1 000万元，其余资本可在未来5年内补足；④规定“创投企业可以以全额资产对外投资”；⑤规定“创投企业可以以股权和优先股、可转换优先股等准股权方式进行投资”；⑥规定创投企业应当通过章程、委托管理协议等法律文件，事先约定管理运营费用或管理顾问费用的计提方式，为建立成本约束机制提供法律依据；⑦规定创投企业可以从已实现投资收益中提取一定比例作为对管理人员或管理顾问机构的业绩报酬，为建立对管理人的业绩激励机制提供法律依据；⑧规定创投企业可以事先设立有限的存续期，存续期一到即可清盘，从而有利于建立起对管理人的风险约束机制；⑨依据《贷款通则》中的“国家规定的除外”条款，规定“创业投资企业可以在法律规定的范围内通过债权融资方式增强投资能力”[①]。

### 2.3.2 政府对创业投资特别扶持

（1）美国对创业投资的特别扶持

1976年修订《统一合伙法》，现代有限合伙制产生后，美国创业投资企业纷纷采用了有限合伙制企业组织形式。因此，美国对创业投资的扶持重点在于资金供给，而不是所得税减免。

1958年美国通过SBIA法案启动SBIC计划，由SBA具体负责。除了自有资金外，SBIC可以从联邦政府得到低利率的政府资金，在一定程度上填补了SBIC资金不足。SBIC实际上成为美国政府与私人经济机构的合作组织。政府规定SBIC每投入1美元到小企业中，便可从政府得到4美元的利率仅为2%的低息贷款。此外，SBA还批准了许多特殊性SBIC，专门向那些在经济或社会上受到不平等待遇的人，如有色人种、残疾人创立的小企业进行投资，并在申请执照和经营过程中给予优惠。1992年以后，随着整个创业投资业的再次兴起，美国政府再次对SBIA法案进行了修改。法案规定政府可以以有限合伙人的身份加入私人管理的SBIC，分担其投资风险，同时，也可分享其收益。现在美国政府也更多地采用股权形式参与扶

① 成英谦：“创业投资机制在中国实现途径研究”，北京交通大学硕士学位论文，2006年。

持。美国 1999 财政年对小企业提供的 3 700 笔总金额 42.26 亿美元的融资中，单一债权性融资仅占整个融资规模的 6.5%，股权性融资已占有绝对优势。

1974 年美国颁布《雇员退休收入保障法》（ERISA），放宽了对机构投资者的投资限制，在不影响整个投资组合安全性的前提下允许养老金等机构投资者投资于小企业投资公司。

1978 年和 1981 年，国会先后通过了《国民税收法》和《经济复兴税法》，将资本利得税税率从 49% 降到 20%，这直接导致美国创业投资产业募集的资金由 1977 年的 6 800 万美元飞升至 1982 年的 10 多亿美元。1982 年《小企业股权投资激励法》允许小企业管理局为风险投资机构提供发行长期证券担保。

1980 年美国通过《小企业股权投资促进法》，该法规定小企业管理局可以为从事股权投资的小型投资公司提供担保，以支持其公开发行长期债券。如由小企业管理局代为支付长期债券产生的定期利息，当小型投资公司实现了足够的资本增值后再一次性偿付债券本息，并向小企业管理局支付 10% 左右的收益分成。

在克林顿时期，美国政府启动了新兴市场创业投资（NMVC）项目。它主要是为了纠正传统股权融资在美国中低收入地区的失灵。SBA 将提供融资，帮助对中低收入地区小企业进行投资的 SBIC 发行公司债券。

2012 年 4 月美国还颁布了《创业企业融资法案》（JOBS 法案），放宽了创业投资基金资金募集方式，允许有条件地进行公开募集。

（2）我国对创业投资的特别扶持

2005 年我国出台《暂行办法》，并力求通过制定一系列配套规章与政策，来逐步完善创业投资法规。这些配套规章与政策包括：①制定创业投资企业税收扶持政策，切实扶持创业投资企业发展并引导其增加对中小企业特别是中小高新技术企业的投资；②制定《创业投资引导基金管理规定》，鼓励有关部门和地方政府设立创业投资引导基金；③制定创业投资企业通过债权融资方式增强投资能力的有关规定；④研究尽快推动创业板市场建设的具体方案和促进区域性产权交易市场规范发展的政策，以拓宽创业投资的退出渠道；⑤制定《保险公司投资创业投资企业规定》，以支持保险公司在法律规定的范围内投资设立创业投资基金；⑥制定《证券公司开展创业投资业务规定》，以允许证券公司在法律规定的范围，通过参股设立创业投资基金和创业投资管理公司，开展创业投资业务；⑦研究成立中国创业投资协会的具体方案，以便通过行业协会对创业投资企业进行自律管理，并维护本行业的自身权益[①]。

为落实《暂行办法》中关于税收优惠政策，出台《关于实施创业投资企业所得税优惠问题的通知》（以下简称《优惠通知》），并规定公司制创业投资企业投资中小高新技术企业可享受投资额的 70% 抵扣应纳税所得额。当时，有限合伙制在我国刚刚起步，创业投资企业大部分是公司制，所以，所得税优惠显得尤为重要。

例 1：创业投资企业 A：资本总规模为 3 亿元，第一轮对外投资 3 年后，前面的 1 亿元全额亏损，中间的 1 亿元刚刚保本，最后的 1 亿元获得 4 亿元毛收益；若 3 亿元投资额均为可用于核算应纳税所得抵扣额的“中小高新技术企业投资额”,[②] 则：

（1）创投企业作为投资人缴纳税收 = 4 亿元 × 20% = 0.8 亿元

（2）净收益 = 毛收益 − 本金亏损 − 管理费用 − 已缴纳税额

= 4 亿元 − 1 亿元 − 3 亿元 × 3% × 3 − 0.8 = 1.93 亿元

（3）应纳税所得抵扣额 = 中小高新技术企业投资额 × 70%

= 3 亿元 × 70% = 2.1 亿元

（4）享受抵扣后的应纳税所得额 = 应纳税所得额 − 应纳税所得抵扣额

= 1.93 亿元 − 2.1 亿元

= − 0.17 亿元

这样，该创投企业尚有 0.17 亿元应纳税所得额可结转抵扣。若下一轮对外投资的 3 亿元投资额也均为“中小高新技术企业投资额”，则下一轮可享受的抵扣额度为 2.27 亿元。

例 2：创业投资企业 B：资本规模为 3 亿元，第一轮对外投资 3 年后，前面的 1 亿元全额亏损，中间的 1 亿元刚刚保本，最后的 1 亿元获得 4 亿元毛收益；若 3 亿元投资额中可用于核算应纳税所得抵扣额的“中小高新技术企业投资额”为 2 亿元，则：

---

① 刘健钧：“《创业投资企业管理暂行办法》解读”，《江苏科技信息》，2007 年第 7 期。

② 江竹青：“我国创业投资引导基金运作模式与方法研究”，合肥工业大学硕士学位论文，2011 年。

（1）投资人缴纳税收 = 4 亿元 × 20% = 0.8 亿元

（2）净收益 = 毛收益 - 本金亏损 - 管理费用 - 已缴纳税额
= 4 亿元 - 1 亿元 - 3 亿元 × 3% × 3 - 0.8 = 1.93 亿元

（3）应纳税所得抵扣额 = 中小高新技术企业投资额 × 70%
= 2 亿元 × 70% = 1.4 亿元

（4）享受抵扣后的应纳税所得额 = 应纳税所得额 - 应纳税所得抵扣额
= 1.93 亿元 - 1.4 亿元 = 0.53 亿元

（5）应缴纳所得税 = 0.53 亿元 × 25% = 0.1325 亿元

这样，该创投企业的所得中，有 0.53 亿元为应纳税所得，需按 25% 缴纳所得税，即为 0.1325 亿元。但相对于 1.93 亿元的净收益而言，综合税率仅为 6.86%。

例 3：创业投资企业 C：资本规模为 3 亿元，第一轮对外投资 3 年后，前面的 1 亿元全额亏损，中间的 1 亿元刚刚保本，最后的 1 亿元获得 4 亿元毛收益；若 3 亿元投资额中可用于核算应纳税所得抵扣额的“中小高新技术企业投资额”为 1 亿元，则：

（1）投资人缴纳税收 = 4 亿元 × 20% = 0.8 亿元

（2）净收益 = 毛收益 - 本金亏损 - 管理费用 - 已缴纳税额
= 4 亿元 - 1 亿元 - 3 亿元 × 3% × 3 - 0.8 = 1.93 亿元

（3）应纳税所得抵扣额 = 中小高新技术企业投资额 × 70%
= 1 亿元 × 70% = 0.7 亿元

（4）享受抵扣后的应纳税所得额 = 应纳税所得额 - 应纳税所得抵扣额
= 1.93 亿元 - 0.7 亿元 = 1.23 亿元

（5）应缴纳所得税 = 1.23 亿元 × 25% = 0.3075 亿元

这样，该创投企业的所得中，有 1.23 亿元为应纳税所得需按 25% 缴纳所得税，即 0.3075 亿元。但相对于 1.93 亿元的净收益而言，综合税率仅为 15.93%。

### 2.3.3 政府对创业投资特别监管

创业投资监管不同于股权投资监管，后者监管侧重于风险控制，而前者侧重在监管的基础上给予扶持。国内外创业投资监管模式基本上是官方机构与行业自律组织共同参与，但由于风险控制与政府扶持力度不同，各国政府参与的方式与程度各不相同，因此，形成比较典型的美国模式和英国模式。

（1）国外创业投资监管

美国监管理念是尽量减少干预，从法律和政策上给予扶持。在美国设立创业投资基金无须政府批准，但应遵守小企业管理局（SBA）相关规定，同时，辅之以行业自律组织监管。美国创业投资自律组织是全美创业投资协会（NVCA），属于会员制行业机构，其主要成员为创业投资基金。全美创业投资协会代表了在美国从事创业投资的多数创业投资机构，是一个向所有创业投资相关机构开放的组织。它通过建立一系列的规章制度实现对创业投资业的监管。为了维护创业投资业的信誉，协会对会员资格认定有一套十分严格的规定。创业投资基金只有成为其会员，才能获得投资者的信任。会员单位在从事创业投资时必须严格遵守协会的章程和规定，否则随时可能被取消会员资格，并导致社会信誉的丧失。

1996 年 NVCA 发布了《美国创业投资协会交易标准》。NVCA 要求：①会员应为专门从事 VC 或 PE 的企业进行投资；②会员须雇佣至少有一名全职直接从事 PE 投资的专业人员的专业团队；③对会员公司管理的资金专门用于 PE 的数额做了最低限制，即不少于 500 万美元，以保证其主要从事私募股权投资的性质；④会员必须在美国有经营场所；⑤私募股权基金经理须为美国人或在美国定居的外国人以便实施有效的监管；⑥会员的行为必须遵守美国的税法和相关法令，会员在投资前后必须使用专业的方法等。

2008 年金融危机后，美国财政部欲加强对创业投资的监管，即创业投资企业到证监会（SEC）登记备案，并定期提供关于其投资者和投资组合的报告。SEC 搜集这些资料后提供给新的风险监管者，确保 VC 不会“对金融稳定构成威胁”。但这一提案最终没有通过。

在英国主要由英国创业投资基金协会负责行业自律监管。英国创业投资业协会成立于 1983 年，以促进企业家、投资人和创业投资基金的利益和整个经济为宗旨。协会的主要职能为：业务培训，政策游说，研究、处理会员关系等。协会的主要机构为理事会，并设有各种专业委员会。加入协会是自愿的，但成为会员应具备一定的条件，协会理事会自行决定是否同意会员加入。协会为其会员规定了严格的《行为准则》，会员单位在从事创业投资运作时必须严格遵守协会的章程与其他法规，否则随时可能被取消会员资格，并进而招致社会信誉丧失殆尽的风险。会员组成中除专门从事创业投资的正式会员外，还有与创业投资相关的金融机构、研究机构以及会计师、顾问和律师等联系会员。英国创业投资监管以行业自律监管为主，同时辅以官方监管。英国的官方监管主要是证券与投资委员会代表政府对自律组织进行监管。2000 年为加强对创业投资业的监管，成立了英国金融管理局。英国在创业投资监管方面注重行业自律机构作用的发挥，主要通过宏观政策进行必要引导，为创业投资创造一个较为宽松的经济与法律环境，其精神为“严格自律，有效监督管理”；其组织结构显示出特有的灵活性和多样性；其规范金融服务业的法律主要是 1986 年颁布的《金融服务法》等①。

（2）我国创业投资监管

我国创业投资监管模式与美国比较类似。2005 年由国家发改委牵头颁布了《暂行办法》，并明确了创业投资企业设立备案、投资运作、政策扶持及监管等内容，凡遵照规定完成备案程序的创业投资企业可享受政策扶持优惠政策，并随后经国家发改委正式批准成立了中国投资协会创业投资专业委员会，现改名为股权和创业投资专业委员会，负责全国创业投资机构的备案管理。其宗旨是：宣传贯彻国家有关股权和创业投资政策法规、研究股权和创业投资领域中的重大理论和实际问题、培训股权和创业投资行业专门人才、加强股权和创业投资行业规范和企业自律管理，保护股权和创业投资者的合法权益，构建股权和创投企业与政府主管部门之间、股权/创投企业之间以及股权和创业投资企业与创业企业之间联系交流合作的桥梁与纽带，推动中国股权和创业投资行业持续健康快速发展。

2014 年 6 月证监会颁布实施《私募办法》，确立了私募基金不同类别差异化管理安排，其中强调基金业协会对创业投资基金采取差异化行业自律，并提供差异化会员服务，证监会及其派出机构对创业投资基金采取差异化监督管理。

## 2.4 创业投资基金运作特点

创业投资在宏观层面体现出“三特”，而专门从事创业投资的创业投

① 何国华、杨之帆、周志凯：“论风险投资的政府监管”，《中国软科学》，2001 年第 10 期。

资基金在微观层面体现出一些运作特点，如投资策略、资金来源、组织形式、项目评估、风险控制、决策机制、投后管理以及投资退出等方面。

### 2.4.1 投资策略特点

创业投资基金作为早期投资，其投资策略特点：第一，投资结构化，即充分利用各种金融工具，降低风险，并实现利益最大化。因为创业企业风险较大，创业投资基金为了规避风险常利用优先股、可转换债以及创业股东回购等金融工具，既保证融资方对资金的需要，又尽可能降低投资风险。第二，投资金额一般较小，不求控股，持股比例通常在30%以下，一方面是为了充分发挥创业股东积极性，避免喧宾夺主；另一方面是由于创业企业规模较小，所需资金规模也有限。第三，投资对象偏好为科技型创业企业。科技型创业企业具有发展潜力大、增长速度快以及高额收益等特点，而创业投资基金主要收益是在退出时获得高额资本升值，一般传统行业创业企业很难满足基金的收益需求，因此，基金将目光主要集中于科技型创业企业。第四，分轮次投入策略。投资创业企业持股时间相对较长，与一般股权基金不同，创业投资基金为控制风险采取分轮次投资策略，即根据创业投资基金融资方的发展情况，将资金分期投入，最初投资额较少，随着企业逐步走上正轨，投资资金将不断跟进投入。如一旦发现问题，立即中止投资，把投资风险降到最低。第五，联合投资。对于风险较大、投资额较高的项目创业投资基金往往联合其他投资者共同投资。牵头的投资人持有的股份最多。这对于创业企业来讲，也可以享有更多的投资者资源。但也不是投资者越多越好，因为投资者太多，难免发生冲突和混乱。第六，匹配投资。匹配投资是指创业投资基金投资时，根据情况要求创业者或创业企业高管投入相应的资金。

### 2.4.2 资金来源特点

由于创业投资风险较大、持股时间较长，因此，创业投资基金的资金除一般的商业性资金来源外，还有以下资金渠道：

（1）政府资金

在投资市场同样存在“市场失灵”现象，即指民间投资资本通常喜欢投资于中后期项目，这些企业基本上具有了可预见的商业利润，因此，这种投资属于“锦上添花”。但创业期的项目多处于高度风险时期，很难引入投资基金的“雪中送炭”，即存在“市场失灵”现象。这个时候就需要政府采取相应措施予以引导，通过无偿资助、股权投资、风险补偿甚至提供贷款等措施确保创业投资具有足够的资金投资于创业企业，尤其是科技型创业企业，以弥补市场失灵。在美国，政府以提供贷款为主，因为美国小企业投资公司除股权投资外还可以为小企业贷款。而我国主要以股权投资方式为主①。

（2）非盈利性投资机构

在经济以及创业投资比较发达国家，各种社团所属的非盈利性基金，如捐赠基金，也是创业投资基金一个重要的资金来源。

（3）大型企业

大型企业进行创业投资主要基于两种目的，一是对与自身行业相关的创业企业进行投资，可以利用行业优势为创业企业提供增值服务；二是支持企业内部创新创业。

（4）基金管理者自有资金占比较大

股权基金的资金一般由基金管理人通过私下募集而来，但对创业投资基金而言，因为持股时间较长，一般投资者难以坚持，而且规模不大，所以，基金管理人自有资金占比较大。

### 2.4.3 组织形式特点

国内外创业投资企业组织形式大致都经历了从公司制到有限合伙制的过程。虽然公司制组织形式是在合伙制基础上发展起来的，但比现代有限合伙制出现的更早，当初创业投资起步时，有限合伙制企业组织形式还没有出现，如美国和我国分别从1976年和2007年开始从法律上确立有限合伙制企业组织形式，而两国分别从1946年和1985年就开始出现创业投资。有限合伙制一旦出现，由于其制度优势很快被创业投资基金所利用。

但在我国由于创业投资税收优惠是基于公司制创业投资基金，所以，在我国一些创业投资基金还会选择公司制企业组织形式。另外，由于公司制创业投资基金内部治理比较稳定，可永续经营，资金较为稳定，比较适合于创业企业对资金需求的特点。

---

① 闻岳春、程同朦："政府引导基金和海外风险资本在支持技术创新方面的应用研究"，《浙江金融》，2008年第11期。

### 2.4.4 项目评价特点

创业投资基金评价项目的宗旨是评估创业者与项目的匹配程度，因为创业企业在未来发展过程中还存在很大不确定性，而这种不确定性主要取决于人与项目的匹配。所以，在创业项目评估过程中除了对项目进行评估外，还要对创业者以及创业团队进行重点评估。项目本身评估思路与一般性项目评估思路大致相同，主要包括宏观分析以及微观分析，其中宏观分析主要分析国家宏观政策、产业政策以及行业发展趋势等，微观分析主要分析项目技术、产品开发、产品市场以及竞争对手等。但有一点不同，财务评估对创业企业评估意义不大，因为创业企业发展速度不是平稳发展。创业项目评估的难点是人与项目的匹配程度，包括创业者精神、创业者从业经历、创业团队知识结构、性别结构以及年龄结构等。评估科技型创业企业时，创业者的教育背景以及整个团队的创新能力非常重要。评估传统型创业企业时，创业者是否在本领域具有从业经验以及创业精神非常重要，因为创业艰难，途中会遇到众多困难，创业者是否做好了充分准备在整个过程中很重要。总之，创业企业评估时，人的评估占据重要位置，包括创业者的职业道德。

### 2.4.5 风险控制特点

提高投资成功概率是股权投资控制风险的总体思路，但不同类型股权基金采取风险控制的策略不同，如发展基金主要通过提高成功案例数来提高成功概率，主要措施就是谨慎决策，尽可能少投。而创业投资基金的风险控制策略是通过提高整个基金的资金投资成功概率来提高成功概率，其主要措施就是量小、多投，即控制每个项目的投资规模，尽可能地多投项目，获取更多的成功投资机会。由于创业企业在创业初期不确定性较高，评估困难，但蕴含了较高投资回报，小额投资有可能带来巨大的投资回报。因此，创业投资基金尽可能地采用量少、多投资来控制风险。实践表明，往往一项成功的创业投资带来的利润能够弥补多个投资失败项目造成的损失。

### 2.4.6 决策机制特点

由于创业投资采取量少、多投资的风险控制策略，所以谨慎决策机制不适合创业投资基金，一般采取快速决策机制。所谓快速决策机制就是从尽职调查到投资决策时间短，而且民主性较弱。由于创业企业历史较短、规模较小，尽调时工作量较少，短时间内就能完成。投资决策时，投委会表决制度一般不求多数通过，半数通过即可，而且投委会成员尽可能地少，如投资决策委员会五人组成，三票通过即可。创业投资实施快速决策机制目的就是把握投资机会。

### 2.4.7 投后管理特点

创业企业发展面临较多的不确定性，一方面是因为创业者缺乏企业管理经验，另一方面缺乏资源，包括市场开拓与政策资源。所以，虽然创业投资基金一般持股较少，但投后参与企业经营程度会比较多一点，如帮助企业制定战略、帮助企业开拓市场、帮助企业申请政府资助以及帮助企业再融资等。创业投资的投后管理以提供增值服务为主线，因为单个项目投资失败后的投资损失不大，但投资成功后带来的投资收益巨大。所以，创业投资的投后管理主要以为创业企业提供增值服务为主要目标，如尽可能地争取董事席位参与企业重大决策。

### 2.4.8 项目退出特点

从创业企业发展到成熟企业所需时间较长，所以，要等到上市或被并购时再退出，创业投资基金持股时间太长，会增加投资风险以及降低投资收益率。因此，在退出机制上，创业投资选择更加灵活的方式。一是创业企业在进行下一轮融资时，创业投资基金根据企业发展状况选择退出与否，尽管投资收益不会太高；二是在投资当初就与创业者约定，一定时间后以一定的价格回购股权从而退出，锁定投资收益。三是债股结合的方式，到期创业企业返本付息，保障基金的投资安全与固定收益，如果企业发展状况良好，债转股以后期望获得更大的投资收益。

CHAPTER 3

# 第3章　成长基金(Pre－IPO)

成长基金（Pre－IPO）是成长型企业的加速器，促成企业加速发展，属于专注于后期投资的股权基金。成长型企业发展目标非常明确，就是由一个私人企业发展成公众企业，实现产业资本与金融资本的完美融合。所以，成长基金是企业成为公众企业前的一次重要融资，在投资阶段上与创业投资相比属于后期投资。成长基金的产生发展与证券市场的繁荣直接相关，虽然成长基金产生晚于创业投资基金，但正是由于成长基金以及其他后期投资基金如并购基金等的产生与发展促进了整个股权投资业的发展。由于成长型企业管理比较规范、企业规模较大、财务状况良好，所以，成长基金在运作上与创业投资基金等其他股权基金相比稍有不同。

## 3.1　概述

### 3.1.1　定义

成长基金通常指Pre－IPO基金，顾名思义，是指投资于企业上市之前，或预期近期可上市企业，企业通过IPO后从公开资本市场出售股票退出。与天使投资、创业投资相比，投资阶段偏后，属于后期投资。与创业投资等早期投资相比，风险相对较小、投资规模较大、持股时间较短以及收益率较低。

Pre－IPO基金对成长型企业的作用主要表现

为：一是提供资金，改善企业上市前财务状况。虽然能够获得 Pre－IPO 基金青睐的成长型企业在正常发展情况下不缺资金，但企业为准备上市通常都要涉及补缴税收、支付中介机构费用、清理工会持股、关联方吸收合并及扩大企业规模等，使得企业流动资金较为紧张。Pre－IPO 基金无疑将增加企业的流动资金，改善财务状况，降低负债比率，也为企业保持良好的财务状况起到积极作用。二是改善企业股权结构，引入新的团队建设机制。企业上市前股权结构普遍存在一股独大、家族控股现象，这不利于对全体股东特别是中小股东和投资者权利的保护。因此，在企业申请首次公开发行时，从保护中小股东权益出发，股权结构过于集中的企业不符合 IPO 要求。引入 Pre－IPO 基金特别是在业界具有较高知名度的机构，不仅能够改善企业内部股权结构，而且还能为企业上市前引进新的管理机制。三是打通行业产业链的上下游关系，增强企业行业议价能力。Pre－IPO 基金除为企业注入资金外，还可以凭借自身的经营销售渠道、行业资源、丰富的经营管理经验及良好的声誉和品牌为企业提供增值服务，促进企业资源整合、优化结构以及增量提质。四是提高企业资本运作能力，推进 IPO 顺利进行。Pre－IPO 基金为追求在企业上市后退出以获取更高回报，在夯实企业经营业绩的同时，还会利用其丰富的投资经验、市场资源、上市资源不遗余力地为企业上市理清思路和统筹规划。五是提高企业上市前形象，增强市场信心。Pre－IPO 基金作为专业机构，为了控制自己的投资风险，投资之前会对企业的业务、法律、财务、管理团队、上市的可能性进行详尽的尽职调查，具有强于普通投资者的行业分析与价值判断能力。因此，Pre－IPO 基金对普通投资者起到了专业投资的示范作用，有助于提升公开市场上投资者的信心[①][②]。

### 3.1.2　成长基金发展历程

资本市场的发展直接影响成长基金的产生与发展。Pre－IPO 基金主要投资拟上市企业，证券市场是否活跃以及是否完善直接影响拟上市企业的积极性以及估值，因而影响 Pre－IPO 基金投资者的收益及积极性。1971

① 古小刚、张露："拟上市企业私募股权融资相关问题研究"，《改革与开放》，2013 年第 3 期。
② 续芹、刘静、刘松青："Pre－IPO 基金的作用——来自香港主板市场中国企业的经验证据"，中国会计学会财务成本分会 2006 年年会暨第 19 次理论研讨会，2006 年。

年美国纳斯达克开市，其他国家也相继开设创业板如日本的纳斯达克，在退出机制上为Pre－IPO基金拓宽了退出渠道。我国2004年深圳中小创业板正式启动，众多股权投资机构将目光转向Pre－IPO或成熟企业。2009年10月31日，创业板正式启动，首批28家企业挂牌上市，其56.7倍的平均发行市盈率、开市当天盘中涨幅全部超过100%，收盘后平均106%的涨幅，以及111倍的平均市盈率等，让Pre－IPO基金投资者获得了巨大收益。根据CVSource数据统计，2009年中国股权投资市场披露的114起案例中，Pre－IPO基金投资案例数量最多，为79起，占投资案例数量69.3%①②。

另外，早期成长基金伴随收购基金的产生与发展。受美国资本市场发展影响，1976年KKR公司成立，专门从事LBO以及Pre－IPO业务。起初KKR的资金主要以借款为主，走的是LBO模式。进入上世纪80年代后，KKR业务开始非常活跃，有的企业潜力好但目前盈利不高，单一借款模式不能适应业务发展，KKR开始私下募集资金，并且直接进入Pre－IPO投资。因为Pre－IPO收益大、周期短，大量社会资本开始涉入，极大推动了Pre－IPO基金的产生与发展。这也是为什么把KKR公司的成立作为后期投资的标志。

## 3.2 成长型企业

### 3.2.1 成长型企业特点

成长型企业不同于创业企业，其经历过种子期和初创期后，产品销售规模不断扩大，知名度不断提高，市场份额将逐渐扩大。同时，由于规模经济的效益使得经营成本逐渐降低，经营活动中大量货币流入，企业的生产经营规模日益壮大，此时的经营活动的现金流量净额应该变为正数，并逐步增大。所以，成长型企业在财务、经营等方面具有一些特征。

（1）财务特点

成长型企业财务方面具有以下特点：①稳定的现金净流量。一般来说，企业的产品市场份额逐步稳定，产品销售额仍在增加，但销售速度放

---

① 林城坚：“我国创业板成长性研究”，厦门大学硕士学位论文，2012年。

② 马翊航：“私募股权投资基金组织形式研究”，云南财经大学硕士学位论文，2012年。

慢，随后出现缓慢下降的趋势，过渡到成熟企业。这一过程中，企业经营活动将产生大量稳定的现金流。②较大的资产规模。在企业高速成长过程中，收益逐步由亏损到盈利，资产规模不断扩大，企业的规模效应显现，产品单位成本降低。③可以较快达到上市财务基本要求。如我国主板上市基本财务条件：发行前3年的累计净利润超过3 000万元；发行前3年累计净经营性现金流超过5 000万元或累计营业收入超过3亿元；无形资产与净资产比例不超过20%；过去3年的财务报告中无虚假记载。创业板上市基本财务条件：最近两年连续盈利，最近两年净利润累计不少于1 000万元；或者最近一年盈利，最近一年营业收入不少于5 000万元。净利润以扣除非经常性损益前后孰低者为计算依据；最近一期末净资产不少于2 000万元，且不存在未弥补亏损；发行后股本总额不少于3 000万元。

（2）经营特点

成长型企业在经营方面表现出以下特点：①企业处于高速成长期，包括业务、企业规模、市场份额不断扩大。此时，企业发展方向明确、组织结构稳定并充满活力，由多年经验积累而成的业务规则与业务标准已开始自成体系。②市场份额不断扩大达到一定水平。企业产品在相关领域里有了一定知名度，产品的质量和价格保持稳定，而销售量由于企业的品牌效应将持续增长，但增长率没有初创期那么快。③企业边际收益增大。因已初步形成稳定的销售网络和广阔的销售渠道，销售利润率较高。同时，有较充裕的现金流量，投资活动以及融资活动一般比较活跃。④激励机制与企业文化建设成为企业管理重要任务。一方面要将薪酬总成本控制在一个经济合理的范围之内，另一方面，通过制定关键绩效指标，引导组织中各成员的努力方向。企业达到一定规模后，制度管理是一方面，但成本高，此时企业文化建设显得尤为重要。企业文化将成为企业发展的内源动力。

### 3.2.2 成长型企业融资特点

成长型企业融资与创业企业融资相比有许多不同点：一是融资目的不同，创业企业融资主要是为了渡过“死亡谷”，即为了生存，而成长型企业融资主要是为了发展；二是融资用途不同，创业企业融资主要用于研发和企业日常开支，而成长型企业融资主要用于市场开拓，增加现金流；三是融资规模不同，成长型企业融资规模要远远大于创业企业；四是融资渠道不同，成长型企业财务风险抵御能力增强，融资机会与渠道增多，除有足够的实力进行债权融资外，还可进行股权融资，而创业企业一般很难获得债权融资。另外，成长型企业具有明晰的商业模式，具备一定的资产规模，各项财务数据更加接近上市水平，整体投资风险较低，为后期投资型基金所偏爱。

### 3.2.3 商业计划书撰写

商业计划书（Business Plan）是大多数企业进行股权融资必备的敲门砖，特别是对于成长型企业而言，其内容较为丰富，写好商业计划书会为企业顺利融资铺路，而编撰商业计划书的过程也是企业审视、分析自身及产品的好机会。

（1）商业计划书目录介绍

商业计划书没有统一规定的目录，不同企业根据不同情况，内容上有增减，所以不同企业的商业计划书目录稍有不同，但大致包括以下目录[①]。

①执行摘要。这是商业计划书最简练形式，包括所有的要点。执行摘要的长度通常以 2～3 页为宜，内容力求精练有力，重点阐明公司的投资亮点，尤其是相对于竞争对手的抢眼之处。股权投资机构如果觉得执行摘要有看头，才会接着去阅读其他内容。作为商业计划书中最重要的一部分，执行摘要一般放在最后步骤进行准备。

②公司描述。商业计划书的第一个完整部分是公司描述部分，它包括：公司的历史，当前地位、战略和未来计划。企业还需要在商业计划书中阐明通过具体的战略规划可以建立起利润可观的公司业务。

③产品和服务。在这一部分中，主要是对公司现有产品和服务的性能、技术特点、典型客户、盈利能力等的陈述，以及未来产品研发计划的介绍。另外，对专利等级、版权及商业机密内容的描述也非常重要，对市场进入壁垒的分析说明也是相当关键。

④市场分析。这一部分应该界定公司的市场、行业、现有和潜在的购买者和竞争者。商业计划书应该阐释市场中的关键影响因素，弄清楚购买决策的制定过程，还应该对“市场是怎样细分，公司计划拥有的市场份额，以及预想采用何种防御战略来抵挡竞争”这些问题做出回答。商业计划书的这一部分的撰写越具体越好，要以那些可信度高、已经证实的数据

---

① 李月川：“一份成功的商业计划书是怎样炼成的”，《科技创业》，2003 年第 7 期。

为中心。市场调研应当包括对企业所在行业及潜在客户的详细分析。行业数据应当包括行业数据、市场规模、近期技术进步、政策规定及未来发展趋势等方面。顾客调查应包括潜在顾客数量、平均购买率及购买决策者的行为分析等信息。这一调查可以推动销量预测和定价策略的开展，而这些策略与营销、销售、分销渠道等战略是紧密联系的。最后，对企业将要占领的目标市场的份额做出评价。

⑤营销战略与实施计划。拥有了优质的产品和良好的市场机遇，还需要一个切实可行的营销战略和实施计划来配合，才能保证最后的成功。营销战略应该讨论市场调研的结果和产品或服务的价值提议。商业计划书中这一部分内容的主要目的是使投资者确信这一市场是可被开发和渗透的。

⑥组织管理概要。一个稳定团结的核心团队可以帮助企业渡过种种难关，是企业最宝贵的资源。很多潜在投资者把管理团队视为一份商业计划书获得成功的最关键因素。风险资本家通常会向那些最有可能成功运作企业的人们进行投资，股权投资者将会仔细考察所投资企业的管理者队伍，这一管理队伍必须在关键性标准方面具备一定的经验和才能：技术发展、营销、销售、生产和财务等。

⑦资金需求和退出策略。这一部分说明为实现公司商业计划所需要的资金额，资金需求的时间、资金用途（详细说明资金用途，并列表说明）、融资方案、资金其他来源如银行贷款等，机构投资者非常关注公司退出战略以及投资获利的时间和方法。在商业计划中最通常的退出战略是IPO。

⑧财务计划。这一部分的最重要方面在于财务预测——预测资产负债表、现金流量表和损益表。财务预测必须与公司的历史业绩和发展趋势相一致，也应该与商业计划书中其他部分的讨论结果相一致。最后，应该考虑投资者需要的投资回报率和他们的收回战略。许多创业者在技术方面是专家，而对于财务和融资却是门外汉。所以，往往提交出来的是一份数据粗糙、取舍随意、预测基础不合理的预测数据，难以取得投资人的认可。寻求专业顾问人士的帮助可以保证整个财务预测体系的规范性、合理性、专业性。

⑨风险因素及其对策。虽然每一份商业计划书都会对项目的方方面面做出一番美好未来规划，但是作为股权投资一方，面对一个项目，不确定的因素太多。风险分析部分就是说明各种潜在的风险，向投资人展示针对

风险的规避措施。

⑩附录。附录经常作为商业计划书的补充说明部分。每份商业计划书在附录中都有大量的财务预测，作为执行计划和财务计划中有关财务的总结。在附录中可能出现的附件还有：媒介关于公司产品的报道、公司营业执照、产品的样品、图片及说明、有关公司及产品的其他资料、专利技术信息、合作者和消费者的来信、一般竞争者调查等等。

（2）商业计划书核心内容

通过上面目录的介绍，商业计划书的核心内容主要包括：①面临问题：企业现状如何？正面临的最紧急、最重要的问题是什么？或者你正在瞄准的机会是什么？②解决方案：企业如何解决这个问题或者如何抓住机遇？③商业模式：谁是企业的客户，企业如何赚钱？④企业优势：企业如何做到与众不同？⑤营销和销售战略：企业切入市场的战略是什么？⑥竞争分析：企业跟谁竞争？企业与竞争对手各自的优势何在？⑦财务预测：未来三年企业的财务预测是怎样的？实现这些预测的假定条件有哪些？⑧管理团队：企业管理团队包括哪些人？他们各自有什么特长？⑨未来目标：企业战略如何？实现战略的步骤及目标？⑩融资计划：企业融资规模、融资价格以及融资用途？投资方退出的渠道如何？

## 3.3 成长基金运作

### 3.3.1 成长基金资金来源

由于成长基金规模较大，投资风险较为集中，个人投资者参与较少。因此，成长基金资金主要来源于社保基金、保险资金、证券资金以及部分银行业资金（如政策性银行）以及母基金等一些专业的投资机构。

（1）社保基金

1978年美国劳工部对“谨慎人规则”做出解释，明确在不危及整个投资组合安全性的基础上，不再禁止养老金和企业年金投资于股权基金。这一解释改变了股权基金特别是Pre－IPO基金的资金结构。此后，社保基金逐渐成为Pre－IPO基金的主要资金来源。

2008年4月，经国务院同意，全国社保基金可以投资经国家发改委批准的产业基金和在国家发改委备案的股权基金，总体投资比例不超过基金总资产的10%。社保基金可通过两个渠道进入股权投资市场，一是将资金投给已经兴起和即将兴起的其他股权投资基金及该基金的管理公司，如社保基金投资中比产业投资基金、渤海产业基金等；另一个渠道是直接运作资金投资未上市公司的股权，这个渠道进行的投资需要经过一套严格的内部和外部程序，内部要经过合规选择和投资委员会、风险委员会的严格把关，外部会聘请国内外一流的财务顾问和法律顾问进行尽职调查。2015 年 4 月，李克强总理召开国务院常务会议明确，适当拓宽全国社会保障基金投资范围，分散风险，稳定和提高投资收益。根据会议，全国社保基金投资范围扩大到地方政府债券、中央企业及其子公司以及地方具有核心竞争力的行业龙头企业包括优质民营企业①。

（2）保险资金

保险资金参与股权投资是一项新事物。在 20 世纪 80 年代早期，保险公司只将其参与股权投资的行为限制在提供夹层融资方面。80 年代后保险公司逐渐采取合伙投资，投资力度有所加大，投资资金一直保持在 10% ~ 15%。股权基金作为一种创新的投资方式，可以获得高回报，是改善保险资产负债匹配的重要工具之一。目前从全球保险业配置未上市股权资产比例来看，日本为 30%，德国为 10%，美国为 5%。2010 年我国发布《保险资金投资股权暂行办法》，允许保险资金投资未上市企业股权，为保险公司改善保险资产的负债匹配、优化资产配置、缓解投资压力、分散投资风险提供了新的途径。2012 年又发布了《关于保险资金投资股权和不动产有关问题的通知》，降低了保险公司进行股权投资和不动产投资的门槛，增加直接投资的行业范围；降低了可进行间接投资的股权投资基金的门槛；扩大了可进行投资的股权投资基金的范围，将并购基金、成长基金、新兴战略产业基金纳入其中，但不包含创业投资基金；扩大了股权投资和不动产投资的比例，由过去的 5% 调整为 10%。2014 年 12 月，保监会下发《关于保险资金投资创业投资基金有关事项的通知》，允许保险资金投资创业投资基金，明确了创业投资基金投资方式与投资标的，创业投资基金主要投资创业企业普通股、优先股、可转换债券等权益，创业企业应处于初创期至成长初期，或者所处产业已进入成长初期但尚不具备成熟发展模式

---

① 吴江："拓宽私募股权投资基金资金来源渠道"，《现代经济（现代物业中旬刊）》，2010 年第 3 期。

的未上市企业[①]。

（3）证券公司

中国证券公司获得准许后可直接从事股权投资或投资股权基金，并可负债经营，但严禁公开募集。2007 年 9 月，中信证券和中金公司取得了直接股权投资的试点资格，这种直接股权投资类似于股权投资，只是不用向其他有限合伙人融资，而是证券公司以不超过净资本 15% 的自有资金设立直接投资专业子公司，实现母、子公司之间的法人隔离，专业子公司以自有资金进行直接投资，其业务与股权投资中的收购基金业务相似，对拟上市公司进行投资，投资期限不超过 3 年。

（4）商业银行

美国商业银行进行股权投资十分普遍，投资方式分为直接投资和间接投资。投资能力较强、投资团队较大的大银行多采取直接投资方式即作为有限合伙人直接投资；投资实力较弱的小银行多采取间接投资方式，即通过投资母基金的方式分散投资风险。

目前，国内商业银行由于分业经营限制，一般不能直接参与股权投资市场，但 2006 年年底，邮政储蓄银行出资 10 亿元投资了渤海产业投资基金进入股权投资市场。另外，个别政策性银行在这方面进行了探讨，如 2009 年国家开发银行成立国开金融，注册资本金 350 亿元人民币，主要从事股权投资、直接投资、投资咨询和财务顾问等。

目前，我国商业银行一般通过间接方式参与股权投资：一是为股权基金提供项目来源；二是为股权基金提供融资服务，如提供财务顾问服务；三是为已被股权基金投资的企业优先提供贷款；四是受托于股权基金托管资金。

（5）母基金

母基金，即“基金的基金”或称组合基金，是后期投资基金的重要资金来源，可以帮助投资者寻找到优秀的 Pre－IPO 基金，从而降低了投资者的投资风险，提高了投资者的投资效率。因此，母基金对于初入 PE 行业、规模较小或者对将投资领域较为陌生的投资者有很大的吸引力。随着人民币母基金的崛起，母基金将成为股权基金包括 Pre－IPO 基金的重要资金来源。

---

① 李岩：“浅析保险公司投资养老社区的风险管理问题”，《投资与合作》，2013 年第 1 期。

### 3.3.2 成长基金投资项目评估

成长基金投资对象为成长型企业，具有稳定的现金流、并在可见期间具备上市条件，价格相对较高。因此，成长基金评估投资项目时更谨慎，评估的指标更客观，不像早期企业评估更侧重于主观判断。

（1）行业标准

成长基金在选择行业方面主要青睐国家鼓励的朝阳产业。首先，朝阳行业本身在未来资本市场就有着较高的投资期望值。其次，由于国家政策对其大力支持，该行业会享受到很多国家优惠政策。最后，投资朝阳行业符合国家资本市场政策，具有资本运营的政策基础。

（2）业务标准

目标企业主营业务突出，主营业务收入占收入比重大，并且企业盈利主要依靠主营业务。目标企业的业务体系完整，具有直接面向市场独立经营的能力。如果目标企业经营模式具有创新性，或者具有核心技术，表明目标企业在未来具有很强的成长能力。

（3）法律标准

成长基金参照 IPO 标准，对目标企业进行审慎调查，要求目标企业依法设立并有效存续。目标企业股权及资产状况清晰完整，不存在重大瑕疵。目标企业财务、税务规范，没有重大违法违规行为，债权债务关系清晰，无重大或有负债及诉讼纠纷等①。

（4）财务标准

目标企业财务以 IPO 财务标准为基础，并保持一定的增长率。如我国 A 股 IPO 的基本财务要求：①发行人的资产质量良好，资产负债结构合理，盈利能力较强，现金流量正常。②最近 3 个会计年度净利润均为正数且累计超过人民币 3 000 万元，净利润以扣除非经常性损益之后较低者为计算依据。③最近 3 个会计年度经营活动产生的现金流量净额累计超过人民币 5 000 万元；或者最近 3 个会计年度营业收入累计超过人民币 3 亿元。④发行前股本总额不少于人民币 3 000 万元。⑤最近一期末无形资产（扣除土地使用权、水面养殖权和采矿权等后）占净资产的比例不高于 20%。⑥最近一期末不存在未弥补亏损。⑦发行人不得有影响持续经营能力的情形。

① 李辉：“私募股权基金选择目标企业的标准研究”，大连海事大学硕士学位论文，2010 年。

我国创业板IPO的基本财务要求：①最近两年连续盈利，最近两年净利润累计不少于1 000万元，且持续增长；或者最近一年盈利，且净利润不少于500万元，最近一年营业收入不少于5 000万元，最近两年营业收入增长率均不低于30%。净利润以扣除非经常性损益前后孰低者为计算依据。②最近一期末净资产不少于2 000万元，且不存在未弥补亏损。③发行后股本总额不少于3 000万元。

（5）管理团队标准

要求目标企业实际控制人、股东、董事及高级管理人员有良好的诚信记录，高层管理人员至今没有受到相关监管部门的处罚和处理，管理团队成员具有与其履行职责相适应的知识、行业经验和管理能力，管理团队成员热爱并专注于其从事的工作。

### 3.3.3 成长基金投资交易设计

投资交易设计主要包括投资时间、投资定位、估值定价、投资工具选择、项目公司治理结构调整、退出策略设计、估值调整条款设计等，其中估值定价以及估值调整对成长基金投资交易设计较为重要。

（1）投资时间

成长基金一般选择在项目公司即将进行股份制改造时投资，原因有：一是不会影响项目公司以整体变更方式进行股份制改造，从而缩短上市时间；二是项目公司正式计划IPO时才有股份制改造诉求，表明企业发展前景非常明确。三是项目公司一旦上市后，成长基金锁定期较短，以便快速从二级市场退出。因此，投资风险相对较小。

（2）投资定位

一般接近上市条件的成熟期企业具有良好的财务制度，管理比较规范，资产规模大，融资价格高，因此，成长基金即使投资规模较大，股权比例相对较低，对项目公司的控制力较弱，难以在董事会、监事会中占有席位。成长基金投资后，不会影响项目公司的实际控制人地位。

（3）估值定价

在实践中，成长基金通常采用市盈率法对项目公司进行估值定价。但市盈率法在使用中经常面临以下问题：一是当前的市盈率受资本市场行情变化影响很大。如果资本市场行情好，有可能造成估值偏高，反之，估值偏低。二是难以找到可比公司。通常在已上市公司中难以找到各方面均可与项目公司进行匹配的参照公司，只能选择相近的公司进行比较，这样难免产生较大误差。正因为如此，投资谈判非常重要，而且需要合适的投资时机。

（4）估值调整协议

估值调整协议也叫对赌协议，产生的根源在于企业未来盈利能力的不确定性以及信息不对称，目的是尽可能地实现投资交易的合理、公平以及充分发挥公司的积极性。它既是投资方利益的保护伞，又对融资方起着一定的激励作用，是带有附加条件的价值评估方式。通常在确定投资价格以后，经双方协商，有条件地对估值进行调整（详见表3－1）。这些条件主要包括：

①财务绩效。如项目公司实现一定销售额、总利润或税前利润、净利润或利润率、资产净值或几年内的复合增长率等财务性指标，则投资方按照事先约定的价格进行第二轮注资（或出让一部分股权给项目公司老股东或管理层）；如项目公司收入未能达标，则项目公司老股东或管理层转让规定数额的股权给投资方，且投资方对项目公司的管理控制权加强，如增加董事会席位等。②非财务绩效。如项目公司能够让超过约定数量的顾客购买产品并得到正面反馈，则管理层或项目公司老股东可获期权；如项目公司完成新的战略合作或者取得某些重要的专利，则投资方进行第二轮注资等。③赎回补偿。若项目公司无法按约定回购投资方股权，则投资方在董事会获得多数席位或累积股息将被提高。④企业行为。若项目公司无法在一定期限聘任新的CEO，投资方在董事会获得多数席位；若某项特定的新技术成功产业化，则投资方转让规定数额的股权给管理层或项目公司老股东。⑤IPO。如果项目公司在约定的期限内未能实现IPO，投资方有权要求股东一致同意将企业出售，且各股东委托投资方全权处理与出售企业有关的一切事宜；如果企业成功获得其他投资，并且股价合理，则各股东授予投资方全权处理与出售企业。⑥管理层去向。若管理层因未实现公司经营目标或因其他约定的事由而离职或被解雇，则其将丧失未到期授予的员工股或其他期权激励计划；若管理层在一定期间内有效提升企业运营业绩，则投资方需按照约定条件追加一定额度投资[1]。

---

① 潘双庆："民营企业资本运作中的对赌协议研究"，《福建论坛（人文社会科学版）》，2009年第2期。

表3－1　　存在估值调整约束条件的一些投资案例①

| 投资概述 | 股权设计 | 估值调整条件 |
|---|---|---|
| 在1997年底华平注资1 100万美元入股亚信，取得少数股权。 | 11% | 如亚信未能实现约定的增长目标，华平持有的股权比例自动升至22% |
| 2002年12月，摩根士丹利、鼎晖、英联向蒙牛投资入股2 600多万美元共持蒙牛乳业少数股权。 | 32% | 从2003～2006年，蒙牛乳业的复合年增长率不低于50%。若达不到，公司管理层将输给摩根士丹利6 000万～7 000万股的上市公司股份；如果业绩增长达到目标，摩根士丹利等机构就要拿出相应股份奖励给蒙牛管理层。 |
| 2005年初，摩根士丹利、鼎晖以5 000万美元认购上海永乐家用电器少数股权。 | 27.31% | 若2007年（可延至2008年或2009年）净利润高于7.5亿元，外方将向中方转让4 697.38万股；如果净利润不高于6.75亿元，中方将向外方转让4 697.38万股；如果净利润不高于6亿元，中方向外方转让9 394.76万股。 |
| 2005年初，高盛以3 000多万美元的价格置换了江苏雨润食品的少数股份。 | 9% | 若2005年雨润净利润在2.63亿～3.25亿元区间，中方需将至多2.81%的已发行股份转给外方；若净利润少于2.592亿元，中方需以溢价20%的价格赎回外方所持股份。 |

### 3.3.4　成长基金决策机制

成长基金决策机制较为严格，由于成长基金标的投资额度较大，单个投资项目风险较大，出于谨慎原则和对LP负责的要求，一般需要投委会成员全票通过。这一点与早期投资基金有较大区别。成长基金在决策时，通常邀请行业内资深专家参与，甚至会给予行业专家投票权，以增强投资的专业性和客观性。

## 3.4　我国成长基金特点

### 3.4.1　受行政干预明显

成长基金发展与本国资本市场发展息息相关。我国资本市场相对于资

① 王笑雨："风险投资契约条款设置对风险企业成长绩效影响研究"，浙江大学硕士学位论文，2013年。

本市场发达的国家行政干预较为明显，尤其是通过 IPO 手段调节市场行情，因此，我国成长基金发展表现出较浓的行政色彩。据统计，在我国证券市场短短 25 年的时间里，经历了 8 次 IPO 暂停，累计暂停时间已达五年多。最近两次关闭，其中一次是 2008 年 9 月一直到 2009 年 7 月。2009 年下半年 IPO 重启，酝酿已久的创业板开闸，短时间内成就了许多“造富神话”，尤其是创业板动辄几十倍甚至近百倍的平均发行市盈率让成长基金疯狂。此时，各类社会资金纷纷加入 PE 大军，而且集中于成长基金，优质 Pre - IPO 项目供不应求，投资价格一路走高。公开资料显示，海通开元（海通证券直投子公司）、金石投资（中信证券直投子公司）就分别以超过 20 倍和 15 倍的市盈率入股东方财富与昊华能源。Pre - IPO 市场一度出现高发行价、高市盈率、高超募额的“三高现象”。所以，2009 年不仅催生了成长基金产生与快速发展，而且导致以成长基金为标志的“全民 PE”以及 PE 腐败现象。从此，以成长基金为代表的后期投资发展速度超过以创业投资基金为代表的早期投资发展速度，我国股权投资队伍开始壮大。

到了 2012 年年底，成长基金发展开始进入调整时期。其中一个主要原因就是从 2009 年 8 月开始，我国股市连续三年成为主要经济体表现最差市场，而深受金融危机影响的欧美国家股市反而率先走出低迷，股指连创新高。因此，2012 年 11 月 IPO 暂时关门，导致大量符合上市条件的成熟型企业排队上市，成长基金的退出渠道被堵塞，严重打击成长基金投资者积极性。另外，由于创业板 2009 年才开板，市场上优质的成长型企业基本已经上市，潜在的 Pre - IPO 项目还没有储备起来，成长基金一时“断粮”。一些成长基金不断将投资阶段推向早期投资如创业投资，后期投资的规模基本保持稳定。因此，从 2012 年年底开始，我国股权投资尤其是成长基金开始进入调整期。

### 3.4.2 企业上市审核风险大

国内外 IPO 发行制度主要有行政审批制、审核制以及注册制三种发行制度，目前我国实行审核制。审核制的核心是证券监管机构除对拟上市企业进行合规性审查外，还要进行实质性审核。成长基金主要投资于即将上市或者预期近期上市的企业，其退出方式比较单一，退出方式主要是项目公司上市后从公开资本市场上出售股票。所以，我国成长基金面临的最大投资风险是项目公司能否通过中国证券监督管理委员会发行审核委员会

（发审委）审核，也是我国成长基金与其他实行注册制国家成长基金的不同点。因此，判断 Pre - IPO 项目通过审核的概率是成长基金最为关键的能力之一。

2006 年至 2014 年八年合计来看，证监会总审核拟上市企业 1 991 家，其中：通过 1 331 家，否决 278 家，撤回约 376 家，实际审核通过率为 66.85%，约 2/3。总体而言，证监会的审核通过率较为稳定，基本长期处于 2/3 的水平，而名义通过率超过 80%，由于一些发行人在申报过程中，已经意识到自己难以通过发审，主动撤回材料或者终止上市流程（如表 3 -2）。

**表 3 -2　　2006 ~ 2014 年历年审核通过率**

| 年份 | 审核 | 通过 | 否决 | 撤回 | 名义通过率 | 实际通过率 |
|---|---|---|---|---|---|---|
| 2006 年 | 111 | 62 | 11 | 38 | 84.93% | 55.86% |
| 2007 年 | 177 | 117 | 38 | 22 | 75.48% | 66.1% |
| 2008 年 | 153 | 96 | 20 | 37 | 82.76% | 62.75% |
| 2009 年 | 261 | 169 | 28 | 64 | 85.79% | 64.75% |
| 2010 年 | 452 | 343 | 62 | 47 | 84.69% | 75.89% |
| 2011 年 | 420 | 264 | 72 | 84 | 78.57% | 62.86% |
| 2012 年 | 292 | 176 | 37 | 79 | 82.63% | 60.27% |
| 2014 年 | 125 | 104 | 10 | | 91.23% | 83.2% |

数据来源：2012 年及 2014 年数据系根据证监会网站披露信息整理。

IPO 审核要点主要包括发行人持续盈利能力（含成长性）、独立性、募集资金、规范运行、会计核算、信息披露以及主体资格等。

（1）发行人的主体资格

①发行人改制方案、设立方式合理性、合法合规性；②发行人的注册资本是否已足额缴纳，发起人或者股东用做出资的资产的财产权转移手续是否已办理完毕，发行人的主要资产是否存在重大权属纠纷，是否存在出资不实、抽逃出资等行为，上述行为是否已解决并消除影响；③发行人的生产经营符合法律、行政法规和公司章程的规定，符合国家产业政策；④发行人股权是否清晰，控股股东和受控股股东、实际控制人支配的股东持有的发行人股份是否存在重大权属纠纷；⑤发行人是否符合认定持续经

营的条件，最近3年内主营业务和董事、高级管理人员没有发生重大变化，实际控制人没有发生变更[①]。

（2）发行人的规范运行

①发行人的独立性，是否具备完整的业务体系和直接面向市场独立经营的能力，是否满足资产完整、人员独立、财务独立、机构独立、业务独立的要求，在独立性方面是否存在其他严重缺陷；②发行人与控股股东、实际控制人是否存在同业竞争，是否已采取措施解决同业竞争，发行人控股股东、实际控制人是否出具了有关消除或避免同业竞争的协议或相关承诺；③发行人的关联交易，关联交易定价的公允性、决策程序的合法合规性、关联交易披露的完整性，关联交易的合理性及对公司经营状况、财务状况的影响；是否存在通过关联交易操纵利润的情形；④发行人三会制度的建立及运作是否符合《公司法》、《公司章程》的规定，董、监、高的任职资格是否合法合规；⑤发行人内控制度是否健全且被有效执行，能够合理保证财务报告的可靠性、生产经营的合法性、营运的效率与效果；⑥发行人是否存在违规担保的情形；⑦发行人是否存在资金被控股股东、实际控制人及其控制的其他企业以借款、代偿债务、代垫款项或者其他方式占用的情形；⑧发行人是否存在以下违法违规情形：最近36个月内未经法定机关核准，擅自公开或者变相公开发行过证券；或者有关违法行为虽然发生在36个月前，但目前仍处于持续状态；最近36个月内违反工商、税收、土地、环保、海关以及其他法律、行政法规，受到行政处罚，且情节严重；最近36个月内曾向中国证监会提出发行申请，但报送的发行申请文件有虚假记载、误导性陈述或重大遗漏；或者不符合发行条件以欺骗手段骗取发行核准；或者以不正当手段干扰中国证监会及其发行审核委员会审核工作；或者伪造、变造发行人或其董事、监事、高级管理人员的签字、盖章；本次报送的发行申请文件有虚假记载、误导性陈述或者重大遗漏；涉嫌犯罪被司法机关立案侦查，尚未有明确结论意见；严重损害投资者合法权益和社会公共利益的其他情形[②]。

---

① 侯俊："中国A股民营企业直接上市与间接上市比较研究"，复旦大学硕士学位论文，2009年。

② 邢金义："鄂尔多斯ABC商贸有限公司上市前重组改制方案设计"，河北工业大学硕士学位论文，2013年。

（3）发行人的财务核算

①发行人资产质量良好，与同行业的可比公司相比资产负债结构合理，盈利能力较强，现金流量正常；②发行人会计基础工作是否规范，财务报表的编制是否符合企业会计准则和相关会计制度的规定，在所有重大方面是否如实公允地反映了发行人的财务状况、经营成果和现金流量；③发行人编制财务报表是否以实际发生的交易或者事项为依据；在进行会计确认、计量和报告时是否保持应有的谨慎；对相同或者相似的经济业务，是否选用一致的会计政策，是否存在随意变更的情形；④发行人是否依法纳税，各项税收优惠是否符合相关法律法规的规定，发行人的经营成果对税收优惠是否存在严重依赖；⑤发行人是否存在重大偿债风险，是否存在影响持续经营的担保、诉讼以及仲裁等重大或有事项；⑥发行人是否存在以下情形：故意遗漏或虚构交易、事项或者其他重要信息；滥用会计政策或者会计估计；操纵、伪造或篡改编制财务报表所依据的会计记录或者相关凭证。

（4）发行人的持续盈利能力及成长性

①发行人的经营模式、产品或服务的品种结构是否已经或者将发生重大变化，并对发行人的持续盈利能力构成重大不利影响；②发行人的行业地位或发行人所处行业的经营环境是否已经或者将发生重大变化，并对发行人的持续盈利能力构成重大不利影响；③发行人最近 1 个会计年度的营业收入或净利润是否对关联方或者存在重大不确定性的客户存在重大依赖；④发行人最近 1 个会计年度的净利润是否主要来自合并财务报表范围以外的投资收益；⑤发行人在用的商标、专利、专有技术以及特许经营权等重要资产或技术的取得或者使用是否存在重大不利变化的风险；⑥是否存在其他可能对发行人持续盈利能力构成重大不利影响的情形。

（5）发行人募集资金的运用

①募集资金是否有明确的使用方向，是否用于主营业务，除金融类企业外，募集资金使用项目是否为持有交易性金融资产和可供出售的金融资产、借予他人、委托理财等财务性投资，是否直接或者间接投资于以买卖有价证券为主要业务的公司；②募集资金数额和投资项目是否与发行人现有生产经营规模、财务状况、技术水平和管理能力等相适应；③募集资金投资项目是否符合国家产业政策、投资管理、环境保护、土地管理以及其

他法律、法规和规章的规定；④募集资金投资项目实施后，是否会产生同业竞争或者对发行人的独立性产生不利影响；⑤发行人是否建立募集资金专项存储制度，募集资金是否将存放于董事会决定的专项账户。

(6) 申请文件的质量

①发行人制作的招股说明书是否真实、准确、完整地披露了所有对投资者做出投资决策有重大影响的信息；②各中介机构是否按规定出具了所有的必备文件；③发行人及中介机构出具的文件的形式要件是否符合规定；④保荐机构协助发行人制作的全套申请文件中材料是否齐备，形式要件是否符合规定。

据统计，历年被否的原因主要集中在持续盈利能力、独立性以及募集资金等三方面（如表3-3)。

表3-3　2010~2014年历年被否原因基本情况

| 被否原因 | 2010年 | 2011年 | 2012年 | 2014年 | 合计 |
|---|---|---|---|---|---|
| 持续盈利能力 | 27 | 43 | 15 | — | 85 |
| 独立性 | 11 | 13 | 12 | 1 | 37 |
| 募集资金 | 6 | 14 | 1 | — | 21 |
| 规范运行 | 4 | 7 | 7 | 1 | 19 |
| 会计核算 | 4 | 2 | 5 | 2 | 13 |
| 信息披露 | 4 | 1 | 3 | — | 8 |
| 主体资格 | 1 | — | 3 | — | 4 |
| 其他 | 1 | 2 | — | — | 3 |

数据来源：2012年及2014年数据系根据证监会网站披露信息整理。

### 3.4.3 证券公司直接投资

证券公司除进行传统的中介服务业务，还可开展直接股权投资业务，即证券公司充当成长基金角色通过对未上市企业进行股权投资，以期未来通过上市或股权转让等方式退出实现投资收益。直投业务作为证券公司的创新业务，将改变证券公司传统的盈利模式，促进业务模式的升级，直投业务是证券公司升级转型的重要推动力。同时，证券公司开展直投业务具有得天独厚的优势，不仅具有发现项目资源的渠道优势，还具有专业技术、融资资源、品牌和退出等优势，可为企业提供“一站式”综合型增值服务。

20世纪80年代，国际投资银行涉足直接股权投资业务，主要是通过下属专业投资管理机构发起设立成长基金，通过基金契约由下属直接投资部或资产管理部对成长基金进行专业化管理，履行管理人职责，商业银行作为成长基金的资金托管人，高盛、美林、JP摩根、巴林等都采取这种模式。高盛集团通过隶属的商人银行部、投资管理部和证券部开展直投业务，下设不同直投业务线，由各业务线发起设立数支成长基金，按照“集合出资、专家管理、收益共享、风险共担”的原则运作，成长基金通过基金契约由商人银行部、证券部和投资管理部进行专业化管理。高盛已组织发起36只成长基金，募集资金1 562亿美元，在全球各地开展直接股权投资业务，并在全球范围形成影响力，形成了全球一流的直投业务品牌。在具体开展直投业务过程中，高盛通过设定严格的原则和程序，并要求执行以实现直投业务的风险控制，保证风险和收益平衡，实现其直投业务的快速发展。同时，高盛、摩根斯丹利、美林等大型投资银行实现了卖方与买方业务的双向发展，即“保荐＋直投”模式，实现公司收入的多元化和经营的差异化。

我国证券公司直投业务处于摸索阶段，直投业务的发展方向和发展模式还在不断探索。我国证券公司直投业务经历了由起初的准许到禁止，再从禁止到重启，重启到扩大试点的政策演变，目前处于监管规范阶段。2011年2月，证监会表示今年将逐步推进直投业务转为常规业务。在良好的市场和政策环境下，直投业务进入新的发展阶段。

20世纪90年代初，我国证券公司就曾尝试直接股权投资业务，后因股权投资给市场带来大量不良资产，2001年证监会下令禁止。2006年颁布《关于实施〈国家中长期科学和技术发展规划纲要（2006～2020年）〉若干配套政策》，明确提出：发展促进自主创新的直接股权投资和资本市场，并允许证券公司在符合法律法规和有关监管规定的前提下开展股权投资业务。2007年9月，证监会批准中信证券和中金公司的直投业务资格，要求以设立全资直投子公司的形式开展直投业务，标志着我国证券公司直投业务的正式开闸。2008年证监会进一步扩大直投业务试点，直投业务步入快速发展阶段。随着直投业务政策的逐步放宽和市场化程度的加深，直投业务将发展为证券公司主要的买方业务。

根据证监会规定，证券公司需以自有资金设立全资专业子公司开展直投业务。目前有30家证券公司获得直投业务资格，已成立25家直投子公司，注册资本总规模200亿元，可用于直接投资的最高资金额度为384亿元。证券公司主要采用“保荐＋直投”的模式进行直接股权投资，不仅实现了较高的收益，还有利于深层次地挖掘客户价值，带动了融资业务和并购业务。由于投资和融资的周期常常交替出现，该模式实现了直投业务和承销业务的周期性互补，增强证券公司的抗风险能力。出于加强监管和风险控制，监管部门对这种模式进行了一定限制。

从国际市场看，证券公司直投业务的发展不应局限于直投子公司的模式，“直投子公司＋股权基金管理公司”共存的模式是直投业务发展的趋势，推动直接投资资金的多元化。

CHAPTER 4

# 第4章　并购基金 (Buy - out Fund)

并购基金（Buy - out Fund）是成熟企业的兴奋剂，不仅帮助企业重新焕发活力，还可以使企业快速做强做大。并购基金专注于对目标企业进行并购，并购手段包括收购、重组、兼并、合并、分立、接管等，其运营核心是首先获得目标企业控制权，对目标企业进行重新整合，然后通过各种退出机制实现高额资本利得，但并购基金运作模式也在不断完善。并购基金发展虽然晚于创业投资基金，但由于并购基金以及成长基金的产生与发展，促使了股权投资业的形成与发展。并购基金也属于专注后期投资的股权基金。

## 4.1　概述

### 4.1.1　定义

并购基金（Buy - out Fund）是专注于对目标企业进行并购重组的股权基金，通过收购目标企业股权，获得目标企业控制权，然后对目标企业进行重组及运营，最后通过上市、股权转让或管理层收购（MBO）等方式出让其所持股权而退出，属于后期投资。与其他股权基金最大的不同在于意在获得目标企业的控制权，通过重组目标企业、改善经营方式和治理结构、整合企业资源等途径提升企业价值，从而获取较高的增值和溢价。

并购基金并购的目标企业通常经营规模达到一定程度、具有稳定或可预期的现金流、经营业绩和管理效率有较大提升空间、企业负债率较低以及资产变现能力较强等特点①。

随着并购业务不断丰富，特别是并购基金在我国快速发展，并购基金的外延也在不断扩展，如我国许多并购基金投资企业并不一定要求控股权，以及对上市企业并购后不一定退市整改而延续旧壳运行，持续注入新资产或新业务等到股价提升逐步退出。从并购概念严格上来讲，如不获得控制权等于没有发生并购事件，该方式只是普通的股权转让或增资。

### 4.1.2 并购基金发展历史

并购基金的发展与并购业务的发展息息相关，而且最初主要以杠杆收购（LBO，Leveraged Buyout）为主。

并购基金最早出现在 20 世纪中期的美国，随后发展到欧洲及亚洲市场。20 世纪 50 年代到 70 年代，美国经历了第三次并购浪朝，尤其是美国《雇员退休收入保障法》（ERISA）放宽机构投资者的投资限制，大量社会闲置资金开始涌入当时发展迅速的股权基金投资领域，包括并购领域。

1976 年，KKR 集团（Kohlberg Kravis Roberts & Co.，LP）成立，成为并购基金发展历程中的标志性事件。KKR 的创始人科尔博格应该算是 LBO 的鼻祖。在 60 年代还在贝尔斯登公司任职期间，科尔博格就开始通过杠杆收购来购买一些小企业。这些小企业主一般都是以家族企业模式运营，盈利也都比较稳定。但当业主老了，希望把公司全部卖掉，而不是在上市后部分套现。科尔博格负责的主要业务就是先支付部分收购款，剩余部分收购资金通过借债凑齐，待收购成功后被收购企业盈利的一部分用来还债。几年后被收购企业的盈利便可还清收购时所有债务，相当于用少量资金买到一个优质企业。鉴于 LBO 回报率非常高，科尔博格带着自己的后辈同僚克拉维斯和罗伯茨这对表兄弟自立门户，1976 年成立了以他们姓氏命名的 KKR 公司，专门从事 LBO 业务。

KKR 集团利用杠杆收购模式，为并购基金创造了高额回报，并带动了美国历史上第四次并购浪潮。与前几次并购浪潮相比，第四次并购浪潮的

① 郑鉱、李潇潇："并购基金的监管路径：一个商法思维的分析框架"，《南方金融》，2014 年第 1 期。

规模远远超出前三次，在交易金额上更是达到了空前程度，为并购基金在 80 年代的大发展奠定了基础。在 20 世纪 80 年代，由并购基金主导的杠杆收购交易的平均金额从 1981 年的 3 942 万美元上升至 1987 年的 1.37 亿美元。1988 年 KKR 以 246 亿美元的价格收购 RJR Nabisco，将杠杆收购的运用推向极致。在这笔收购中，KKR 本身动用的资金仅为 1 500 万美元，占交易额不到 0.1%，剩余 99.94% 的资金都是靠垃圾债券筹得。这个记录直到 2007 年才被刷新，而创下新记录的还是 KKR，这次他们收购的是美国德州最大电厂 TXU 集团，总金额则达到了 444 亿美元①。

然而，随着 20 世纪 80 年代末垃圾债券市场的崩盘，并购基金在失去重要的融资渠道之后也放慢了发展的速度。进入 21 世纪一直到 2008 年金融危机并购基金又得以快速发展。在此期间，美国并购市场年交易规模从 6 055 亿美元上升至 18 290 亿美元，期间有 55 起交易金额超过 100 亿美元。同时，高盛、KKR、华平与 TPG 等外资并购基金巨头纷纷进入中国，开始关注以中国为主的亚洲新兴市场。数据显示，2006 ~ 2009 年募集完成的针对中国市场的外资并购基金达 36 只，基金规模达到 406.74 亿美元。2007 年下半年，随着次贷危机的爆发，并购基金的发展高潮也戛然而止，国际并购基金开始进入低潮期。这主要是因为金融危机的爆发使得目标企业的盈利水平下降，而银行信贷规模的萎缩及融资成本的提高使并购基金杠杆收购的风险增加，资本市场的持续低迷更使其退出相对较难。

但 2012 年后，由于各国金融救市政策频频出台，经济在一定程度上求稳，投资者信心也逐渐恢复，并购基金的交易规模及发展有了复苏的迹象。

经过了半个世纪的发展和起伏，并购基金目前已成为股权基金中资金占比最高的基金类型。自 2007 年，根据全球股权基金的募资情况可见，并购基金虽然在 2010 年以来比例有所下降，但是金额仍占到全行业的 25% 以上（如图 4 - 1）。

---

① 于飞："我国上市公司杠杆收购中的融资模式研究"，安徽大学硕士学位论文，2008 年。

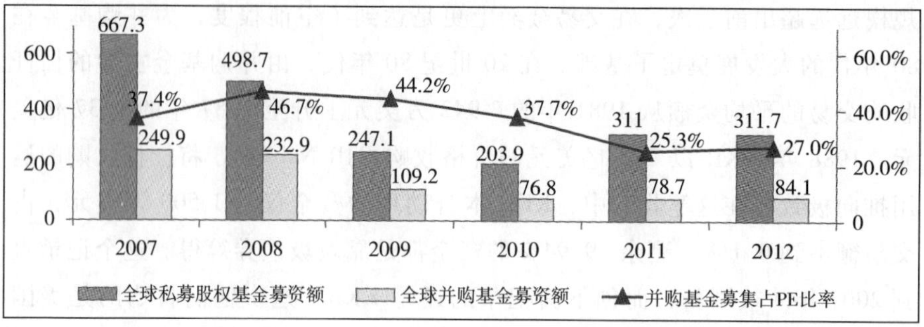


文献来源：清科研究中心

**图 4－1　2007～2012 年全球并购股权基金与并购基金募集情况（单位：10 亿美元）**

### 4.1.3　并购基金在并购业务中的作用

并购是产业整合以及剩余资本进入新产业最快、最有效的途径。并购基金在整个并购业务交易之前、交易过程中以及交易后三个阶段发挥不同的作用。

交易之前，并购基金的主要作用是其动用大规模资金的能力，特别是当企业主导并购行为时，为并购提供顺畅的融资。由于并购交易所需求的资金量比一般股权投资要大，在企业自有资金无法完成交易的情况下就需要寻求外部融资。并购基金成为了企业进行战略投资的一个重要融资渠道，一定程度上也分散了企业自身的投资风险。

交易过程中，并购基金的主要作用在于利用其丰富的交易经验和运用金融工具的能力，为并购交易提供合理的交易安排。并购基金的专业管理人员通常对于并购交易相关的财务、法律、政策监管等方面有着丰富的知识和经验，不但可以帮助企业完成交易，还可以帮助其完善资本结构。

交易完成后，并购基金的主要作用是输出管理，帮助企业改善经营。并购基金利用参与过的交易经验以及行业资源，通过为企业聘请职业经理人、重组董事会、为企业重新制定战略等方式来加强管理，提升业绩。特别是一些海外的并购基金还可利用其国际资源，为中国的企业引入国际先进水平的管理理念和行业标准，最终实现公司价值的提升，使得公司股权增值，并且对行业和社会产生积极意义。由于并购基金的逐利性，只有被并购企业的业绩与公司治理结构显著提升，才能在股权转让过程中得到投资人的认可，从而获取较高的溢价水平。因此，并购基金往往要联合优秀的管理团队一起完成收购。

### 4.1.4 并购基金特点

由于并购基金特殊的运作模式，并购基金一般表现出以下特点：

（1）融资规模大

相对于其他股权基金，并购基金规模较大。一方面并购基金参与的交易需要大量资金；另一方面并购基金通常利用杠杆收购进行投资交易，在收购目标企业时仅支付部分自有资金，其余支付款项则采用二次债务融资等方式，从银行贷款或债券市场获取。

（2）投资风险高

由于并购基金一般选择利用财务杠杆进行投资，因此，需要被并购企业能够产生持续稳定的现金流来支付债务产生的利息，一旦企业的经营出现问题，巨大的债务压力很可能导致资金恶性循环。另外，被并购企业的股权迅速贬值，投资成本难以收回。

（3）投资行业广泛

并购基金选择投资标的时并不像早期投资基金那样青睐于高科技行业，只要企业符合并购基金的投资要求，如企业比较成熟、有稳定的现金流就有可能成为被并购目标，没有明显的行业特征。一般而言，传统行业的领先企业由于其历史悠久，现金流良好，发展路径相对较稳定，更易获得并购基金的青睐。

（4）交易安排复杂

一是并购业务复杂，涉及企业的方方面面，收购方为了维持自身的利益，通常采用多种金融工具，在聘请的中介机构的帮助下把整个交易安排变得十分复杂。二是收购交易通常需要内部及有关监管部门的审批，整个交易时间也较长。为避免各种不确定性因素，在最初的交易安排中必须考虑并设计应对方案。三是并购交易经常出现多个并购业务同时发生，其主要原因是为了产生行业垄断，单一并购不能达到效果，需要多次并购业务才能实现。

（5）投后管理介入深

并购基金不仅仅以获得企业控制权为目标，更重要的是在并购活动之后为企业制定战略、安排管理层、资产重组、规范业务流程等一系列的服务。通过这些服务来提升企业的经营管理水平，最终实现股权的增值[①]。

（6）管理团队要求高

并购基金管理团队成员不仅业务素质要求更高，而且组成更为复杂，除需要具备股权投资人才外，还要具备高级企业管理人才、行业人才以及并购人才等。

（7）青睐成熟型企业

并购基金比较偏向于已形成一定规模和产生稳定现金流的成型企业，这类企业比较稳定但增长性不足，需要吸收新的股东进行变革，焕发新的活力。

（8）投资时间较长

并购基金投资期相对较长，因为并购后需要重组和运营。改造一个企业的难度不亚于新建一个企业，需要一定的时间。

## 4.2 并购重组基本理论

### 4.2.1 并购与重组定义

并购是一个或几个公司的控制权发生变化的非商品交易行为，如股权或资产交易行为，包括合并、兼并和收购三种形式。其中合并相当于我国《公司法》中的新设合并，即 A + B = C，A 与 B 皆失去法人地位；兼并相当于我国《公司法》中的吸收合并，即 A + B = A，B 失去法人地位；收购（Acquisition）是指一个公司通过股权交易取得其他公司一定程度的控制权，其本质是指一个公司收买另一个公司的股权或资产，其目的是控制另一个公司，收购方和被收购方都继续存续，但被收购企业的控制权发生了转移。

虽然，并购的本质与参股类似都使目标企业的股权或股东发生变化，但与参股有着本质的不同。并购的实质是在制定战略的前提下，通过外延方式控制企业，从而达到提高市场话语权或控制行业获取超额利润的目的，而参股仅仅是成为目标企业的新股东，并未对目标企业的控制权以及运营管理产生本质影响。

重组指对公司的各种资源、要素进行的重新组合或安排，如资产、债

① 李雅君：“并购基金并购上市公司的绩效研究”，首都经济贸易大学硕士学位论文，2012 年。

务等重新组合。重组的动因可能来自于公司内因，如公司战略需求、税务筹划、上市需求等；也可能来自外部动因，如并购，即并购重组。

重组与并购的区别：两者属于不同层面上的两个概念，但紧密相联，往往前者是后者的结果，后者是前者的手段。

企业并购后的重组主要包括业务重组、资产重组以及人员重组等。业务重组要追求经营上的协同效应，其追求的目标就是合理利用资源，把资源配置到利用效率最高的位置。资产重组指企业并购后将原有的资产和并购进来的资产进行有效配置，使企业资产得到充分利用①。人员重组包括企业组织结构以及人事调整，妥善安置员工，对目标公司员工一视同仁，给予相同的福利待遇，激发目标公司员工的工作热情，并购后效益才可以得到保障。

### 4.2.2 并购发展历程

并购被视为在经济活动中对资源进行再分配的有效手段。在美国历史上，有重大影响的并购浪潮一共发生过5次。

以横向并购为特征的第一次并购浪潮。19世纪下半叶，科学技术取得巨大进步，大大促进了社会生产力的发展，为以铁路、冶金、石化、机械等为代表的行业大规模并购创造了条件，各个行业中的许多企业通过资本集中组成了规模巨大的垄断公司。在1899年美国并购高峰时期，公司并购达到1 208起，是1896年的46倍，并购的资产额达到22.6亿美元。1895年到1904年的并购高潮中，美国有75%的公司因并购而消失。在工业革命发源地英国，并购活动也大幅增长，在1880～1981年间，有665家中小型企业通过兼并组成了74家大型企业，垄断着主要的工业部门。后起的资本主义国家德国的工业革命完成比较晚，但企业并购重组的发展也很快，1875年，德国出现第一个卡特尔，通过大规模的并购活动，1911年就增加到550～600个，控制着德国国民经济的主要部门。在这股并购浪潮中，大企业在各行各业的市场份额迅速提高，形成了比较大规模的垄断。

以纵向并购为特征的第二次并购浪潮。20世纪20年代（1925～1930）发生的第二次并购浪潮，那些在第一次并购浪潮中形成的大型企业继续进行并购，进一步增强经济实力，扩展对市场的垄断地位，这一时期的并购

---

① 段莎："企业并购后整合风险研究及控制"，《经济生活文摘（上半月）》，2012年第7期。

的典型特征是纵向并购为主，即把一个部门的各个生产环节统一在一个企业联合体内，形成纵向托拉斯组织，行业结构从垄断转向寡头垄断。第二次并购浪潮中有85%的企业并购属于纵向并购。通过这些并购，主要工业国家普遍形成了主要经济部门的市场被一家或几家企业垄断的局面。

以混合并购为特征的第三次并购浪潮。20世纪50年代中期，各主要工业国出现了第三次并购浪潮。战后，各国经济经过40年代和50年代的逐步恢复后，在60年代迎来了经济发展的黄金时期，主要发达国家都进行了大规模的固定资产投资。随着第三次科技革命的兴起，一系列新的科技成就得到了广泛应用，社会生产力实现迅猛发展。在这一时期，以混合并购为特征的第三次并购浪潮来临，其规模、速度均超过了前两次并购浪潮。

以金融杠杆并购为特征的第四次并购浪潮。20世纪80年代兴起的第四次并购浪潮的显著特点是以融资并购为主，规模巨大，数量繁多。1980～1988年间企业并购总数达到20 000起，1985年达到顶峰。多元化的相关产品间的“战略驱动”并购取代了“混合并购”，不再像第三次并购浪潮那样进行单纯的无相关产品的并购。此次并购的特征是：企业并购以融资并购为主，交易规模空前；并购企业范围扩展到国外企业；出现了小企业并购大企业的现象；金融界为并购提供了方便。

第五次全球跨国并购浪潮。进入20世纪90年代以来，经济全球化、一体化发展日益深入。在此背景下，跨国并购作为对外直接投资（FDI）的方式之一逐渐替代跨国创建而成为跨国直接投资的主导方式。从统计数据看，1987年全球跨国并购仅有745亿美元，1990年就达到1 510亿美元，1995年，美国企业并购价值达到4 500亿美元，1996年上半年这一数字就达到2 798亿美元。2000年全球跨国并购额达到11 438亿美元。但是从2001年开始，由于受欧美等国经济增长速度的停滞和下降以及“9.11”事件的影响，全球跨国并购浪潮出现了减缓的迹象，但从中长期的发展趋势来看，跨国并购还将得到继续发展①②。

① 丁虹：“人力资源尽职调查在并购和整合中的应用”，天津大学硕士学位论文，2008年。
② 孟冲：“实物期权方法在钢铁企业并购定价中的应用”，江西理工大学硕士学位论文，2010年。

### 4.2.3 并购类型

（1）按照并购方与被并购对象所在行业关系来分

按照并购方与被并购对象所在行业关系来分，并购分为横向并购、纵向并购和混合并购。横向并购又称水平并购，是指为了提高规模效益和市场占有率，生产或经营同类或相似产品的企业之间发生的并购行为。纵向并购又称垂直并购，是指为了业务的前向或后向的扩展而在生产或经营的各个相互衔接和密切联系的公司之间发生的并购行为。混合并购是指在生产技术和工艺上没有直接的关联关系，产品也不完全相同的企业间的并购行为①。

（2）按照并购后被并购企业法律状态来分

按照并购后被并购企业法律状态来分，并购分新设法人型、吸收型以及控股型三种类型。新设法人型，即并购双方都解散后成立一个新的法人。吸收型，即其中一个法人解散，另一个法人继续存在。控股型，即并购双方都不解散，但一方被另一方所控股。

（3）按并购动机来分

按并购动机分为善意并购（协议收购）和敌意并购（要约收购）。善意收购又称"白衣骑士"，指并购企业与被并购企业通过友好协商确定相关事宜的并购。敌意并购又称"黑衣骑士"，指并购企业不顾被并购企业的意愿而采取非协商性并购的手段，强行并购被并购企业。

（4）按照并购方法来分

按照并购方法不同可分为杠杆收购（LBO）以及管理层收购（MBO）等。杠杆收购指在金融信贷下进行的并购，即以目标公司的资产和收益为担保举债融资作为主要的收购资金，包括发行"垃圾债券"，其特点是以小博大。杠杆收购的收购方投入少量自有资金，一般不高于收购资金的30%，其余通过债务融资完成杠杆收购。杠杆收购的资金大多数由贷款融资获得，往往占到收购资金的70%，甚至更多。收购方向金融机构贷款时并非以自有资产作融资担保，而是将目标公司的资产和未来收益作为融资担保物。杠杆收购完成后，到期债务靠出售目标公司的子公司、分支机构、非相关资产或目标公司盈利来偿还。杠杆收购完成后，收购方会对目

① "关于并购"，《财经界》，2005年第3期。

标公司进行一系列的重组整顿，对目标公司的形象和业绩进行包装，促进目标企业价值上升，当目标企业价值达到一定程度时，择机将其出售。管理层收购（MBO，Management Buy - Outs）是指公司的经理层利用借贷所融资本或股权交易收购本公司的一种行为，从而引起公司所有权、控制权、剩余索取权、资产等变化，从而使企业的经营者变成了企业的所有者。由于管理层收购在激励内部人员积极性、降低代理成本、改善企业经营状况等方面起到了积极的作用，因而它成为20世纪70～80年代流行于欧美国家的一种企业收购方式。国际上管理层收购的目标公司的特点是：企业具有比较强且稳定的现金流生产能力，企业经营管理层在企业管理岗位上工作年限较长、经验丰富，企业债务比较低，企业具有较大的成本下降、提高经营利润的潜力空间和能力①。

### 4.2.4 并购动因及理论

并购的动因是指促使并购产生的动力和原因。并购的动因虽然多种多样，涉及的因素方方面面，但归纳起来主要有如下几类：①扩大生产经营规模，降低成本费用；②提高市场份额，提升行业战略地位；③取得充足廉价的生产原料和劳动力，降低成本，增强企业的竞争力；④实施品牌经营战略，提高企业的知名度，以获取超额利润；⑤为实现公司发展的战略，通过并购取得先进的生产技术、管理经验、经营网络、专业人才等各类资源；⑥通过收购跨入新的行业，实施多元化发展战略，分散投资风险；⑦股东因各种原因不愿意继续经营企业而转让所有权，或企业陷入困境，希望通过并购引进具有实力的机构谋求新的发展。⑧其他类，如投机性的转手倒卖，企业因价值被低估而产生的收购行为，合理避税，建立更大规模的企业集团等等。

对企业并购产生的动因，学术界也提出了许多种理论进行解释，因企业并购纷繁复杂导致并购动因理论多种多样，在此简单介绍几种最基本的并购理论：①交易费用理论。交易费用理论认为，并购的发生是并购当事双方权衡考虑交易费用带来的效率和成本问题的直接结果。具体地说，并购是企业内的组织协调对市场协调的替代，其目的是通过扩张能带来成本的减少和效率的提高。同时，交易费用理论认为：交易所涉及的资产专用

---

① 赵坚：“中国企业管理层收购初探”，复旦大学硕士学位论文，2004年。

性越高，不确定性越强，交易频率越大，市场交易的潜在成本就越高，纵向并购的可能性就越大；当市场交易成本大于企业内部的协调成本时，纵向并购就会发生。②竞争优势理论。竞争优势理论认为并购产生的原因主要在于以下三方面：第一，并购的动机根源在于竞争的压力，并购方在竞争中通过消除或控制对方来提高自身的竞争实力。第二，企业竞争优势的存在是企业并购产生的基础，企业通过并购从外部获得竞争优势。第三，并购动机的实现过程是竞争优势的双向选择过程，并产生新的竞争优势。并购方在选择目标企业时正是针对自己所需的目标企业的特定优势。③规模经济理论。古典经济学和产业组织理论分别从不同的角度对规模经济的追求给予解释。古典经济学主要从成本的角度论证企业经济规模的确定取决于多大的规模能使包括各工厂成本在内的企业总成本最小。产业组织理论主要从市场结构效应的理论方面论证行业规模经济，同一行业内的众多生产者应考虑竞争费用和效用的比较。企业并购可以获得企业所需要的产权及资产，实行一体化经营，获得规模效益。④价值低估理论。企业并购的发生主要是因为目标公司的价值被低估。低估的主要原因有三个方面：经济管理能力并未发挥应有的潜力；并购方有外部市场所没有的有关目标公司真实价值的内部信息，认为并购会得到收益；由于通货膨胀等原因造成目标企业资产的市场价值与重置成本之间存在的差异，如果当时目标企业的股票市场价格小于该企业全部重置成本，并购的可能性大。价值低估理论预言，在技术变化快，市场销售条件及经济不稳定的情况下，企业的并购活动频繁[①]。

并购的效应指并购产生的经济效应，主要包括：①横向并购可以缩短投入产出时间，降低投资成本，减少重新投资带来的不确定性因素；提高行业集中程度和企业的市场地位，增强对外的市场主导能力；产生规模经济和企业协同效应，这是横向并购最主要的效应体现。②纵向并购将行业的上下游企业置于同一组织内可以稳定供需渠道和关系，确保生产经营的有序性和一定的可控性；降低交易费用；获得相对信息优势和价格优势，增强产品的差异化能力，提高企业的综合竞争能力和抵御风险的能力。

---

① 吴敏：“试论我国企业并购的动因及存在问题”，《培训与研究——湖北教育学院学报》，2004年第5期。

③混合并购可以使企业从战略上充分利用和共享资源，通过合理配置和科学重组经营要素，以尽可能地降低成本，最大限度地增加利润；通过多元化发展，分散企业的经营风险等等[①]。

### 4.2.5 并购基本程序

企业并购种类繁多，动机错综复杂，其过程也变幻莫测。但是，按照并购所经历的过程来划分，并购一般要经历以下几个阶段：

（1）并购决策

鉴于企业并购的复杂性以及可能面对的失败的风险，企业在实施并购策略前，须根据企业行业状况、发展阶段、资产负债情况、经营状况和发展战略等诸多方面进行并购需求分析、确定并购目标的框架特征、选择并购方向和方式、安排收购资金以及对并购后企业的政治、社会、经济、文化和生产经营做出客观的分析与评估。

（2）并购目标确定

根据资产质量、规模和产品品牌、经营管理、技术水平、人力资源状况、经济区位等考核指标，结合本企业的综合状况对目标公司群进行定性和定量的综合比较分析，按照投入最小、收益最大的原则确定最适合自身发展的并购目标。

（3）并购准备

确定并购目标后，须在聘请的财务顾问、律师事务所等中介机构的协助下，与目标公司、目标公司的主要股东、上级主管部门、当地政府等各个层面就交易转让的条件、价格、方式、程序、目的等进行沟通和谈判，并在达成初步共识的基础上，签署转让意向性的文件。

（4）并购实施

在结束商业谈判并支付一定的保证金后，并购须聘请资产评估机构、会计师事务所等中介机构协助对目标公司进行全面的尽职调查，以审查前期所获信息的真实程度，尽可能寻找并发现可能存在的潜在的问题。随后，如无重大变化，即与目标企业或其相关主体签署正式的转让合同，在履行应负义务后，视需要派人进驻目标企业，并着手办理股权的过户事宜。

---

① “关于并购”，《财经界》，2005 年第 3 期。

（5）并购重组

对于企业而言，仅仅实现对目标企业的组织并购是远远不够的，还需要对被购企业的治理结构、经营管理、资产负债、人力资源、企业文化等所有企业要素进行进一步的整合，最终形成双方的完全融合，并产生预期的效益，才是最重要的，才算真正实现了并购的目标。

### 4.2.6 反并购策略

企业间的企业重组与企业分离、兼并、收购、破产等，作为市场行为时刻都在进行着。置身于兼并与收购浪潮的冲击中，并购与反并购的斗争异常激烈，企业无法回避，重要的是应区分善意并购与恶意并购，针对恶意收购进行反击的策略有多种，常见的有以下五种：

（1）帕克曼式防御

这是目标公司先下手为强的反收购策略。当获悉收购方有意并购时，目标公司反守为攻，抢先向收购公司股东发出公开收购要约，使收购公司被迫转入防御。实施帕克曼防御使目标公司处于可进可退的主动位置：进可使收购方反过来被防御方进攻；退可使本公司拥有收购公司部分股权，即使后者收购成功，防御方也能分享部分利益。但是，帕克曼式防御要求目标公司本身具有较强的资金实力和相当的外部融资能力；同时，收购公司也应具备被收购的条件，否则目标公司股东将不会同意发出公开收购要约。此种防御的进攻策略风险较大[1]。

（2）股份回购

股份回购是指通过大规模买回本公司发行在外的股份来改变资本结构的防御方法。股份回购的基本形式有两种；一是目标公司将可用的现金或公积金分配给股东以换回其他股东手中所持的股票；二是公司通过发售债券，用募集款项来购回它自己的股票。被公司购回的股票在会计上称为“库存股”。股票一旦大量被公司购回，其结果必然是在外流通的股份数量减少，假设回购不影响公司的收益，那么剩余股票的每股收益率会上升，使每股的市价也随之增加。目标公司如果提出比收购者价格更高的出价来收购其股票，则收购者也不得不提高其收购价格。这样，收购计划就需要更多的资金来支持，从而导致其难度增加。另外，实施股份回购必须考虑

① 吴晓敏：“敌意收购中的并购与反并购策略研究”，对外经济贸易大学硕士学位论文，2000年。

当地公司法对回购的态度，如我国《公司法》禁止公司收购本公司的股票，但为减少公司资本而注销股份或者与持有本公司股票的其他公司合并时除外[①]。

（3）员工持股计划

员工持股计划，即鼓励员工持有本公司股份。员工为自己的工作及前途考虑，不会轻易出让自己手中握有的本公司股票。如果员工持股数额庞大，在敌意收购发生时，目标公司则可保安全。

（4）财产锁定

财产锁定，即寻找一个善意的收购者以更高的出价来提供收购，那么即使不能使袭击者知难而退，也可使其为并购付出高昂的代价。这样的善意收购者通常是与目标公司关系良好的企业，在美国称为“白衣骑士”。目标公司常常愿意给予白衣骑士较其他现实或潜在的收购者更为优惠的条件，如财产锁定[②]。锁定有两种不同类型：

①股份锁定，即同意白衣骑士购买目标公司库存股或已经授权但尚未发行的股份，或给予上述购买的选择权；②财产锁定，即授予白衣骑士购买目标公司主要财产的选择权，或签订一份当敌意收购发生时即由目标企业将主要资产售予白衣骑士的合同[③]。

（5）死亡换股

死亡换股是指目标公司发行公司债、特别股或它们的组合，以交换发行在外的本公司普通股，通过减少流通在外股数以抬高股价，并迫使收购方提高其股份支付的收购价。但这种防御手段对目标公司有一定危险性，因为其负债比例提高，财务风险增加，即使公司市值不变，权益价值比重也会降低，但股价未见得一定会因股数减少而增加。此外，虽然目标公司股价上涨，买方收购所需股数却减少，最后收购总支出不变，对目标公司可能无任何好处。

### 4.2.7 并购风险

企业并购后可以产生协同效应，可以合理配置资源，可以减少内部竞

---

① 徐锋：“上市公司反收购措施研究——以‘毒丸’为研究对象”，西南政法大学硕士学位论文，2008 年。

② 张浩林：“广发证券反并购案策略研究”，《邯郸职业技术学院学报》，2012 年第 4 期。

③ 马俊芳：“目标公司董事会反收购权探究”，南京师范大学硕士学位论文，2008 年。

争等多方面有利于企业发展的优势，但也存在大量风险，尤其财务风险最为突出[①]。

（1）融资风险

企业并购通常需要大量资金，如果筹资不当，就会对企业的资本结构和财务杠杆产生不利影响，增加企业的财务风险。同时，只有及时足额地筹集到资金才能保证并购的顺利进行。按筹资的方式不同，可分两种情况：债务性融资风险，多数企业通过负债筹资的方式一般为长期借款，但是银行信贷资金主要是补充企业流动资金和固定资金的不足，没有进行企业并购的信贷项目，因此，难以得到商业银行支持。另一种负债筹资的方式是发行企业债券，虽然资金成本较低，但筹资时间长，筹资额有限。权益性融资风险，发行普通股是企业筹集大量资金的一种基本方式，而且没有固定利息负担，筹资风险小。但是，股利要从净利润中支付，资金成本高[②]。

（2）目标企业价值评估中的资产不实风险

由于并购双方的信息不对称，企业看好的被并购方的资产，在并购完成后有可能存在严重高估，甚至一文不值，从而给企业造成很大的经济损失。并购过程中人的主观性对并购影响很大，并购并不能按市场价值规律来实施。并购本身是一种商品的交换关系，所以需要建立服务于并购的中介组织，降低并购双方的信息成本并对并购行为提供指导和监督。

（3）反收购风险

如果企业并购演化成敌意收购，被并购方就会不惜代价设置障碍，从而增加公司收购成本，甚至有可能会导致收购失败。

（4）营运风险和安置被收购企业员工风险

企业在完成并购后，可能并不会产生协同效应，并购双方资源难以实现共享互补，甚至会出现规模不经济，整个公司反而可能会被拖累。而且并购方往往会被要求安置被收购企业员工或者支付相关成本，如果公司处理不当，往往会因此而背上沉重的包袱，增加其管理成本和经营成本[③]。

---

① 胡秀玲："企业并购的风险分析"，《中小企业管理与科技》，2009年第28期。

② 杨波："企业管理效率与并购风险"，《现代企业》，2011年第12期。

③ 胡秀玲："企业并购的风险分析"，《中小企业管理与科技》，2009年第28期。

### 4.2.8 并购常见模式①

（1）债务式兼并

债务式兼并，即在目标企业资债相当或资不抵债情况下，兼并企业将被兼并企业的债务及整体产权吸收，以承担被兼并企业的债务为条件来实现兼并，兼并交易不以价格为标准，而是以债务和整体产权价格之比而定，如仪征化纤收购佛山化纤（如图4－2）。

仪征化纤是我国特大型化纤骨干企业，占全国聚酯产量的一半，在市场需求有保障的前提下，希望进一步扩大生产能力，提高市场占有率。佛山化纤是由佛山市政府靠全额贷款建设而成的，由于债务负担过重，加之规模小、经营管理不善，到1994年10月31日，佛山化纤账面总资产13.9亿元，总负债20多亿元，资不抵债近7亿元。1995年8月28日仪化以承担与转让价格相等的佛山化纤债务额的形式，受让佛山化纤的全部产权，收购后，通过仪化担保，佛化从银行贷款数亿元，偿还了以前的高利率负债，从而大大降低了财务费用。

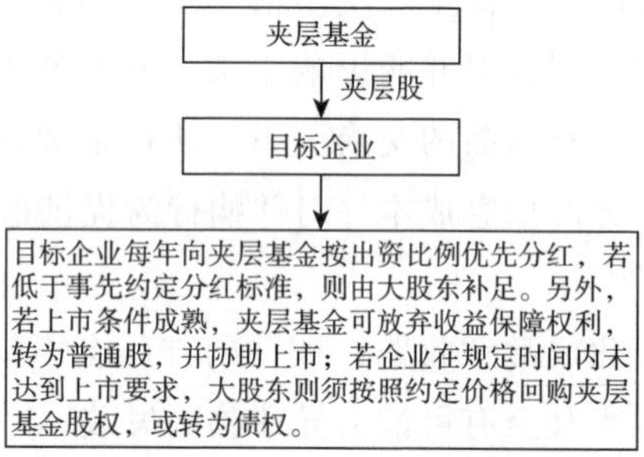


**图4－2　仪征化纤收购佛山化纤模式图**

（2）出资购买资产式兼并

出资购买资产式兼并，即兼并企业出资购买目标企业的资产，这种形式一般以现金为购买条件，将目标企业的整体资产买断，因此，购买只计算目标企业的整体资产价值，并依其价值确定兼并价格，如上海石化收购金阳脂纶厂（如图4－3）。

① 王瑞梅：“中美上市公司并购动因与效应比较研究”，山西财经大学硕士学位论文，2006年。

上海石化是我国石油化工行业的排头兵，资金实力雄厚。原属上海久事公司的金阳腈纶厂，在生产技术、产品质量、市场占有率方面均处于国内领先地位，但有 7.1 亿元的长期负债，企业运营存在困难，而久事公司也希望通过资产重组退出非其经营所长的领域。1996 年 8 月 16 日，上海石化出资 3 880 万元收购金阳腈纶厂的权益，同时承担全部债务。收购后，上海石化年产腈纶 10 余万吨，占全国半壁江山，市场占有率由原来的 11.6% 提高到 16%，并带来了技术、管理、无形资产等方面的优势，而久事公司则把转让收入投入到其擅长的基础设施领域中，取得了更好的效益。

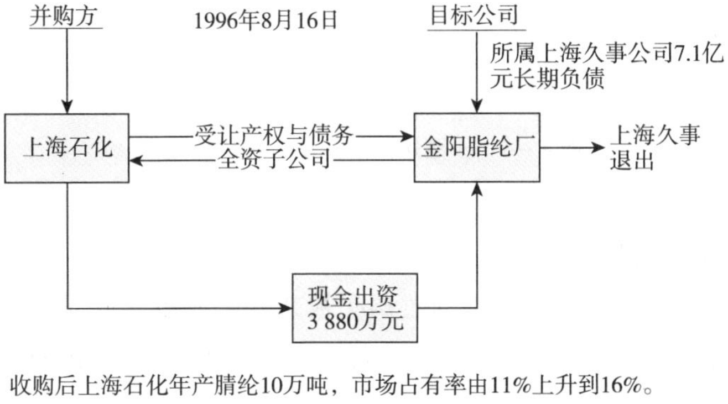


**图 4 -3　上海石化收购金阳脂纶厂模式图**

（3）吸收股份式兼并

吸收股份式兼并，即被兼并企业的净资产作为股金投入兼并企业，被兼并方相当于以实物或企业整体产权与兼并企业合资，或投资于兼并企业，如果兼并企业是一个有限责任公司，就相当于用被兼并企业的产权去购买兼并企业的股权，因此又称资产换股式，如沙隆达并购蕲春农药厂（如图 4 -4）。

湖北沙隆达是我国最大的农药企业，1995 年 7 月，湖北蕲春县农药厂通过本县国资局，将其经会计师事务所审计过后的净资产，与湖北荆沙市国资局交换沙隆达股份有限公司的 300.2709 万股国家股，这样蕲春农药总厂遂成为沙隆达的全资子公司，由沙隆达对其行使统一规划、经营管理权。通过资产与股权互换，实现了优势互补，表现在：①兼并提高了沙隆达产品在鄂东及沿江地区的市场占有率，可以利用当地人才、地缘优势，节约劳动力成本和运输成本；②蕲春农药总厂的氨基钾酸酯产品系列生产已形成规模，而这正是沙隆达所缺，兼并可弥补沙隆达在产品种类上的不足，使其产品更具系列化、规模化、集团化。

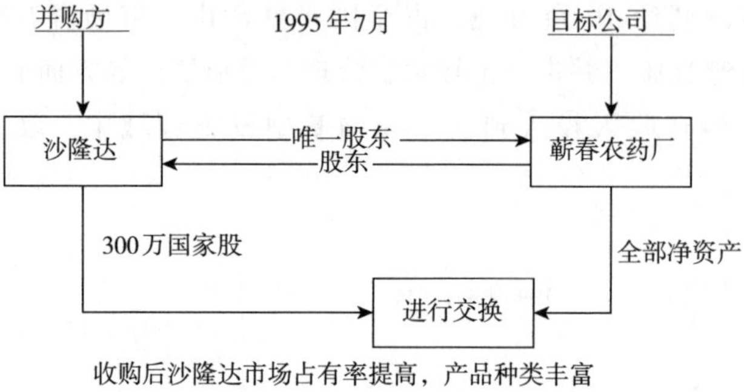


**图4-4　沙隆达并购蕲春农药厂模式图**

（4）控股式兼并

控股式兼并，即兼并企业通过购买被兼并企业股票或股权达到控股地位，以控制被兼并企业的生产经营行为，如“恒通”协议收购“棱光”（如图4-5）。

珠海恒通置业是以国有法人股为主的股份公司，主营业务为房地产、航运、高科技、商贸、文化、旅游，公司发展迅速，实力雄厚，意欲在上海选择较大的投资项目。棱光实业是由国营上海石英玻璃厂改制而成的上市公司，它的最大控股股东为上海建材集团，主业为半导体用多晶硅而非建材产品，受整个行业不景气的影响，主营业务利润甚微，经营艰难，其国家股为1 879.9万股，占总股本的55.62%，上市流通股数为1 100万股，占总股本的32.55%，属沪市中小盘三线股。1994年4月28日，三家公司协商达成协议，由恒通以每股4.3元的价格受让棱光国有股1 200万股，成为棱光实业的第一大股东，占棱光总股本的35.5%。该项协议收购使恒通获得一条低成本进入资本市场的有效通道，若要在二级市场完成，恒通至少需要花费约2亿元资金，而通过协议受让国有股的方式，只花了1/4的资金。收购完成后，恒通将通过棱光重点发展电子式电能表，有利于扩大生产规模、提高市场占有率，为其未来的发展打下了良好的基础。建材集团获得 5 000 多万元资金进行资本运营，取得了巨大的效益。恒通与建材集团作为棱光的两大股东，发挥各自的优势和影响力，有利于改善棱光的公司素质、投资结构、产品结构。因此，这种善意收购对于各方均有利。

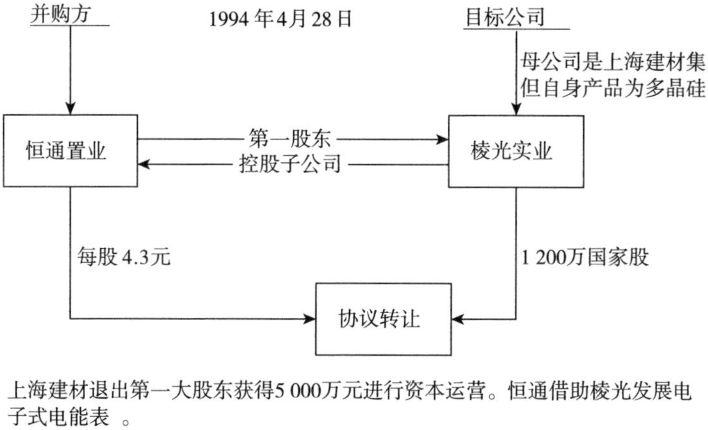


**图 4－5 "恒通"协议收购"棱光"模式图**

（5）二级市场收购

二级市场收购，即并购公司通过二级市场收购上市公司股权，从而获得上市公司控制权的并购行为。目前，我国二级市场并购主要适用法律法规为中国证监会于 2002 年 9 月 28 日制定并发布的《上市公司收购管理办法》（2008 年 8 月和 2012 年 2 月进行了两次修订），规定：前述投资者及其一致行动人拥有权益的股份达到一个上市公司已发行股份的 5% 后，通过证券交易所的证券交易，其拥有权益的股份占该上市公司已发行股份的比例每增加或者减少 5%，应当依照前款规定进行报告和公告。在报告期限内和作出报告、公告后 2 日内，不得买卖该上市公司的股票。通过证券交易所的证券交易，收购人持有一个上市公司的股份达到该公司已发行股份的 30% 时，继续增持股份的，应当采取要约方式进行，发出全面要约或者部分要约。宝安收购延中（如图 4－6）是一个典型的案例。

1993 年 9 月 29 日，宝安上海公司通过场内交易，秘密持有延中公司股票的 4.56%，而在此之前，其关联企业宝安华阳保健用品公司和深圳龙岗宝灵电子灯饰公司，在9月28日所持有的延中股票已分别达4.52%和1.57%，9月30日，宝安上海公司下单扫盘，并做出公告，其持股比例已超过5%，实际上，三个公司合计持有的延中股票已经达到17.7%，宝安收购延中，事先未与延中经营者商议，而是暗中进行，突然发难，收购受到了延中的强烈反对，属敌意收购。宝安公司巧妙地利用我国股票市场机制的不完善，通过股票市场大规模的资本运作，一举成为延中的第一大股东，这是我国第一例在二级市场投资、控股并欲收购一家上市公司的典型案例，虽然最后双方握手言和，收购变为参股，但是，它标志着我国股市在功能和结构上都发生了具有历史意义的转化。

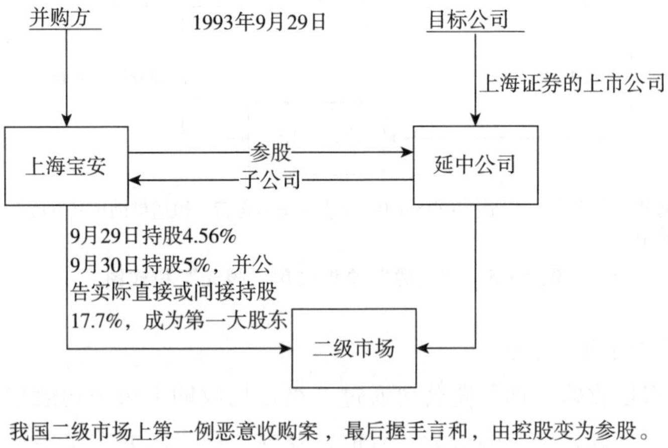


**图4－6　宝安收购延中模式图**

（6）投资控股并购

投资控股并购，即收购公司向被收购公司投资从而将其改组为收购公司的控股公司的并购行为。其基本特征是：收购公司向被收购公司追加投资并以之为持股基础，被收购公司的所有者以其净资产作为并购后公司的产权持股，并购后被收购公司成为收购公司的绝对或相对控股子公司，如“牡康”模式（如图4－7）。

康佳是主营家电的上市公司，1993年3月15日，康佳远涉关山，与遥居北陲的牡丹江电视机厂合资组建牡丹江康佳实业公司，注册资本3 000万元，康佳以现金1 800万元投入，占60%股本，牡丹江电视机厂以厂房、设备等作价投入1 200万元，占40%股本，迈出了低成本扩张实现规模化经营的第一步。牡康投资当年创利税 2 500 万元，比牡丹江电视机厂成立 20 年来的利润总和还要多，1996 年牡康的年产量达 60 万台，成为占领东北、华北及内蒙古市场的生产基地，深康佳本身也在急速的规模化中大大降低了成本，市场份额大增，这一重组方式被称为“牡康模式”。1995 年 7 月深康佳借鉴“牡康模式”的成功经验，与陕西如意电器公司合资兴建陕西康佳电子有限公司，康佳出资 1 200 万元，拥有 40% 的股权，当年合资投产即创利税 400 万元。1997 年 5 月，在华南、东北、西北成功扎营的深康佳，又将开拓的重点转向华东，与安徽滁洲电视机总厂合资建立安徽康佳电子有限公司，康佳出资 4 225 万元，拥有 65% 的股权。从而形成了一个以彩电生产经营为核心，以资本为纽带的康佳集团。

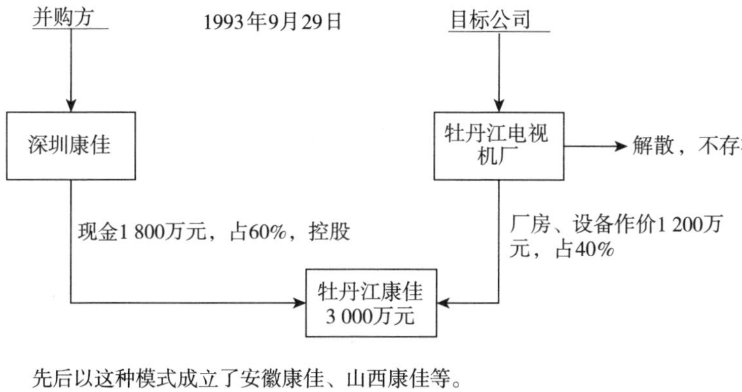


**图 4 - 7　“牡康”式并购模式图**

（7）资产置换

资产置换，即指企业用其自身闲置的资产或目前尚能使用，但根据企业调整发展战略的意图，将来不再使用的资产，与企业自身发展所需要的资产相交换的活动，如广电电子资产置换案例（如图 4 - 8）。

2009 年 6 月广电电子公布重大资产出售方案，拟将其持有的广电电子公司 18.75% 的股权、其他子公司的全部或部分股权以及部分房地产转让给母公司广电集团及其子公司，拟出售资产评估值为 18.64 亿元，占公司资产总额的 64.84%。同时本次交易以上海仪电控股（集团）公司向本公司控股股东广电集团收购其所持本公司 30.07% 的股权互为前提条件。由于广电电子在2006～2008 年亏损近10 亿元，公司面临经营困难，若本次重组能够完成，将有利于改善广电电子的经营情况并缓解其偿债压力，同时实力较强的上海仪电控股（集团）公司成为公司的控股股东有利于公司未来的发展。

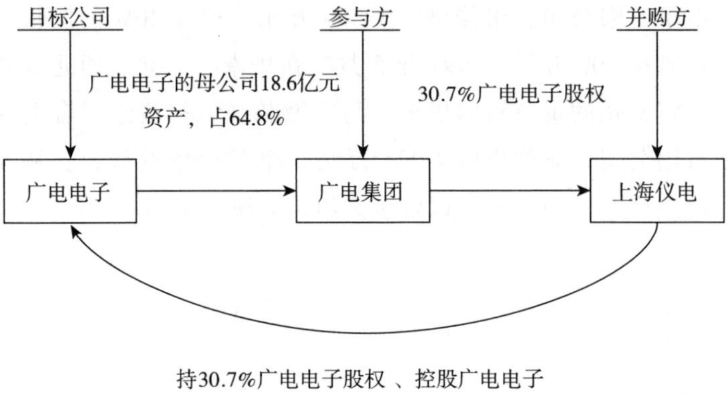


**图 4－8　广电电子—上海仪电资产置换模式图**

（8）借壳上市

借壳上市，即集团公司或某个大型企业先将一个子公司或部分资产改造后上市，然后再将其他资产注入，达到整个集团公司上市的目的，如天津港务局借津港储运上市（如图 4－9）。

天津港是津港储运的国家股东，1996 年 8 月，公司决定以天津港务局为依托，将公司的业务重心由港口物资集散，逐步转向集港口装卸、储运及配套服务的多功能、全方位的港口经营，实质就是天津港准备借津港储运的壳，将天津港务局所属的一些业绩较好的企业组合进现在津港储运，实现借壳上市。1997 年 3 月，津港储运收购了天津港务局所属全资子公司“天津港货运公司”90% 的股权。通过这些举措，天津港务局成功地实现了从证券市场筹资和公司的良性循环。

（9）买壳上市

买壳上市，即非上市公司通过证券市场收购并控股已挂牌上市公司，再以反向收购的方法注入自己的有关业务和资产，达到间接上市的目的的一种企业并购行为。兰陵陈香—环宇股份重组案（如图 4－10）是一个典

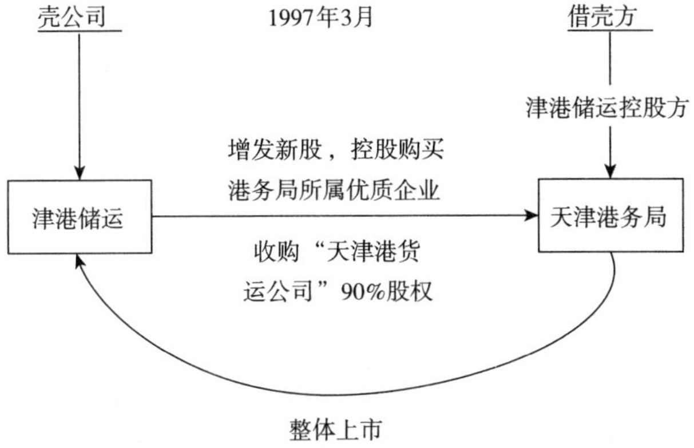


**图 4－9 天津港务局借津港储运上市模式图**

型的案例。

环宇是沪上市公司，主营商业，上市以来效益滑坡，其第一大股东山东临沂市国资局，持有 4 545 万股，占总股本的 51.9%。兰陵集团是以酿酒为主业的国有独资公司，拥有兰陵陈香、兰陵美酒等多个注册品牌，酒类产品年销量居全国第一。1997 年 12 月，原由临沂市国资局持有的 4 545 万股环宇国家股，改由兰陵集团持有，兰陵集团成为环宇的第一大股东，并且通过“换壳”，注入居中国酿酒行业领先地位的兰陵集团的优质资产，环宇完全退出原来的商业行业，高起点进入利润率较高的酿酒行业。

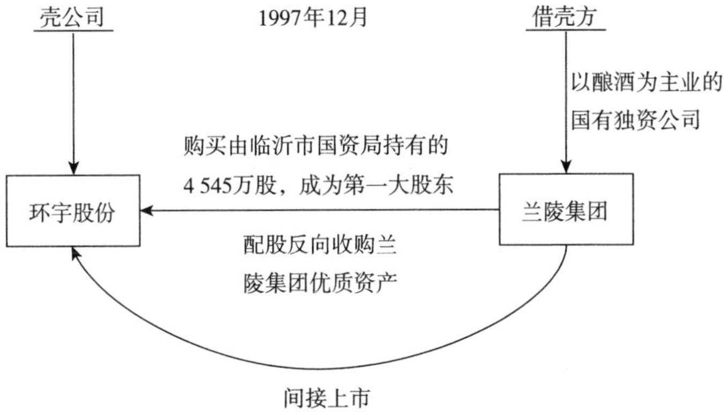


**图 4－10 兰陵陈香—环宇股份重组模式图**

（10）托管经营

托管经营，即企业资产所有者根据一定的法律，将企业全部或部分资产的经营权、处置权等以契约形式，在一定条件下和期限内，委托给具有较强管理能力并能承担经营风险的法人和自然人去运作，以实现企业资源的再分配及委托资产的保值增值，如鞍山一工托管辽宁工程机械集团（如图 4－11）。

鞍山一工是一家有巨大优势的上市公司，是我国大型的履带式推土机生产企业，但发展中面临困境，需要解决三个问题：一是以低成本募集资金；二是迅速提高每股收益，三是优化资产存量。辽工集团是一家大型企业集团，拥有三家具有良好发展前景的合资企业。1996 年 5 月，双方达成协议，由鞍山一工受托管理辽工集团在辽宁—利勃海尔柴油机有限公司、辽宁—利勃海尔液压挖掘机有限公司中的 75% 股权，鞍山一工享有收益权，一但鞍山一工偿清托管中股权原投资额 120% 即 1.99 亿元，再以 100 万元的象征性价格就可以取得三家合资企业 75% 的所有权，托管企业便成为鞍山一工的子公司，托管合同也随之终止。

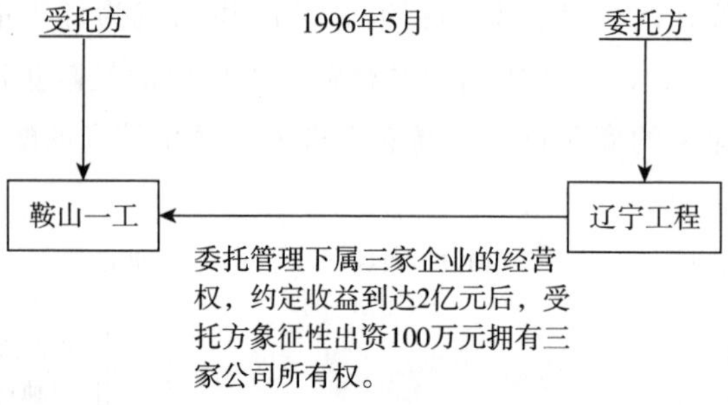


**图 4－11　鞍山一工托管辽宁工程机械集团模式图**

## 4.3　并购基金类型及运作

### 4.3.1　并购基金类型

从并购基金的投资策略来看，并购基金主要分为控股型和参股型，其中前者是典型的并购基金。

（1）控股型并购基金

控股型并购基金的运作模式强调获得并购标的控制权（如图 4 - 12），并以此主导目标企业的整合、重组及运营。控股型并购基金能最大限度地提高并购效率和资金使用效率，是美国并购基金的主流模式。控股型并购基金具有三个重要特征：

①以获得目标企业控制权为投资前提。缘于国外企业股权相对分散和经理人职业化文化，投资者对企业控制权的市场化意识非常强。当企业发展出现困难或遇有好的市场机会，股东出售意愿较强，并购人较易获得目标企业的控制权，也因此拥有实施并购后整合的决策力。

②以杠杆收购为核心支付手段。国外成熟的金融体系为控股型并购基金提供了垃圾债券、优先贷款、夹层融资等多样化的并购金融工具，并购基金杠杆率得以数倍甚至数十倍地释放，投资规模和收益率也随之获得提升。

③以打造优秀团队为重组保障。控股型并购意味着将对目标企业进行全方位经营整合，需要具有资深管理经验和优秀整合能力的管理团队主导目标企业的一系列整合重组，提升企业经营效率和价值。因此，控股型并购基金的管理团队通常包括资深职业经理人和管理经验丰富的企业创始人①。

（2）参股型并购基金

参股型并购基金并不取得目标企业控制权，而是通过提供债权融资或股权融资方式，协助其他主导的并购方参与对目标企业的整合重组（如图 4 - 13）。参股型并购基金虽然不能主导目标企业整合，但可以以小量资本为支点，借助增值服务和网络资源参与并购。参与的方式主要包括以下两种：一是为并购企业提供融资支持。并购基金根据对行业和并购双方整合价值的判断，以比商业银行贷款更为灵活的方式提供过桥贷款，以较低风险获得固定或浮动收益。同时，可通过将一部分债务融资转变成权益性资本，实现长期股权投资收益。二是适当对目标企业进行股权投资。并购基金可以是已有并购企业的跟进投资者，也可以联合其他有整合实力的产业投资者为主导投资者，共同对目标企业进行股权投资以及整合重组，在适

① 瞿明：“并购基金在国际及我国的发展研究”，《管理观察》，2012 年第 12 期。

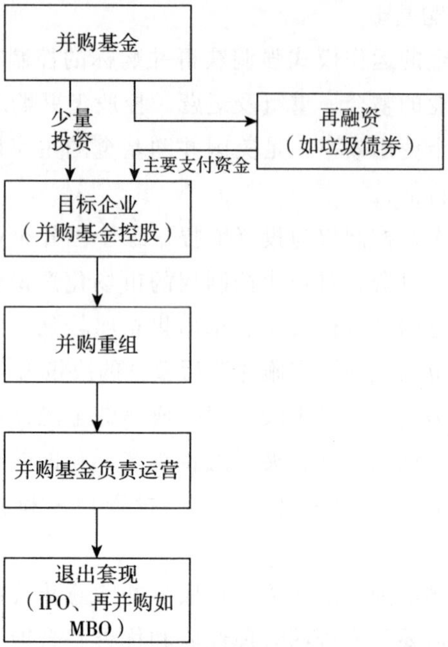


**图 4－12 控股型并购基金运作模式**

当的时候通过将所持股权转让等形式退出①。

### 4.3.2 并购基金运营

并购基金运营与企业并购运营很相似，但最大不同之处在于并购基金属于股权投资，需要通过退出从而获得高额的资本利得，因此，并购基金运营融合了企业并购与股权基金的运作。

（1）投资目标选择

并购基金由于主要投资于成熟型企业并实现对其控股，因此，目标企业具有以下特点：一是被并购企业产业稳定，现金流稳定，资产不过于单一，无需巨额资本投入经营中；二是拥有好的管理者，能提出可行的发展战略及管理方案；三是存在通过体制变更或重组大幅提升效益的可能性；四是公司董事会对转让控股权无严重分歧。另外，如果目标企业是上市公司，企业规模不应太大（以协议收购方式并购）等。

① 肖颖：“政府引导型并购基金的运行机制研究”，北京交通大学硕士学位论文，2013 年。

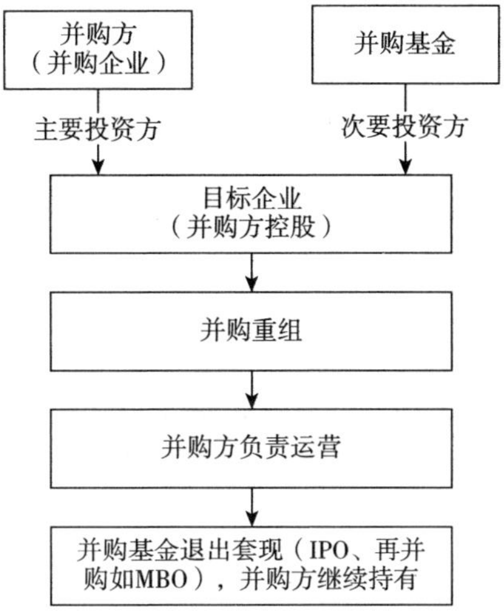


**图4－13　参股型并购基金运作模式**

（2）并购资本构成

由于并购所需资金较大，因此，收购资金不仅来自于并购基金自身资金，还需通过再融资作为主要的并购资金。并购资本通常包括：①核心资本：并购基金支付的自有资本。它们主要投资于被并购企业的普通股。②次级资本：能够忍受较长时间、寻求高回报的资本。它们一般投资于被并购企业的普通股和优先股。③高级资本：期限较短、回报较低、还款有保障的资本。它们一般构成被并购企业的债务，通常运用信托、股权租赁、债务结构等多种金融工具获得，如垃圾债券。

（3）并购重组管理

并购重组管理不同于投后管理，直接影响并购成功与否，其核心是解决企业文化融合，实现并购战略。所谓文化融合就是企业基本价值观要实现统一，在此基础上实现业务重组、资产重组以及人员重组等。其中人员重组是激励约束体系的重要组成部分，也是整个并购重组中的难点，包括高层人事安排、员工工作安排、薪资改革以及退休安排等。具体措施尽可能多地把企业高管包括被并购企业高管纳入股东，这样才能促进管理层真正为企业负责。另外，如果通过协议方式收购上市公司，一般先退市私有化后再进行重组。

（4）并购基金退出

并购基金退出渠道与其他股权基金一样，主要有上市、并购、回购、转让以及清算等，而且在并购退出方式中常采用管理层收购（MBO）方式，即并购基金把所持企业股权转让给企业管理层，从而改变公司所有者结构、控制权结构和资产结构。在管理层收购中，管理层具有双层身份，即企业所有者与企业经营者。管理层希望在高负债的外部约束下充分挖掘企业潜力，实现企业价值最大化。

采取管理层收购退出的好处：一是企业正常经营不会因并购交易而受到影响；二是管理层作为收购方对企业非常熟悉，信息不对称现象较弱，交易谈判相对容易，如股权定价谈判；三是管理层以目标企业资产或盈利作为抵押进行融资实行杠杆收购较为容易与安全。

### 4.3.3 并购基金杠杆率控制

控股型并购基金主要以杠杆收购为主，收购能否成功关键就在于设计杠杆率，即实际的交易额和并购基金自有资金投入的资本比。杠杆的高低取决于多方面的因素，简单来说能够产生稳定现金流的公司适合较高的财务杠杆，如那些基础产品的生产者以及服务的公司，而那些刚刚起步或者周期性很强的公司则不应采用杠杆收购。

（1）杠杆设计金融工具

①优先债（Senior debt）也叫高级债券，即一级银行贷款，是杠杆收购资本结构中的上层融资工具。它的提供者多为商业银行。高级债务的供资方所面临的风险最低，因为高级债务供资方对收购得来的资产有一级优先权，如果公司破产清算，可以优先从现金及资产出售的回款中受偿。而且商业银行等供资方对贷款额度持审慎态度。对风险的降低也意味着收益的降低，其供资方所能获得的最高收益率一般在杠杆收购融资体系中处于末位。优先级债务是杠杆收购的重要来源，并发挥着举足轻重的作用。而且，由于商业银行向杠杆收购提供的信贷资金还是收购方进一步筹集从属债务资金的前提，没有优先级债务的支持，收购者无法支付全部由从属债筹资的成本和费用，从而杠杆收购活动难以开展。优先债主要包括银行主体结构贷款、限制性贷款以及过桥贷款[①]。

---

① 单体永：“杠杆收购企业融资结构模型研究”，东北大学硕士学位论文，2008 年。

银行主体结构贷款通常采取分期偿还定期贷款和循环承诺相结合的形式。在分期偿还定期贷款情况下，定期贷款到期日可以设计成与公司预期现金流量安排相吻合的形式，使得借款人可以均匀、有计划地偿还收购债务。在循环承诺下，借款人在有效期内可多次提用，并且可反复使用已偿还的贷款，只要借款人在某时点使用贷款不超过全部承诺额就可以了。

限制性贷款协议指在偿还某些债务前对公司经营状况的限制性条款。在高级信贷协议中的限制性条款有两个目的：一是防止公司进行不利于高级债权人利益的活动。二是提供能早期发现公司不能还本付息的潜在可能性的某种机制。这些条款应通过协商确定，并且在确保最低水平合约顺利履行的前提下，为借款人未来合约的履行提供适当的缓冲①。

过桥贷款指投资银行等为了迅速地使收购者筹足收购资金和完成交易而向收购者提供的短期信贷支持。

②次级债务（Subordinated Debt）也称夹层债务，它具有利率高、风险高的“双高”特性，占收购资金的 10% ~40%，它在杠杆收购融资中发挥着日益重要的作用。因其高风险而被称为“垃圾债券”。杠杆收购次级债务融资募集方式多而灵活。次级债务可私下发行（通常针对大保险公司）或公开发行（在高收益债券市场）。随着这两个市场发展，它们各自对次级债券风险与收益都有着不同的要求。私募是在限制性融资安排下进行，通常要求交易中有股权参与。而在公开市场上，通过较小限制性的公众债券融资却不总是要求股权参与。杠杆收购次级债务期限长于优先债务，同时，通常要求在最后到期日前分期偿还②。

为了满足不同特点次级债权人的需求，收购者们便发明了各种具有不同特性的金融衍生工具。如可转换债券和零息债券或实物支付债券（PIKS，Pay In Kind Securities）。前者主要是以将来可能较高的股权资金收益率或股价吸引人们的债权投资，后者是发行者在债券到期时可得到额外债券代替现金支付，从而获得更多利息。

（2）杠杆风险分析

并购基金的融资用了财务杠杆原理。实际上，在收购中，财务杠杆能

① 段永峰：“企业杠杆收购融资决策研究”，贵州大学硕士学位论文，2006 年。

② 单体永：“杠杆收购企业融资结构模型研究”，东北大学硕士学位论文，2008 年。

带来意想不到的收益，同时它是一把双刃剑，杠杆收购给目标公司带来正反两方面的效应。财务风险的大小主要取决于财务杠杆系数的高低。一般情况下，财务杠杆系数越大，企业财务风险也越大[①]；反之，财务风险越小。杠杆风险主要表现如下：

①财务风险。在一项杠杆收购项目中，通常需要巨额资金的支持，财务风险便伴随着这些资金的筹措而形成。由于杠杆收购所需资金巨大，收购公司必须大量负债融资，而且不可能以单一的负债融资方式解决，因此产生了一定的财务风险：其一，高息风险债券带来的风险。杠杆收购中通常有一部分资金来源于高息风险债券，很高的资金成本迫使贴现率较大，即杠杆收购项目必须实现很高的回报率才能使收购者获得正收益，否则，会使收购公司因高额债务陷入困境。其二，收购资金中过高的负债比例带来的风险。杠杆收购的资金来源除了高息风险债券以外，还有银行贷款。收购资金的绝大部分来自负债，必然带来收购后负债清偿风险[②]。

②运营风险。杠杆收购能形成规模经济，但若新公司规模较大，收购者对其经营的企业情况不熟悉，则会产生规模不经济的问题。例如在美国第四大钢铁公司 LTV 收购第六大钢铁公司共和钢铁公司过程中，共和钢铁公司股价比其账面资产低 1/3，LTV 公司仅以 7 美元便收购了共和公司。但在运营中，LTV 公司采取了主要将同类产品的工厂内部合并以降低成本和费用的措施，而忽略了销售，最终导致公司破产[③]。

③信息风险。在进行杠杆收购中，存在着信息流不均匀、不流畅和不对称的风险。企业的信息来源相对有限，目前主要依靠公司的财务报表和股价，而这两者均可能误导决策。财务报表风险形成的原因：一是财务报表具有定时编制的特点，因此，财务报表具有静态特征，只能反映企业过去某一时点的财务状况。二是财务报表编制受到会计原则制约，但现实情况发生改变时报表不能反映现实的真实情况。三是财务报表信息虚假和披露不充分也是导致信息风险的根源。虽然会计法规要求上市公司信息充分披露，但充分披露并不意味完全揭示，上市公司完全可以在制度、原则允

① 裴力：“并购基金的成败分析及风险控制”，《中国城市经济》，2009 年第 12 期。

② 储莉萍：“中国杠杆收购第一案——PAG 收购好孩子”，《投资与合作》，2012 年第 11 期。

③ 张克明：“企业杠杆收购的财务风险预警机制研究”，《中国农业银行武汉培训学院学报》，2012 年第 3 期。

许范围内隐藏不必公开的商业秘密[1]。

（3）杠杆风险控制[2]

①合理的杠杆率。合理的高杠杆率并不一定会带来较大风险进而危害收购后的公司运营。相反，有证据表明以负债驱动的收购能和以股票驱动的收购做得同样出色，甚至超过后者。而且负债作为一种支付方式也能起到均衡作用。所以合适的杠杆率非常重要，并不在于其实际值的高低。②保持财务灵活性是杠杆收购的核心问题。并购基金采取一系列措施来提高公司财务的灵活性，如根据利率的变化适时调整融资结构、利率结构以及择机进行逆向杠杆收购等，以便使公司能够应付由于经营不善而带来的意外风险。③处理好风险相关人之间的相互关系。从收购活动结束起，其含杠杆作用的资本结构便将管理者、所有者和出资人（债权人）联系在一起，形成一个由收购执行公司负责，共同经济利益驱动的团体。并购基金需要解决不同投资者之间以及投资者和所有者之间的紧张关系。

## 4.4 我国并购基金发展现状

### 4.4.1 我国并购基金发展特点

我国并购基金起步非常晚，21世纪初才开始起步，只有十余年的发展历史。据不完全统计，并购基金交易规模只占整个股权基金交易总额的5%左右，而全球、美国、英国的比例分别达到11.95%、18.71%和19.71%。总体上，我国并购基金发展具有以下三个特点：

一是国有企业改制是并购基金产生的直接动因。我国并购基金最初产生是围绕国企改制，为国企登陆资本市场铺路。在这一过程中，政府期望通过并购基金，加速适应资本市场规则，寻找最佳改革路径。2003年，弘毅投资的成立标志着中国并购基金开始起步，因为，20世纪末国有企业改革为市场提供了许多可供收购目标。总之，国企改革是我国并购基金发展的最初诉求，能否把握国企改革思路，决定了并购基金发展道路。弘毅投资之后，中信资本等其他一些本土并购基金逐渐发展起来。

二是外资并购基金推动本土并购基金的发展。在中国本土并购基金产

① 史冬元："论杠杆收购及其风险防范"，《商业经济》，2005年第6期。

② 裴力："并购基金的成败分析及风险控制"，《中国城市经济》，2009年第12期。

生发展的同时，2000 年修订后的《外资企业法》等法规放松了对外资在国内投资的一些限制，以凯雷集团、厚朴基金为代表的外资并购基金纷纷涉水中国市场。由于外资并购基金的进入，不仅带来了资金，更为重要的是为中国发展并购基金带来了先进的投资理念、运作模式以及培养了并购人才。但由于法规环境、经济体制以及经济安全等原因，我国政府对外资并购基金在中国的发展保持谨慎态度，所以，外资基金发展速度并不是很快，例如凯雷集团并购徐工历时三年仍以失败告终。

三是并购基金以参股并购业务为主要模式。2004 年 6 月，新桥投资以 12.53 亿元人民币，收购深圳发展银行 17.89% 的控股股权，成为国内第一起典型的由并购基金主导的并购案例。但总体上，我国并购基金还是以参与并购业务为主流。欧美等国并购基金运作模式基本上以主导并购，即获得控制权并进行再融资为主要模式。但是随着市场环境变化，我国并购基金将成为中国股权投资市场的中坚力量，包括运作模式的进一步完善①。

### 4.4.2 我国并购基金政策环境

为了推动国内产业结构调整，加快企业间兼并重组步伐，国家相关部门先后出台多项措施（如表 4－1）。

**表 4－1　我国有关并购基金发展政策②**

| 序号 | 部门 | 出台时间及政策法规名称 | 核心政策点 |
|---|---|---|---|
| 1 | 银监会 | 《商业银行并购风险管理指引》2008 年 12 月银监发〔2008〕84 号 | 1. 允许符合条件的银行开展并购贷款业务；<br>2. 做出并购贷款限制：商业银行对同一借款人的并购贷款余额占同期本行核心资本净额的比例不应超过 5%；并购的资金来源中并购贷款所占比例不应高于 50%；并购贷款期限一般不超过五年；<br>3. 借款人提供充足的能够覆盖并购贷款风险的担保，包括但不限于资产抵押、股权质押、第三方保证，以及符合法律规定的其他形式的担保；<br>4. 银行要进行充分的风险评估。 |

① 瞿明：“并购基金在国际及我国的发展研究”，《管理观察》，2012 年第 12 期。
② 伍康鸿：“关于发展我国企业并购基金的探析”，《学理论》，2012 年第 25 期。

续表

| 序号 | 部门 | 出台时间及政策法规名称 | 核心政策点 |
|---|---|---|---|
| 2 | 人行、银监会、证监会、保监会 | 《关于进一步做好金融服务支持重点产业调整振兴和抑制部分行业产能过剩的指导意见》2009 年 12 月银发〔2009〕386 号 | 鼓励银行业金融机构在完善制度、风险可控的前提下开展境内外并购贷款，支持企业兼并重组。鼓励地方政府通过财政贴息、风险奖补、设立并购基金等方式，引导和支持金融机构积极参与企业并购重组业务。 |
| 3 | 国务院 | 常务会议决议　2009 年 12 月 | 鼓励外资以并购方式参与国内企业改组改造和兼并重组，拓宽外商投资企业境内融资渠道，引导金融机构继续加大对外商投资企业的信贷支持。 |
| 4 | 国务院 | 《国务院关于促进企业兼并重组的意见》2010 年 8 月国发〔2010〕27 号 | 消除企业兼并重组的制度障碍，放宽民营资本的市场准入；落实税收优惠政策；加强财政资金投入；加大金融支持力度；支持企业自主创新和技术进步；充分发挥资本市场推动企业重组的作用；完善相关土地管理政策；加强对企业兼并重组工作的领导，促进企业兼并重组任务分工。 |
| 5 | 证监会 | 《关于修改上市公司重大资产重组与配套融资相关规定的决定》 | 明确了借壳上市的标准，完善了发行股份购买资产的制度规定，并允许重大资产重组与配套融资同步操作。 |
| 6 | 商务部 | 《商务部实施外国投资者并购境内企业安全审查制度的规定》2011 年 8 月“53 号文” | 依据商务部颁发的 53 号文的规定，对于外国投资者并购境内企业，应从交易的实质内容和实际影响来判断并购交易是否属于并购安全审查的范围；外国投资者不得以任何方式实质规避并购安全审查，包括但不限于代持、信托、多层次再投资、租赁、贷款、协议控制、境外交易等方式。 |
| 7 | 证监会 | 《上市公司收购管理办法》（2012 年修订） | 投资者进行上市公司收购，可以采用要约收购、协议收购和证券交易所的集中竞价交易等多种方式进行。允许依法可转让证券和其他合法支付手段作为上市公司收购的对价，解决上市公司收购中可能出现的现金不足问题。 |

### 4.4.3 我国并购基金发展瓶颈

在国内综合政策利好以及国有企业改革的推动下，并购基金在我国已呈现出良好的发展势头。但是，由于存在经济体机制以及市场发育等多方面因素的制约，我国并购基金发展面临较大困境，具体表现如下①：

（1）目标企业控制权难获

第一，国有性质产权的控制权转移需要严格审批，跨地区转移面临更大障碍，交易耗时长；第二，我国民营企业创始人一般就是企业管理者，家族关系控制整个企业，除极特殊情况，如企业陷入困境或收购价格较高，否则民营企业创始人一般不会出让控制权。第三，由于我国特殊的上市发行制度以及退市制度造成上市企业成为稀缺资源，因而，获得上市企业控制权代价高、风险大。企业控制权难以获得，不仅制约了并购基金的整合能力，而且加大了并购基金的投资风险。

（2）再融资渠道单一

国外并购基金进行并购投资时，通常采用杠杆收购方式，如利用垃圾债券、银行贷款等资金提高交易的杠杆率，并以此扩大并购基金的收益率。我们国家虽然在并购贷款、上市公司并购及企业债方面有所突破，但政策的效率发挥却在短期内难以见效。首先，银行并购贷款的操作困难重重。并购资金来源中再融资贷款所占比例不能高于50%，并购贷款期限一般不超过五年；并购贷款需经过复杂的并购交易风险评估；并购者需要提供高于其他贷款种类的担保条件以及相关资产抵押，贷款门槛较高。其次，资本市场融资效率不足。资本市场融资包括定向增发、发行可转换债等，因受到融资方需为上市公司且需满足一定的融资条件、履行相应的审核程序等原因，影响了并购的数量和效率；最后，就企业债券融资而言，企业债券发行、审批较为严格，并且对低信用等级的债券发行有十分严格的限制。

（3）退出渠道相对单一

并购基金对并购目标完成整合管理之后，通常可以选择并购企业上市或者进行转让股权以实现退出。虽然我国多层次资本市场在逐步完善，如创业板开通为上市退出拓宽了退出渠道，但上市企业仍是稀缺资源。此

---

① 肖颖："政府引导型并购基金的运行机制研究"，北京交通大学硕士学位论文，2013年。

外，由于并购基金所收购企业通常都是具有一定规模的成熟企业，在市场中具有相当的市场地位，因此，这些企业所有权进行转让或再并购时如管理层收购，有可能面临买家过少的不利局面。

（4）专业管理人才缺失

专业管理人才缺乏已成为我国并购基金发展面临的最棘手的问题。一方面，国内缺乏并购基金的专业管理人才培养机制，又受制于我国特殊的人才体制、户籍制度，使得技术人才流动受限，最终导致限制了并购投资的发展。另一方面，虽然有国外并购基金在我国开展并购业务，但数量较少，加上待遇原因，在外资并购基金工作的管理人才不愿到本土化的并购基金来工作。

（5）专业中介机构缺位

在并购基金的运行过程中，并购投资面临十分复杂的环境，需要极强的专业性和技术性，需要聘用专业化的中介机构，借助其专业化知识和技术、经验为并购投资提供服务。国外中介服务机构一般借助其拥有的专家团队、资本和信息优势参与到并购决策、谈判、判断被并购企业价值和并购融资的过程中，并提供咨询服务，为并购业务双方特别是主并购方提供优质服务。我国会计师事务所和律师事务所等其他中介机构对并购业务涉及较少，造成了投行并购交易的专业支持机构的缺乏，限制了企业并购的落实。另外，我国投行或券商实力较弱，业务操作方法也较落后，只能在并购过程中起到有限的作用，尚未形成以投行为中心的并购市场。

CHAPTER 5

# 第5章 母基金 (Fund of Fund)

母基金（Fund of Fund，缩写为FOF）顾名思义即基金的基金，是股权投资专业的机构投资者，并随着股权投资的发展而发展。母基金通过专业化管理，选择优秀的股权基金作为投资对象，帮助投资人降低投资风险。由于母基金的投资对象主要是股权基金即子基金，因此，运作模式与一般性股权基金不同。作为股权投资的重要资金来源，母基金可以缓解股权基金募资难的问题，推动股权投资发展。

## 5.1 概述

### 5.1.1 定义

广义来讲，母基金（FOF）指投资于基金组合的基金，与一般基金最大的区别在于FOF是以“基金”为投资对象，而一般基金多以股票、债券、期权、股权（项目公司）等金融产品为投资对象。作为一种间接投资方式，FOF广泛存在于共同基金即证券投资基金、信托基金、对冲基金和股权基金等领域。因此，FOF被相应地分为共同基金的基金（Fund of Mutual Funds）、信托投资基金的基金（Fund of Investment Trust funds）、对冲基金的基金（FOHFs，Fund of Hedge Funds）和股权基金的基金（PE FOF，private equity Fund of Funds）。本书所称母基金专指股权投资母基金（PE－FOF），即主要以股权基金为投资对象，而且自身也属于股权基金，同时，被其投资的股权基金称为子基金。因此，有时以PE－FOF区别广义的FOF，但在本书中，如无特别说明FOF就是股权投资母基金（PE－FOF）。

母基金和一般性基金最大的不同点在于，母基金同时扮演了管理人（GP）和投资人（LP）双重角色：面对母基金投资者时，FOF充当GP角色，为投资者管理资金并负责投资业务，为投资者提供了一个全新的投资工具；而当面对各子基金时，FOF又充当了LP角色，成为各子基金的投资人，缓解股权基金募资难的问题。另外，母基金作为专业的机构投资者，位于股权投资产业链的上端，代表专业、优质的资金来源，除了能够为子基金带来资金以外，还能提供更多的增值服务，很好地发挥出作为LP的优势，直接推动着股权投资业的发展。

母基金核心业务是投资子基金，称为一级市场投资业务，一般不直接投资于项目公司，而是通过子基金间接投资项目公司。但母基金除一级市场投资业务外，为优化J曲线还从事二级市场投资业务以及直接投资业务。

### 5.1.2 母基金优势

母基金作为股权投资的专业机构投资者，其优势主要通过普通投资者、子基金以及其投资策略三个方面体现出来。

对于普通投资者，母基金作为管理者，其优势表现为：一是为普通投资者获得投资优秀基金的通行证。通常业绩优秀的基金在募资时会供大于求、超额认购，因而对投资人有较高的要求，包括最低投资额、投资者资信、投资者对基金提供的附加值贡献等，因而一般投资者难以获得优秀基金的投资资格，从而失去获利机会。FOF把一般投资者的资金聚集起来，一方面资金规模增大，投资能力增加；另一方面实现专业管理，并为子基金提供增值服务。这样就可满足优秀基金的投资要求，实现普通投资获得优秀基金的投资机会。二是通过专业的投资组合分散投资风险。市场上股权基金数量众多，而且股权基金受投资领域、项目来源、投资地域以及基金经理专业能力等诸多因素影响，表现参差不齐，投资每个基金的潜在风险不同，而对于普通投资者选择优秀基金难度较大。根据现代投资组合理论，一个投资者至少投资6～8个股权基金才能获得一个风险较分散的投资基金组合。普通投资者由于资金规模较小，一般一次只能投资一个或少数几个基金，在长达6~8年的投资时间里，即便是非常优秀的股权基金，也会有投资失误的时候。FOF通过专业的投资组合，普通投资者就可以实现以较少的资金间接投资多个基金，分散投资风险。三是对投资者的资金实现专业化管理。不同类型基金以及不同管理团队的基金在投资策略、风格、业绩表现等方面也往往有较大不同，要对市场上为数众多的基金团队进行深入的了解和调查，需要非常专业的投资管理人员。即使对于一个拥有1亿美元可投资资产的富有家族，按照现代投资组合理论可以将其中10%（即1 000万美元）配置到股权基金而专门设立一个专业化的内部投资管理团队，从成本角度来看也是不合适的。除此之外，对于普通投资人投资股权基金，投资后只能被动等待基金经理的投资结果，几乎没有太多的灵活性，但投资FOF，FOF管理人可以通过资产的再平衡以达到控制投资、保持增值等目的，而且还可以随时代表投资人与子基金保持沟通，为其提供多方面支持。

对于子基金，母基金作为专业的机构投资人，其优势表现为：一是FOF是长期稳定的资金来源。对于子基金来说，更愿意选择能够在后续基金中为其长期注资的LP，建立长期的合作关系。FOF作为专注于股权基金的LP，通常情况下能够为业绩优秀的子基金团队长期注资，而不受到私募股权市场资产配置比例的限制。二是FOF能够为子基金构筑更优化的LP结构，保证长期稳定的资金渠道。不同地区、不同类型的LP，经常会根据市场和政策环境的变化调整其在股权投资市场的资产配置，易造成子基金LP单一构成、资金来源稳定性差的潜在隐患。三是FOF的加入通常能够缩短子基金募集周期。FOF作为专业投资人，在尽职调查方面和基金条款的谈判，以及后续GP表现的长期跟踪上都具有很强的专业度，因此，FOF在基金募集早期加入或者作为基金的领投人对于基金的潜在LP是一个积极的信号，对于推进基金成功募集和缩短募集周期都有积极的意义。四是减少股权投资市场信息不对称问题。母基金由专业人士组成，对信息的收集、分析和判断有较成熟的经验，是解决信息不对称的较好方式。母基金可以在以下两方面对解决信息不对称有较好帮助，一方面有利于全面了解基金的各方面信息，如某只基金的同业竞争力、投资偏好、基金净值、以往投资回报率等。另一方面有利于对某只基金的管理团队做出准确的判断，对管理团队的把握和判断不仅仅是通过简单的收集数据就可以做到的，很大程度上要取决于经验积累，在某种程度上偏重感性因素，普通投资人很难在短时间内做到这一点①。

另外，母基金作为股权基金，其投资策略优势表现为不断优化 J 曲线。投资者在考察股权基金收益情况时，会以时间为横轴，以收益率为纵轴画出一条 J 曲线，即正回报通常出现在基金寿命的后几年。在这之前，即基金存续的早期阶段，股权基金有价值下降的趋势，这一阶段通常称作“眼泪的山谷（valley of tears)”，其原因是股权基金需要支付开办费、管理费以及对外投资，而基金所投资项目还无法立刻产生回报，使得基金在最开始的一段时间收益为负值。只有经过一段时间后，基金开始有项目退出时，基金收益率就会快速攀升。不同基金 J 曲线效应不同，优秀的股权基金其 J 曲线陡峭。如何缩短 J 曲线，是考察基金管理能力的重要指标。母基金主要投资优秀子基金，因此，母基金 J 曲线要优于各子基金。另外，母基金还通过二级市场投资业务，加快投资回收期，进一步优化 J 曲线（如图 5－1）。

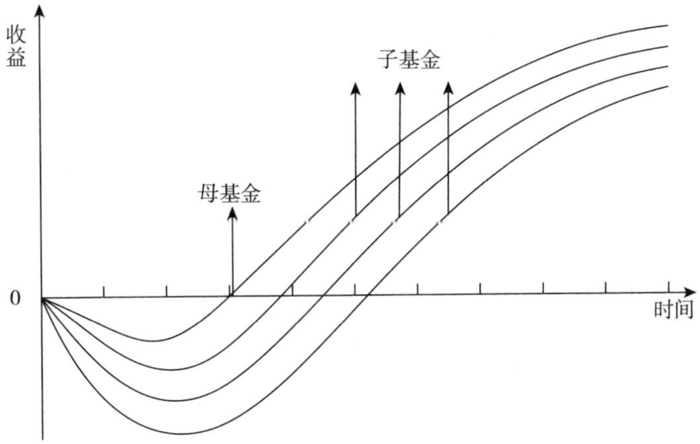


**图 5－1　母基金优化 J 曲线**

① 赵光明：“发展人民币母基金（FOF）推动私募股权人民币基金健康发展”，《中国市场》，2011 年第 26 期。

### 5.1.3 母基金发展历程

1976年，美国的布林逊公司推出了一支小基金，规模为6 000万美元，主要针对股权基金进行投资，因此，母基金开始产生与发展。由于母基金处于股权投资产业链的上端，为股权基金提供资金来源，加上FOF具有丰富的专业知识和管理能力，所以，随着股权投资发展而迅速发展。

20世纪90年代，美国股权投资行业从几十亿美元发展到了数百亿美元的规模。随着股权基金资本在美国大规模兴起，母基金规模迅速扩大，投资领域也逐渐扩展，尝试参与股权投资二级市场业务，而且逐渐成为股权投资二级市场的主要投资者。随着母基金业务的丰富，FOF开始成为拓宽投资渠道、合理配置资产、利益风险制衡的一类深受普通投资者青睐的投资工具。据统计数据显示，1990年美国市场上仅有16只PE－FOF，管理总资产为14亿美元，至1999年年底，PE－FOF的数量已达到213只，管理总资产达到了480亿美元，而到2006年，被PE－FOF管理的资本数额接近5 000亿美元，占全球股权资产总额的38%。美国国际集团环球投资（AIG Global Investment）是一个为全球客户提供资产管理和投资咨询服务的国际性集团公司，在资产管理领域居于世界领先地位，主要投资于创业投资基金、区域基金等基金，总规模140亿美元，总共投资了530个基金①。

除了美国之外，母基金在欧洲、加拿大等国家也在飞速膨胀。磐石创业投资是一家发源于欧洲的母基金，投资业务分布欧洲、亚洲和美洲三大市场，旗下另设一个二级基金产品，投资于所有阶段的基金，已经投资了20个国家的500个基金，并于1987年上市。现在管理团队共有141个成员，管理基金规模为240亿美元。

目前在欧美等发达国家，股权基金早已超越股票二级市场成为与银行、保险并列的三大金融业支柱之一，而股权基金的资金20%以上来自于母基金。作为股权投资的上游，FOF的发展反过来促进了股权投资发展。在欧美股权投资资金来源中，FOF仅次于养老金，已跃居第二位，大约

---

① 崔耀娜、谭祖卫、姜明明、何小锋：“人民币股权投资母基金运作模式研究”，《金融与经济》，2012年第8期。

5 000亿美元是通过 FOF 形式投放到股权投资市场[①]。

## 5.2 母基金运作与业务

### 5.2.1 母基金运作模式

母基金一般不直接投资于项目公司，主要以子基金为投资对象，并通过子基金间接投资项目公司（如图 5－2）。母基金组织形式多采取有限合伙制，基金日常管理和投资业务委托 GP 负责，实现专业化管理，LP 一般不参与基金日常投资工作。按照股权基金运作一般规律，母基金管理团队除收取一定比例的基金管理费外，基金到期利润分配时，还需按照协议从基金利润中按照一定比例对 GP 进行业绩奖励，而 LP 只按照投资比例享受基金利润。

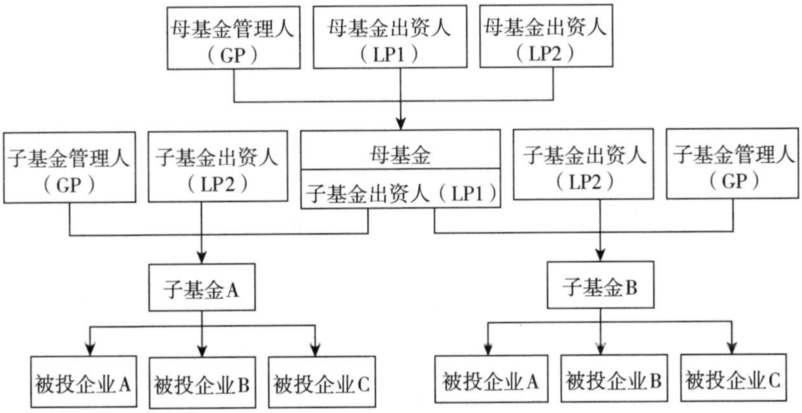


图 5－2　母基金运作模式图

从图 5－2 可以看到，母基金运营涉及双层委托代理，即母基金与子基金双层委托管理，其中母基金这一层指母基金投资人委托母基金管理人，而子基金这一层指母基金作为出资人委托子基金管理人。这意味着母基金投资人需要对双层管理人即母基金管理人以及子基金管理人缴纳双层管理费以及业绩奖励。另外，在母基金投资者、母基金以及子基金层面都要交

① 李和杰："产业投资基金商业运作模式探讨"，《改革与开放》，2011 年第 21 期。

纳相关税收，增加投资成本，从而影响投资收益。

### 5.2.2 母基金主要业务

母基金之所以称为母基金，因为其主要投资对象为子基金，即投资子基金是母基金的核心业务。所谓投资子基金就是母基金作为子基金的出资人（LP）与其他子基金出资人以及子基金管理人共同设立子基金。但除此之外，母基金还从事二级市场业务以及直接投资业务（如图5－3）。

所谓二级市场投资业务指在股权投资二级市场从事投资，如受让股权基金投资人转让的基金份额或不同基金的投资组合以及受让其他股权基金转让的投资股权以及投资组合。随着股权投资二级市场的发展，母基金逐渐成为二级市场的主要参与者。

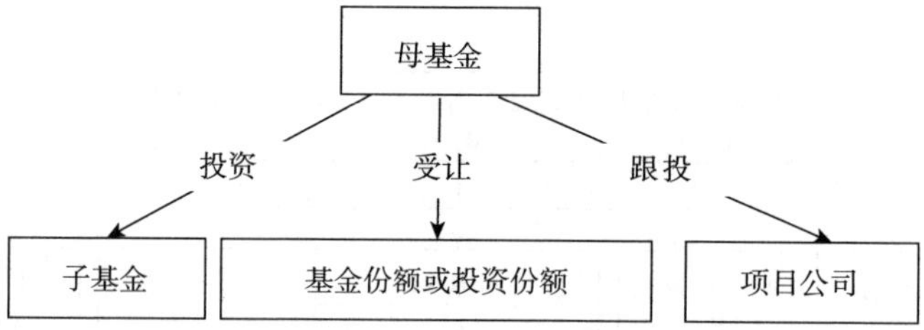


**图5－3　母基金主要业务**

所谓直接投资业务指母基金直接对项目公司进行投资。虽然直接投资业务不是母基金的优势，但母基金为了获得更大的投资收益以及合理使用资金，母基金充分利用其投资子基金的便利对子基金投资的项目进行选择性的跟投。因此，跟投是母基金进行直接投资的主要投资方式。所谓跟投就是跟着主要投资方（也叫领投方或投资主导方）进行投资，投资额度较小，更为关键的是不参与投资前期准备工作，如尽职调查与投资谈判，只是跟随领投方进行投资，包括享有与领投方同样的投资价格以及投资后的权利与业务。母基金要获得跟投权，在投资子基金的投资协议中就要事先明确母基金的跟投权。跟投权主要包括跟投额度、跟投价格、跟投方式以及跟投后享有的权利与义务等。跟投权对母基金比较有利，因为母基金可以利用跟投权比较容易地获得一些优秀项目的投资权。

### 5.2.3 母基金具体运营

（1）基金组织选择

由于母基金涉及双层委托管理，除需缴纳双层管理费及业绩奖励外，还要考虑如何合理避税。选择合理的基金组织形式是合理避税的最佳方式。由于有限合伙制可以避免缴纳企业所得税，因此，母基金基本上选择有限合伙制作为基金的企业组织形式，从而确保母基金投资人与一般股权基金投资人在所得税方面保持一致。

（2）子基金选择

子基金选择其实就是对子基金管理人进行选择。对基金管理人选择包括两个层面，一是单个基金管理人的从业经历、专业水平、过往业绩以及业内声誉等；二是基金管理团队，指基金管理团队合作时间以及合作业绩等。有时，管理团队考察重于单个管理人的考察。除基金管理人选择外，对拟投基金选择非常重要，如考虑拟投基金投资偏好，包括投资阶段、投资领域以及投资地域等，从而形成母基金自身合理、科学的投资组合。

（3）投资决策机制

母基金投资决策也采用投资决策委员会方式进行专业化与民主化决策，而且决策委员会的组成成员基本由基金管理人组成，因为基金评价比项目评价专业性更强。除此之外，母基金也建立科学的投资决策程序，通过项目资源收集与筛选、项目立项、尽职调查以及投委会决策等决策程序，确保决策的专业化以及民主化。

（4）尽职调查

母基金尽职调查对象主要是未来将作为子基金的管理人以及其曾经管理过或正在管理的股权基金。尽职调查可从定性与定量两方面进行，定性主要针对管理人，如管理人的专业水平、合作精神、业内声誉、业余爱好以及身体健康等。定量指标主要针对管理人曾经管理过或正在管理基金的财务指标，如年平均回报率、内部收益率、基金规模、已投资金比例、已投项目财务基本状况、项目退出情况包括IPO数量、并购数量、失败数量等。因此，母基金建立子基金数据库有利于母基金进行尽职调查，包括市场上主要基金管理人以及主要股权基金的相关数据。

（5）风险控制

母基金风险控制措施包括四个方面：①建立科学的决策机制，确保决策的专业化及民主化；②形成合理的投资组合，包括资金在三大业务上的分配以及投资子基金的投资组合；③建立完善的数据库，为尽调提供详实、客观的评价依据；④实施投后管理，对所投基金及项目进行跟踪及动态评估。

（6）投后管理

投后管理主要包括投后监控管理与增值服务。投后监控主要采取三种方式进行：①定期要求子基金递交财务及运营报告，及时准确掌握子基金投资概况以及潜在风险；②不定期与子基金管理人面谈以及访问子基金所投项目，及时掌握基金所投项目经营情况；③委派人员进入子基金投委会或顾问委员会，及时掌握子基金重大决策。母基金投后增值服务对象主要是各子基金，为其提供宏观指导、区域研究、产业研究以及制定发展战略，以至于为子基金提供项目来源；其次是为各子基金所投项目提供增值服务，包括提供一些个性化的增值服务，如再融资以及提供行业人脉和资源等。

### 5.2.4 母基金运作特点

母基金作为一个独立的投资经营主体，处于股权投资产业链上游，除可为子基金提供资金外，还可为子基金提供增值服务。因此，母基金运作模式除具有股权投资基金的特征之外还具有自身的一些运作特征。

第一，集合性，即资金集合性。母基金资金同其他股权投资基金一样其资金一般来自若干投资者，如政府、保险公司、养老金、社保基金、企业以及富裕自然人等，是资金的集合。

第二，组织性，即母基金组织形式。母基金同其他股权投资基金一样一般由若干基金出资人（LP）与基金管理人（GP）以有限合伙制或公司制组织形式设立，具有独立的经营主体资格。

第三，专业性，即母基金管理专业化。母基金因其独特的投资业务体系，母基金一般要委托专业的母基金管理人（GP）管理母基金。母基金管理人在基金评价、基金估值以及基金增值服务方面具有专业性。

第四，双重性，即管理费收取、利润分成、税收缴纳以及风险防范的双重性。首先，除母基金管理人（GP）要向母基金投资人（LP）收取母基金承诺出资额1%～2%的管理费外，子基金管理人（GP）也要向母基金收取该母基金投资于本子基金份额的1%～2.5%的管理费；其次，除母基金管理人（GP）要得到母基金利润收益的20%左右业绩奖励（利润分成）外，子基金管理人（GP）也要得到母基金投资于该基金获得收益的20%左右业绩奖励（利润分成）；第三，虽然有限合伙制企业免缴所得税，但母基金及子基金都要缴纳营业税；第四，风险防范的双重性，母基金通过投资组合进行了第一次风险分散，每只子基金通过投资多个企业实现了第二次风险分散。

## 5.3 母基金二级市场投资业务

母基金发展初期，主要投资股权投资一级市场。近年来，为了多样化投资组合并加速获得回报，母基金在二级市场的投资比例不断增加。

### 5.3.1 母基金二级市场业务类型

母基金二级市场交易类型主要有两种：一是受让出资人转让基金权益，即原基金出资人将自己已经实际出资的出资份额以及尚未出资的出资承诺转让给母基金，也包括出资人在多个股权基金的基金份额组合。这是母基金在二级市场的主要交易类型。二是母基金受让股权基金转让已投项目公司的股权或多个项目公司的投资组合。该类型对母基金而言不是主要的二级市场业务，因为母基金的优势不在具体项目投资。

### 5.3.2 母基金二级市场业务动因

一是价格折扣。股权投资周期长，缺乏流动性，因此，二级市场交易存在价格折扣。母基金投资二级市场业务往往能够获得比直接投资基金业务更高的收益。据不完全统计，2000～2005年母基金从股权基金二级市场获得的内部收益率比一级市场投资大约高20%～30%。

二是优化J曲线。股权基金在投资回收期之前基金收益或净现金流持续为负数，经过2～4年后的投资期后基金才可能有收益。因此，母基金希望购买一些已经相对成熟的股权基金投资人出资的基金份额，整体提升母基金投资组合的成熟度，加快收益速度，优化J曲线。

三是投资于已知的投资组合。在投资子基金时，子基金尚未进行投资，还不知道子基金投资的资产组合，只是基于对子基金管理人的信任而投资。在二级市场投资业务中，母基金投资的是存续基金，子基金已经进行了投资，因此母基金能够知道子基金投资的资产组合，并且可以更加合理地估计它的价值。

### 5.3.3 二级市场子基金评价

母基金二级市场投资业务中最为复杂的工作就是估值，尤其是对子基金估值，因为已经成立的子基金不像新设的基金，已经投入项目，所以对其估值包括多个层面，如基金管理团队能力、基金运营机制、基金投资策略、基金已投项目资金到位情况以及资金投资使用情况等。

（1）子基金管理团队评价

子基金管理团队评价是指对基金管理队伍的投资经验、风险偏好和人脉关系等进行评价。成熟的投资管理团队对基金运营成功的影响程度达到所有影响的一半，因此，拥有成熟的投资管理团队是基金运营成功的关键因素。如果管理团队有投资项目领域的专业人才，并且投资经验丰富，那么他们对于项目选择的科学性就较高。美国成功率和收益率高的基金，如黑石、凯雷、高盛等，其基金管理团队不仅要具备专业知识，还要拥有丰富的地区市场知识以及国际运作能力，在个人综合素质上还拥有良好的身心素质、出色的沟通能力和高超的谈判技巧。除了拥有丰富的投资运作经验，国外股权基金还拥有一套健全的管理团队激励机制，将基金管理人的收益与基金的效益联系起来，对基金管理人产生了巨大动力。

（2）子基金投资策略评价

子基金投资行业选择，有朝阳行业和夕阳行业之分；如高科技行业以及战略新型行业属于朝阳行业，而一些传统行业包括传统制造业、传统服务行业等属于夕阳行业。除根据行业发展前景和宏观经济环境外，基金一般是利用自身所拥有的优势资源来选择投资行业，其所拥有的优势资源一般包括核心技术、营销渠道、网络关系等。一般来说选择朝阳行业更受投资者青睐。但子基金应该审视自身原则和优势进行判断，避免盲目行为①。

（3）子基金内部管理机制评价

①基金报酬体系设计。股权基金管理依靠专业人才，其积极性直接影响基金运作效率与水平。股权基金依赖科学的激励约束机制，其中最主要的就是报酬体系设计，提高管理人员的积极性。②出资方式。基金可采取承诺制或一次性出资方式。由于各种原因，承诺出资容易造成出资人不能

① 周倩倩：“我国私募股权基金投资策略研究”，中国石油大学（华东）硕士学位论文，2010年。

及时足额出资，影响基金正常对外投资。而一次性出资资金有保障，但对基金管理者来说，投资压力较大，而且资金使用效率较低。③基金决策机制。基金决策机制包括决策程序、表决机制、投委员会成员等直接影响基金决策水平与效率，其中投委会成员组成是母基金考察子基金决策机制的重要因素。有些股权基金在募资时会对投资人实行让步，如同意个别投资人进入投资委员会从而影响基金决策水平。

## 5.4 人民币母基金运作模式分类

### 5.4.1 定义

人民币基金就是以人民币作为货币募集的股权投资基金，是相对于外币基金而言的，如以人民币募集设立的股权投资企业，其特征是在国内募集、国内运作和国内退出。同样，人民币母基金并不是一个严格法理上的概念，泛指资金募集对象为人民币并且投资对象为人民币基金的基金，但基金管理人（GP）可以是内资的也可以是外资的①。

### 5.4.2 人民币母基金发展历程

随着股权投资在我国的发展，母基金于20世纪90年代进入亚洲，起初发展十分缓慢，直至2005年随资本市场的迅速发展才兴起。2001年，中关村创业投资引导基金成立，是国内最早的创业投资引导基金，也是国内人民币母基金的雏形。该基金总规模为5亿元，主要采用种子资金、跟进投资和参股创业投资企业三种形式进行运作。但严格意义上讲政府引导基金本身不是基金，是母基金的资金来源，不是真正的母基金。

2004年世界上知名母基金合众集团开始投资中国，目前已投资了鼎晖、弘毅、赛伯乐等近十余家中国本土基金。2005年，雅登投资、霍斯利－布里奇以及磐石基金等机构开始登入中国，并投资鼎晖中国成长基金II期。2006年随着中国股权投资市场飞速发展，中国股权投资市场上开始涌现大批资金实力雄厚的国际化外币母基金。2006年璞玉投资管理顾问公司发起国内第一支外币母基金“璞玉价值基金”，管理资本量为1.1亿美元，所投基金包括九鼎成长基金、鼎晖创投基金Ⅱ、兰馨亚洲基金Ⅳ等知名基

① 崔耀娜、谭祖卫、姜明明、何小锋：“人民币股权投资母基金运作模式研究”，《金融与经济》，2012年第8期。

金。据不完全统计，截至2011年3月底，国内的外币母基金已达58只，包括雅登投资、尚高资本、磐石基金、合众集团、璞玉基金、霍斯利－布里奇等知名母基金。但受金融监管、投资领域、退出渠道等方面限制，外币母基金在我国的发展遇到一定障碍[①]。

在人民币基金和外币母基金发展的大环境下，逐渐培育了人民币母基金发展土壤。与国外母基金和外币母基金相比，人民币母基金发展起步较晚，还很不成熟，无论从规模、投资人、管理团队以及经营业务等方面还存在很大差距。目前，业内习惯上把人民币母基金划为三大阵营[②]：政府引导基金、国有企业参与设立的市场化母基金、民营资本运作的市场化人民币母基金，各自代表分别有科技部设立的科技型中小企业创业投资引导基金和科技成果转化引导基金；国开金融有限责任公司和苏州创业投资集团共同发起设立总额为600亿元的国创母基金（以下简称国创母基金）；清科集团设立的规模为50亿元人民币母基金和北京歌斐资产管理公司设立的歌斐母基金。据清科数据库统计显示，截至2012年7月，国内共有103支政府引导基金。

其实，外币母基金管理团队一直也在关注人民币母基金动向。2009年SVB资本与上海杨浦区政府成立了两只人民币母基金。2009年底艾德维克与大连联合控股创建中国首家非政府母基金。2010年底Emalternatives与上海市闵行区政府设立首只5亿元人民币母基金。

### 5.4.3 人民币母基金运作模式分类

人民币母基金的组织形式基本上采取有限合伙制，主要业务包括基金投资、二级市场以及直接投资等。由于人民币母基金受不同资金来源和基金管理人影响，运作模式上体现出不同特征，主要包括四种类型：政府主导型、外资管理型、中介服务型和市场专业型运作模式[③]。

（1）政府主导型母基金

即由政府主导设立，主要以国有基金管理公司作为基金管理人，以国

---

① 蔡沧铭：“私募股权投资“基金的基金”创设和运作的若干问题研究”，厦门大学硕士学位论文，2012年。

② 柏高原、李东光：“新金融——私募股权母基金”，《产权导刊》，2012年第2期。

③ 崔耀娜、谭祖卫、姜明明、何小锋：“人民币股权投资母基金运作模式研究”，《金融与经济》，2012年第8期。

有性资金，如引导基金、社保基金、保险资金以及国有企业资金作为基金的主要投资人，联合民营资本共同组成（如图 5－4），如国创母基金。

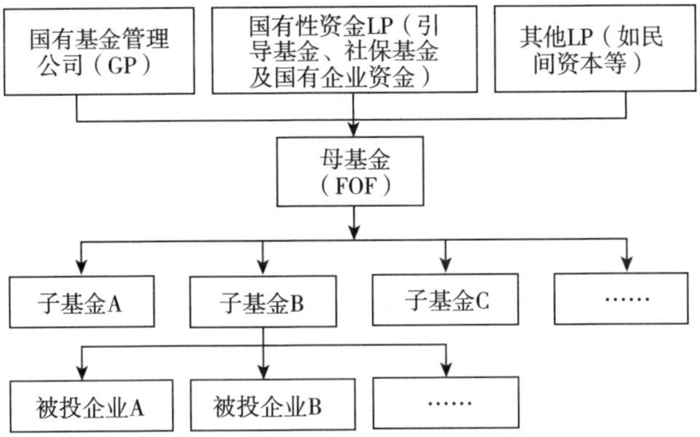


**图 5－4　政府主导型母基金运作模式**

由于在政府主导下设立，该类基金运作表现出以下特点：一是行政色彩较浓，投资决策效率较低，母基金目标兼顾社会目标和经济目标；二是资金有保障，出资人一般都是大型国有企业和金融机构或财政资金；三是市场化程度不够，因为国有性的基金管理人注定难以完全实现市场化，激励机制不健全，难以留住高水平的专业管理人才，同时退出机制以及考核体系难以适应市场需求；四是存在投资限制，由于地方政府的参与，出于发展地方经济的目标，一般都有地域、行业等投资限制。

成都银科 FOF 是由中国进出口银行、成都投资控股集团有限公司和成都高新投资集团有限公司共同出资，管理人为成都银科创业投资有限公司，成立于 2009 年，基金规模 15 亿元。由于其出资人和管理人主要为国有资本，地域上偏向于选择在成都设立的子基金，投资偏好主要是小型早期创业投资基金。

（2）外资管理型母基金

即以外币基金管理公司作为基金管理人，在国内向民营企业、国有企业、引导基金、社保基金、保险资金以及富有个人募集人民币（如图 5－5），如艾德维克控股与大连联合控股有限公司共同成立一家投资管理公司并向社会募集 15 亿人民币。

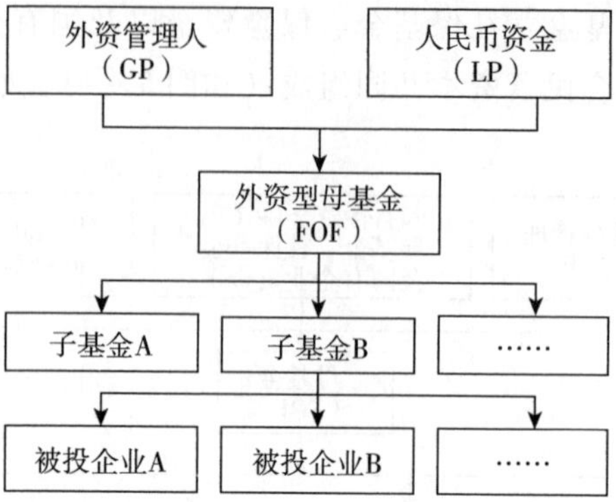


图 5－5 外资管理型母基金运作模式

由于外资基金管理公司作为基金管理人，该类基金运作表现出以下特点：一是专业化管理优势。外资基金管理公司拥有丰富的基金管理经验和专业化人才优势，有助于在中国产生管理外溢，促进股权投资市场健康有序发展。二是管理人与投资人之间的投资文化冲突。本土出资人倾向于"短平快"式投资，追求短期投资回报，缺乏专业理财理念，容易干预投资决策。三是国民待遇问题。按目前我国现行法规规定，合资型投资机构无法享受国民待遇，这样其在投资领域会受到一些限制，包括退出渠道等问题。

2010 年 12 月，艾德维克控股与大连联合控股有限公司共同成立一家投资管理公司并设立了人民币 FOF，至今在中国投资了 20 只股权基金，投资总额超过 15 亿人民币。投资决策方面，艾德维克控股具有规范的投资决策流程。风险控制方面，作为专业的基金投资管理公司，艾德维克控股在基金筛选方面有一套完善的风险评估系统，对多只基金进行评估，同时对每一只具有投资潜力的基金做出精确的风险和回报分析。

（3）中介服务型母基金

即由专门为股权投资基金提供服务的中介机构成立一家基金管理公司作为基金管理人，然后再向社会募集资金，主要以自身服务的基金作为其投资对象（如图 5－6），如清科集团和诺亚财富分别组建自己旗下的母基金。

由中介服务机构作为母基金的管理人，该类基金运作表现出以下特点：一是品牌、人脉、市场信息资源丰富。为股权投资基金提供服务的中

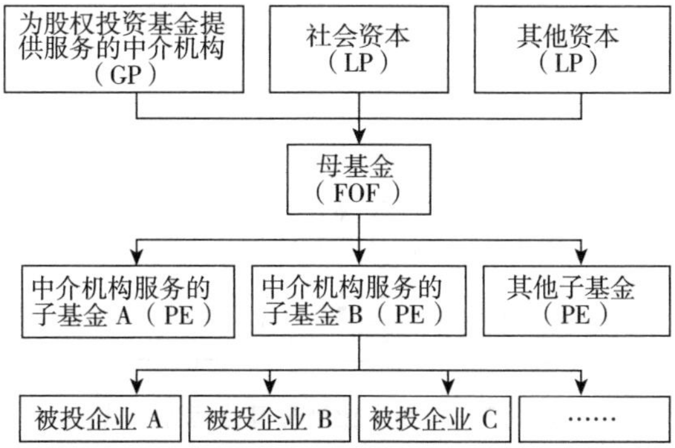


**图5－6 中介服务型母基金运作模式**

介机构拥有丰富的行业人脉和项目来源渠道，在品牌、人脉、市场信息等方面拥有丰富的资源和专门的数据库，汇集众多优秀基金，在资金募集、选择投资对象上具有较强优势。二是募集资金存在内部竞争。中介服务型FOF管理人是为股权投资基金提供服务的中介机构，既要为其服务的股权投资基金募集资金，自己作为母基金管理人又要为自己募集资金，存在内部竞争。此外，该类母基金容易忽视母基金运作方面的专业性。

我国最大独立财富管理机构诺亚财富旗下的全资子公司北京歌斐资产管理公司于2010年推出歌斐FOF基金，依托母公司强大的募资能力以及与国内多家顶尖投资机构建立的战略合作关系，歌斐资产专注于FOF业务的发展，目标规模为10亿元，已完成歌斐FOF三期基金投资。截至2012年6月，歌斐资产共管理9只FOF基金，已投资14家基金包括IDG资本和新天域资本。

（4）市场专业型母基金

即由本土化专业母基金管理机构作为基金管理人，在国内募集人民币（如图5－7），如盛世资本是国内最早运作母基金的专业管理机构之一，在国内已募集三期母基金，并成功完成对新天域、松禾资本、同创伟业、九鼎投资、德同资本、华登国际、五岳投资等多支基金的投资。

由于本土化专业的母基金管理公司作为基金管理人，该类基金运作表现出以下特点：一是本土化优势。本土专业化母基金管理机构作为管理人具有丰富的人际关系，深刻理解本土投资人的投资需求和偏好，可以将大量民间资本引入到股权投资领域，促进民间资金从短期套利向长期资本转

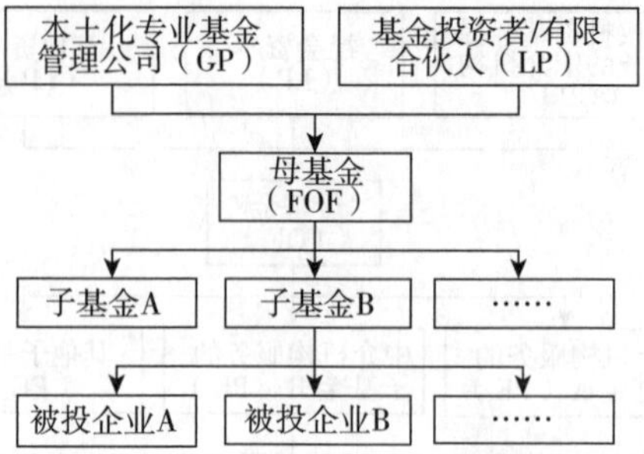


图 5-7　市场专业型母基金运作模式

化以及培育和发展合格的基金出资人和机构出资人。二是专业性。专业的母基金管理机构拥有专业的管理团队，保证被投基金在设立和运作上的合规性，同时提供被投资基金各项增值服务，例如政策、法律结构、税收等方面的咨询。三是数量较少。由于缺乏本土化的母基金专业管理人才，目前该类母基金在国内较少。

盛世资本管理多支盛世系母基金，并成功完成对新天域、松禾资本、同创伟业、九鼎投资、德同资本、华登国际等多只基金的投融资工作。盛世资本拥有强大的数据库，对业内 2 000 余家投资机构进行跟踪及数据的及时更新，并建立自己的投资机构及统计体系，与在国内活跃的 300 家外资基金及将近 200 家本土基金开展业务合作，并对这些基金的投资方向、领域、投资回报率、风险控制、管理团队背景及优势非常了解。盛世资本创新母基金的运作模式，实现了“政府资本 + 民间资本、政府引导 + 市场运作”的母基金运作新概念。

## 5.5　人民币母基金发展趋势

### 5.5.1　人民币母基金发展特点

（1）政府大力支持

人民币母基金的一个重要资源就是国有资金，包括政府财政资金如各类政府引导基金、国有企业资金以及各类国有金融机构资金。2014 年 1 月 14 日国务院总理李克强主持召开国务院常务会议，决定设立国家新兴产业创业投资引导基金，支持大众创业、万众创新。这项基金总规模为 400 亿元，旨在将中央财政战略性新兴产业发展专项资金、中央基建投资资金等合并使用，撬动社会资本参与。这是我国政府设立规模最大的引导基金。据不完全统计，截至2014年上半年，中国政府成立的引导基金已接近200家。

除政府财政资金积极参与人民币母基金外，国有资本包括国有金融机构资金也积极参与人民币母基金。2010年12月，国开金融有限责任公司、苏州创业投资集团有限公司以及社保基金等共同发起设立国创母基金。这只母基金注册于苏州工业园区，总规模为600亿元人民币，期限为12年，组织形式采用有限合伙制，主要投资于国内优秀管理团队的人民币股权基金，包括国创开元股权基金、国创元禾创业投资基金，其中国创开元依托于国开金融，规模为400亿元，首期规模100亿元，主要投资于产业整合、并购重组的股权基金；而国创元禾则依托于苏州创投，规模为200亿元，首期规模50亿元，主要投资于早期和成长期的创投基金。

除此之外，地方国有企业对人民币母基金给予大力支持。2009年3月18日，成都银科FOF成立，注册资本15亿元，其资金来源主要由中国进出口银行、成都投资控股集团有限公司、成都高新投资集团有限公司共同出资，其宗旨是通过与国内外投资机构合作建立创业投资基金以及对创业企业进行直接投资和跟进投资的方式，扶持当地自主创新企业和创业投资企业，充分发挥引导基金的功能，实现企业自身效益。

除资金支持外，还出台一些优惠政策扶持与支持人民币母基金的发展。国家发改委于2011年11月发布《关于促进股权投资企业规范发展的通知》（即“2864号文”），规定“非法人机构穿透原则”：即如果一个基金的合伙人或股东是一个合伙企业或信托等非法人机构，需要打通该非法人机构，核查其背后的法人或自然人，来计算投资者人数，且该等被打通后的最终投资人亦需满足单个投资人1 000万元的最低出资要求。非法人机构穿透原则目前唯一的例外是在发改委备案的“股权投资母基金”。因此，当初2864号文对促进人民币母基金发展起了推动作用。

（2）外币母基金在人民币母基金发展初期发挥重要作用

2005年之前中国外币母基金非常少，而在这之后外币母基金纷纷进入中国。2004年世界上知名母基金合众集团开始投资中国，目前已投资了鼎晖、弘毅、赛伯乐等近十余家中国本土基金。紧跟着雅登投资、霍斯利－布里奇以及磐石基金等机构开始登入中国，2006年璞玉投资管理顾问公司发起国内第一支外币母基金“璞玉价值基金”，管理资本量为1.10亿美元。由于受金融监管、投资领域、退出渠道等方面限制，外币母基金在我国的发展遇到一定障碍。但外币母基金在早期促进人民币母基金发展过程中发挥着重要的作用。

（3）专业化人民币母基金成为未来发展趋势

随着股权投资发展，专业化的人民币母基金队伍逐渐壮大并成为主流，如清科集团于2011年4月募集一只规模50亿元的人民币FOF基金；诺亚财富2010年推出歌斐FOF基金，募集金额为5亿元人民币。盛世投资管理着多支盛世系母基金，并成功完成对新天域、松禾资本、同创伟业、九鼎投资、德同资本、华登国际等多只基金的投融资工作。

### 5.5.2 人民币母基金发展存在的问题

（1）对引导基金的运作模式有待进一步深入

政府引导基金属于我国本土化产物，对促进我国股权投资业发展做出了重要贡献，特别是在推动我国创业投资发展以及促进中小企业融资方面发挥重大作用。目前，业内基本上都把政府引导基金看作母基金。但是从基金组织形式、投资业务、管理模式等方面来看，目前引导基金都还不能称为严格意义上的母基金。因为，引导基金没有按照基金的运作模式进行运作，如没有形成基金组织形式和完整的母基金投资业务体系等，仅仅成为子基金的出资人。

（2）母基金规模不大

虽然从基金数量上看人民币母基金约为外币母基金的两倍，但外币母基金资金规模大幅超过人民币母基金。从已披露金额上看，外币母基金平均可投资本量为97.3亿美元，相比之下人民币母基金平均可投资本量非常小。

（3）政府资金主导

从基金资金来源分析，2011年披露的88支政府引导基金可投资本量共104.2亿美元，占人民币母基金总可投资本量的80.6%；披露的3支国有企业参与设立的母基金可投资本量共24.1亿美元，占总可投资本量的18.6%；而披露的4支民营资本运作的母基金仅募集1.1亿元人民币，与政府主导下的母基金规模相差甚远。

（4）缺乏本土化的母基金专业化管理人才

由于我国股权投资起步较晚，尤其是人民币母基金，本土化的母基金专业管理人才非常缺乏。管理母基金不完全等同于管理股权基金，需要更加专业性的业务能力，如子基金评价以及二级市场投资业务等。

（5）资金来源限制了人民币母基金发展

资金来源是母基金顺利设立的前提，也是母基金健康运行保证。目前我国人民币母基金无论是募集规模还是募集对象都比较狭窄，未来发展有待扩大和拓宽其资金来源渠道，使之丰富化、多元化，从而引导更多机构投资者进入①。

### 5.5.3 人民币母基金发展趋势

（1）人民币母基金二级市场投资业务的比重逐渐增大

目前，我国股权投资二级市场面临交易难题。第一是政策因素，二级市场缺乏一个对口的监管部门；第二是卖家与买家的成熟度不够，机构投资者参与度不够；第三是卖家、买家以及中介机构缺乏良性互动。但2010年《北京金融资产交易所私募股权交易规则》发布，开启了我国股权投资二级市场公开交易进程。2012年6月28日，北金所、北京产权交易所、北京股权基金协会、北京股权登记管理中心共同发起设立了中国股权投资二级市场发展联盟并发布了修订后的股权投资二级市场交易规则，开始为成员开展相关业务搭建桥梁、对行业内资源整合提供服务。2009年基母投资成立，是中国第一家专注于私募股权二级市场投资与服务的专业性公司，其使命是增加中国PE市场流动性及推动中国股权投资市场发展，核心业务包括四个方面：其一是股权投资二级市场基金，其二是股权投资二级市场交易平台，其三是股权投资二级市场交易定价评估中心，其四是LP专业顾问服务。因此，随着二级市场交易平台的完善，二级市场业务在母基金业务体系中的比重将逐渐增加。

（2）金融机构逐渐成为人民币母基金的主要资金来源

在欧美国家，金融机构包括养老金是母基金的主要资金来源。20世纪70年代开始，欧美国家开始允许养老金进入股权投资市场。美国养老金投资占VC/PE基金来源40%左右，与此同时，巴西、哥伦比亚等国家亦放开了养老金对股权投资市场的投资。2009年底，在英国养老金资产组合

---

① 董明璐：“FOF在中国——后金融危机时代背景下的挑战与机遇”，《经济视角》，2010年第22期。

中，长期投资占比高达85%。长期以来，人民币母基金的资金来源比较单一，主要是政府和国有企业，而拥有雄厚资金的金融机构、社保基金等大型机构难以成为母基金的资金来源。

但2012年7月25日，保监会下发《关于保险资金投资股权和不动产有关问题的通知》，放宽了保险资金投资股权和不动产的限制。2011年12月证监会主席郭树清建议将养老保险金余额组织起来投入资本市场，并随着我国社保基金在股权投资市场的投资逐步加大，养老金投资力度也将增加。虽然社保基金、养老金、保险资金逐步涉入股权投资市场包括母基金市场，但我国商业金融机构还没对股权投资市场进行开放。随着资本市场体系完善，我国金融机构也可借鉴国外经验逐步对股权投资市场开放，如国家开发银行正在进行这方面的尝试。

（3）政策性主导的人民币母基金逐渐实现市场化运作

2015年1月国务院总理李克强主持召开国务院常务会议，决定设立400亿元国家新兴产业创业投资引导基金的同时，强调实行市场化运作、专业化管理，公开招标择优选定若干家基金管理公司负责运营、自主投资决策。在此之前，盛世投资作为一家市场化、专业化的母基金管理机构已经受托管理上海、北京等地方政府引导基金，完全实行专业化管理，打破了政策性基金由国有基金管理公司管理的惯例。随着政府资金参与股权投资市场的模式逐步实现以母基金方式运作，市场化、专业化管理也逐渐成为未来发展趋势。

CHAPTER 6

# 第6章 政策性基金 (Policy - Directed Fund)

政策性基金（Policy - Directed Fund）是股权投资市场的半公共产品，主要是弥补市场机制的缺陷。政策性基金致力于充分发挥国有性资金的杠杆放大作用，引导更多社会资金进入早期投资，如天使投资和创业投资，尤其是国家重点扶持的创新型中小企业及战略新兴产业，推动国民经济更快、更好地发展。市场化与专业化运作是政策性基金未来发展趋势，其中解决社会功能与市场化运作之间的矛盾是政策性基金面临的主要挑战。由于各国经济体制以及金融制度不同，政策性基金运作模式也不同。由于我国处于市场经济转型中，因此，我国政策性股权基金具有自身的一些特点。

## 6.1 概述

### 6.1.1 定义

从广义上讲，政策性基金是由政府主导并通过各种方式支持早期投资的基金，主要是针对创业投资基金或直接投资创业企业，其中支持方式有风险补偿、融资担保以及权益性投资等，基金形式既有法人制的，也有非法人制的，如美国的SBIC计划。

从狭义上讲，政策性基金专指以权益性投资方式支持早期投资基金以及创业企业的股权基金，即指由国有资金主导组建并发挥政策性指导作用的股权基金，其中国有资金包括政府财政性资金、国有企业资金以及国有金融机构资金等，以色列 YOZMA 基金以及我国政府引导基金是最为典型的政策性基金。所谓国有资金主导指由政府出资代表、经营性事业单位或国有企业为主要发起人之一，而政策性指导作用指该基金不以盈利为目标，主要体现国家经济政策，如发展战略新型产业及鼓励创新创业等。如无特别说明，政策性基金一般指狭义上的。

政策性基金的最大特点是非盈利性与有偿使用。非盈利性决定了政策性基金虽然是一个独立的投资经营主体，但不是商业性基金，其绩效评价标准是超越财务指标的社会性综合指标，包括对发展战略新兴产业、创新创业等的贡献。但在实际运作过程中也不是无偿使用，不同于传统的政府无偿拨款方式，政策性基金体现有偿使用原则，一方面强化政策性基金投资对象财务约束机制，另一方面政策性基金绩效考核时财务指标也是考核指标之一。

政策性基金另一个特点就是间接性与引导性，即政策性基金不像其他股权基金直接投资项目，其宗旨是通过各种方式扶持股权投资基金的发展，如风险补贴、融资担保、参股共同设立早期投资基金等引导社会资金进入股权投资领域，特别是早期投资领域，如共同设立创业投资基金，从而间接促进创业企业发展。

### 6.1.2 政策性基金作用

政策性基金作用主要表现在三个层面：一是扶持股权投资发展；二是促进创新创业及产业结构调整；三是改善国有资金使用效率。具体来讲主要体现在以下五个方面：

（1）引导社会资金集聚，扶持股权投资业发展

创业投资引导基金的设立会改善创业资本的供给，解决创业投资的资金来源问题。创业投资的投资期长，风险大，流动性差；不像股票等证券投资可以迅速变现、流动性好，民间资本偏好于证券市场，而创业投资等股权投资整体资金供给不足，完全依靠市场机制无法有效解决资本供给不足的问题。因此，政府设立引导基金，通过政府信用，吸引保险资金、社保资金等机构投资者的资金以及民间资本、国外资本等社会资金聚集，并进入股权投资领域，有利于股权投资业的发展。

（2）引导社会资金投资方向，促进创新创业

创业投资引导基金有一个较强的政策导向，即扶持极具创新能力的中小企业。目前，国内很多创业投资机构及海外基金均出现投资企业阶段不均衡的特点，多倾向于投资中后期的项目，特别是已经能看到上市前景（Pre - IPO）的企业。而处于种子期与初创期的企业具有很高的风险，正处于生死存亡的关键时刻，却很难吸引到资金的投入。创业早期企业存在融资困难，而中后期企业资金供给相对过剩。通过设立创业投资引导基金，引导社会资金投资处于初创期的企业，从而可以培养一批极具创新能力、市场前景好的初创期企业，为商业化创业投资机构的进一步投资规避一定的风险，引导其后续投资，用“接力棒”方式将企业做强做大，实现政府性创业投资机构和社会性创业投资机构共同发展，建立起政府资金和商业资金相互促进、相互依赖的创业投资体系①②。

（3）优化社会资金配置，发展战略新兴产业

政策性基金的宗旨是引导和带动社会资本对高科技创新企业的投资，发展国家战略新兴产业。社会资本从规避风险以及利益最大化角度，偏好于一些比较成熟、见效快的产业领域，如 IT 类、环保、集成电路以及互联网等领域，而对一些具有战略性、前瞻性以及基础性的领域，因投资时间长、不确定性因素多而比较谨慎。这不利于国家调整产业结构以及占领产业链前端。通过设立政策性基金，以政府信用和资源吸引社会资金，改善和调整社会资本配置，引导社会资本流向代表产业未来发展方向、具有产业核心技术的领域，而且政府根据现有技术发展状况定期动态公布扶持的战略新兴产业领域，有利于国家产业结构的调整升级。

（4）引导社会资金区域流向，协调区域经济发展

市场机制的作用会扩大地区间的股权投资资源不平衡现象，即经济条件优越、人才集中的发达地区，越容易获得股权资本；而经济条件恶劣、人才匮乏的欠发达地区，越难获得股权资本。股权资本分布的不平衡进一步扩大区域经济之间的差距。通过设立政策性基金，引导社会资金投资于经济欠发达地区，投资更多的欠发达地区项目，有利于缓解区域间经济发

① 网络资源：“一文读懂政府引导基金_ 百度文库”，http：//wenku. baidu. com。

② 于凤坤：“政府创业投资引导基金的实践与作用”，《中国科技投资》，2007 年第 9 期。

展不平衡，促进区域经济协调发展[1][2]。

（5）创新国有资金支持方式，提高资金使用效率

长期以来各国政府扶持中小企业尤其是创业企业的传统方式都是通过无偿补助或者财政贴息方式为主，这些传统方式不利于财政资金循环使用以及降低了使用效率，而政策性基金主要以参股方式引导民间资本共同推动中小企业发展，在此过程中不仅可以提高国有资本的使用效率，如返本循环使用以及投后监管，还可以放大国有资本作用，如不直接投资创业企业等。政策性基金的运作模式是对传统国有资金在支持创新创业上的方式的创新，运作模式仍在不断完善过程中。

## 6.2 政策性基金理论基础

### 6.2.1 市场失灵理论

市场失灵理论认为：完全竞争的市场结构是资源配置的最佳方式；但在现实经济中，完全竞争的市场结构只是一种理论上的假设，理论上的假设前提条件过于苛刻，现实中是不可能全部满足的。由于垄断、外部性、信息不完全的存在和在公共物品领域中，仅仅依靠价格机制来配置资源无法实现帕累托最优，出现了市场失灵。

传统狭义的市场失灵理论认为，垄断、公共物品、外部性和信息不完全或不对称的存在使得市场难以解决资源配置的效率问题，市场作为配置资源的一种手段，不能实现资源配置效率的最大化，这时市场就失灵了。当市场失灵时，为了实现资源配置效率的最大化，就必须借助于政府的干预，这实际上已经明确了政府干预经济的调控边界。不过现代广义的市场失灵理论又在狭义市场失灵理论的基础上认为市场不能解决的社会公平和经济稳定问题也需要政府出面化解，从而使得政府的调控边界突破了传统的市场失灵的领域而大大扩张。政府干预经济领域的扩张，一方面说明政府在市场经济中的作用越来越重要，但另一方面政府的企业性质又要求必须对政府的行为加以规范，以提高政府的管理效率[3]。

---

① 网络资源 ：“一文读懂政府引导基金_ 投行老李_ 新浪博客”，http：//blog. sina. com. cn。
② 网络资源：“2013 年政府引导基金专题报告”，http：//www. docin. com。
③ 常春凤：“政府干预经济的调控边界”，《经济论坛》，2006 年第 9 期。

在股权投资市场中的早期投资，如创业投资以及天使投资，由于投资风险大，社会资本不愿涉入，市场配置手段失灵，导致早期投资的资本供应量严重不足。政府设立政策性基金，通过“看得见的手”发挥调控作用，可以有效地矫正市场失灵。具体而言，如政府引导基金与社会投资者共同组建创业投资基金，建立风险共担机制，同时配套一些有效的激励措施，引导社会投资者积极参与早期投资，投资优秀的种子期或初创期企业，弥补市场在这方面的缺失，从而建立以政府资本为引导、民间资本为主导的多元化创业投资市场体系，解决初创企业融资难的问题。

### 6.2.2 正外部效应理论

所谓正外部效应是指对交易双方以外的第三者所带来的在未来价格中得以反映的经济效益①。现代公共经济理论认为：在以市场作为资源配置主体的经济社会中，对于经济活动，只有在市场失灵的领域，政府的介入才是必要的。换句话说，由于正外部效应的存在，市场机制发生失灵的领域，也就是需要公共部门即政府发挥作用的范围。

股权投资对象，尤其是创业投资的投资对象绝大多数是高技术型中小企业，吸引创业投资青睐的最主要因素是这类企业的研发水平和发展前景。而研发活动的一个显著特征就是正外部性。外部性是社会边际收益和私人边际收益的偏离引起的，由于其他厂商的仿冒行为，使得差额收益转移到其他厂商、消费者、甚至整个社会。即使在纯商业性的研发活动中，一个企业也可以借助其他企业的研发成果获利。由此可见创业风险投资具有很强的正外部效应，并且科技成果水平越高，它的正外部效应就越大。

根据制度经济学理论，矫正外部性的措施主要通过行政的手段、法律的手段、经济的手段以及协商的手段等，其中经济的手段包括税收和津贴。在政策性基金的运作方式下，通过联合社会投资者共同组建创业投资基金，共担风险，并且向社会投资者让渡部分收益，属于通过津贴的手段矫正外部性的措施。具体而言，津贴手段包含两个层面的含义：第一，政策性基金与社会投资者共同组建创业投资机构，共同面对投资风险。若投资失败，则政策性基金和社会投资者共同承担损失。由于政策性基金的参与，社会投资者减少了损失。因此，政策性基金的参与是对社会投资者的

① 范萍：“中国物业管理外部性浅析”，《现代物业》，2007年第2期。

一种津贴。第二，若投资成功，政策性基金通常将让渡部分收益给社会投资者，以补偿社会投资者。若没有政策性基金的参与和让渡收益，社会投资者利益驱动不够，从而从事早期投资的积极性不大，初创期创业企业难以获得融资。

### 6.2.3 政府失灵理论①

政府失灵指个人对公共物品的需求在现代化议制民主政治中得不到很好的满足，公共部门在提供公共物品时趋向于浪费和滥用资源，致使公共支出规模过大或者效率降低，政府的活动或干预措施缺乏效率，或者说政府做出了降低经济效率的决策或不能实施改善经济效率的决策。

1929～1933年世界性经济危机爆发了，凯恩斯主义应运而生。第二次世界大战后西方国家广泛采取凯恩斯主义的干预政策，的确在一定程度上纠正了市场失灵，国家干预政策从此成了西方国家重要经济政策，用来克服市场失灵，恢复市场的功能，实现社会福利最大化，即由于“市场失灵”的存在，才有政府干预调节的必要性。在力图弥补市场失灵的过程中，政府干预行为本身局限性导致另一种非市场失灵—政府失灵，即政府采取的立法司法、行政管理及经济等各种手段，在实施过程中出现各种事与愿违的问题和结果，如干预不足或干预过度等，并最终不可避免地导致经济效率和社会福利的损失。战后凯恩斯主义政府干预政策在西方盛行二十余年，带来了政府规模过度膨胀、巨额财政赤字、寻租、交易成本增大、社会经济效率低下等问题，如20世纪70年代西方国家出现的滞胀是政府失灵的典型现象。

政府失灵表现形式主要有：一是公共决策过程中的缺陷导致公共政策的低效率甚至偏离公共目标，如民众的“搭便车”行为和利益集团的操纵使公共政策偏离社会利益，导致政府失灵；多重委托代理制约失效。二是公共政策执行的低效率引起了政策失灵，如缺乏对政府、官员严格和科学的制约、监督和考核机制。三是公共政策自身的不确定性引起的干预失灵。四是寻租造成的政府失灵，即政府利用垄断性行政权力和法律手段干预市场，获利的人乐意用较低的贿赂成本获得较高的收益和超额利润。

由于政府失灵的存在，因此，政策性基金需要通过联合私人投资者共

① 网络资源：“政府失灵的主要表现是什么？”，http://www.sdsgwy.com。

同组建专业性投资基金，并委任专业的、市场化的基金管理团队进行管理，发挥基金管理人智力资本作用，避免了政府独立设立的投资机构因不具备专业知识而导致运作的低效率和盲目性；同时，政策性基金需要建立科学与完善的激励约束机制，使投资方与管理方双方成为“风险共担，利益共享”的利益共同体，避免了由单独的一方完全承担投资风险的情形。第三，政策性基金尽可能避免从微观层面干预市场，如不直接投资项目，减少寻租机会，而是从宏观角度起引导、放大作用，从而最大程度地避免或减轻“政府失灵”问题。

### 6.2.4 挤出效应理论①

挤出效应是指增加政府投资对私人投资产生的挤占效应，从而导致增加政府投资所增加的国民收入可能因为私人投资减少而被全部或部分地抵消。产生挤出效应的原因很多，其中原因之一就是政府投资与社会投资形成竞争，社会投资者对未来投资收益率抱悲观态度，从而减少投资。

如果政府直接从事股权投资，在资源总量既定的情况下，将导致其与社会投资者之间的竞争，比如双方在资金、项目、产品、企业管理人才等方面进行竞争，增加运行成本，降低利润率，从而减少社会投资者进入，产生“挤出效应”。而政策性基金则与社会投资者按比例匹配资金，双方共担风险，同时将部分收益让渡给社会投资者，提高了社会投资者的收益水平。因此，政策性基金与政府直接从事股权投资相比，不但能够有效解决“挤出效应”问题，还能对社会投资者产生示范效应，增加社会投资者收益，吸引更多社会投资者进入股权投资特别是创业投资中来。

## 6.3 国外政策性基金运作模式

由于政策性基金的间接性，所以其运作模式包括两个层面：一是政策性基金管理运营模式；二是政策性基金对外投资模式。在市场经济发达的国家，如美国、以色列、英国以及澳大利亚等国，由于各自国家的金融制度不同，政策性基金运作模式也不同，除股权投资形式外，还包括贷款等其他方式。所以，国外的政策性基金基本属于广义上的，运作模式也比较多样化。

---

① 网络资源：“挤出效应_ 百度文库”，http：//wenku. baidu. com。

### 6.3.1 政策性基金管理运营模式

（1）基金组织形式

政策性基金组织形式主要有两种：一是国有独资企业组织形式，二是政府主管部门组织形式。前者以以色列 YOZMA 引导基金为代表，后者以美国 SBIC 计划为代表。

国有独资企业形式就是政府资金以注册资本的形式注入引导基金管理机构，由管理机构在注册资本规模内从事创业投资引导活动，其优势在于：第一，引导基金可以从事直接投资活动，如 YOZMA 集团从事的平行投资，提高引导基金管理部门的投资决策能力，也为管理部门投资活动私有化打下了基础。第二，强调了引导基金管理的权力和责任分配，在一定程度上提高了对管理部门的投资决策要求，对引导基金的运作施加了资本保全压力。但这种组织形式也有一定的缺陷：一是引导基金的目的是引导社会资本流向小企业或创新企业，弥补政府对拟扶持对象的社会资本的投入不足。如果引导基金国有独资企业长期运行，这与市场经济发展趋势不符。二是国有独资企业在实现政策目标私有化后，若政府需重新介入以弥补社会资本投入不足时，如以色列政府在网络泡沫破灭后重新介入，则需要重新设立执行机构，从而出现了政策执行上的断接。

政府部门组织形式就是以政府为主体，操作由具体部门负责，如美国的 SBIC 计划和澳大利亚的 IIF 基金采取了政府部门组织形式。美国的 SBIC 计划由小企业管理局（SBA）组织，其下属投资部门负责具体实施；澳大利亚的 IIF 计划由澳大利亚的创新产业科学研究部组织，具体管理工作由其下属的澳大利亚工业部负责。这种组织形式的共同点体现在：第一，设立目标长远。SBIC 计划的设立目标是最大限度调动社会资本向小企业提供股权和长期信贷资金，弥补小企业的社会资本供应不足。IIF 计划的目标是培育早期技术性创业资本市场，培养有早期投资经验的基金管理人。第二，归属于政府某一项目组合。SBIC 项目是美国小企业管理局（SBA）实施的促进小企业发展的众多项目之一，这些项目包括科技援助项目、财务援助项目、合同援助项目、灾难救济恢复项目等，SBIC 项目则是财务援助项目中最主要的权益投资项目。除 SBIC 项目外，目前 SBA 的投资部门还实施了新市场创业投资项目和新农村商业投资项目。IIF 项目是澳大利亚产业部实施的创新促进体系中的一个创业投资子产品。澳大利亚工业部实施的创业投资产品有早期阶段创业投资有限合伙项目、创新投资基金、预种子基金、组合发展基金项目、再生能源权益基金和创业投资有限合伙项目。第三，投资活动纳入财政预算。SBA 每财年编制预算与绩效计划，在该计划中规定 SBIC 项目每财年的小企业资助目标和每个小企业的平均资助成本并上报年度预算请求，如 2009 财年的资助目标是 1 328 家小企业，目标成本是 14 559 美元每家企业。澳大利亚创新产业科学研究部每财年编制预算，公布上财年各部门的收支状况，对运行绩效进行评价，并确定下一财年的财政预算。执行部门澳大利亚工业部则根据创新产业科学研究部的预算编制商业计划，确定各项目的进展计划①。

（2）基金投资决策机制

国有独资公司组织形式的，投资决策由公司决策层负责，如 YOZMA 集团负责基金对外投资，而政府部门组织形式的，则实行行政集体决策机制，如执行 SBIC 计划时，由执行行政办公室下的项目发展部负责对 SBIC 申请人进行资格审查和尽职调查，注册和项目标准办公室负责 SBIC 的注册，SBIC 运营办公室负责对注册 SBIC 的经营活动进行监督与检查，向其提供杠杆资金。对产生问题的 SBIC 则交由清算办公室处理。IIF 基金则由澳大利亚工业部的治理机构产业研究与开发委员会负责管理。

（3）基金资金来源渠道

SBIC、YOZMA 以及 IIF 的资金来源基本来自政府财政资金，在政策性基金层面上社会资本不参与。因此，管理者与出资者一致，两者之间并没有形成真正意义上的市场委托关系。

因此，目前政策性基金管理运营模式并不属于严格意义上的市场化基金管理运营模式。

### 6.3.2 政策性基金对外投资模式

除管理运营模式不同外，对外投资模式也不相同，主要有参股模式、融资担保模式、跟进投资以及风险补助等，其中前两者为主要模式，后两者为辅助模式。

（1）参股模式

所谓参股模式即政策性基金与社会投资人共同设立早期投资基金，即

① 网络资源：“国外政府创业投资引导基金运作模式的比较”，http：//www. docin. com。

参股基金，并且参股基金按照市场化与专业化原则进行运作，主要目标是引导社会资金和放大政府资金，通过参股基金对创业企业进行投资。该模式是目前政策性基金最典型的运作模式，如以色列 YOZMA 基金（如图 6-1）、澳大利亚 IIF 基金与 PSF 基金以及英国创业投资基金。

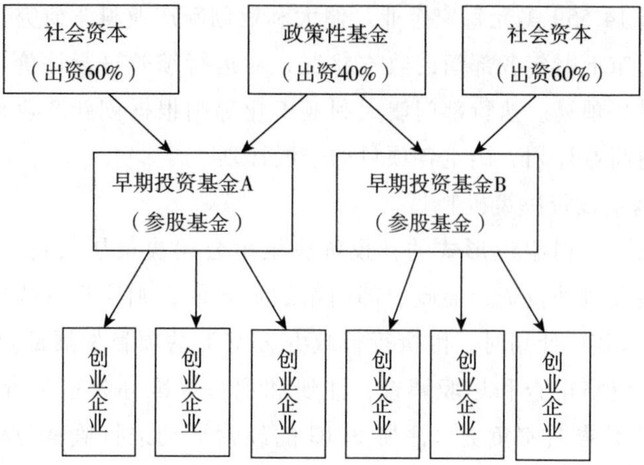


**图 6-1 YOZMA 基金参股运作模式**

YOZMA 基金对每家商业性参股基金的参股比例不超过 40%，私人投资者占股比例 60% 以上，对每家商业性参股基金的总额不超过 800 万美元。商业性参股基金均采取有限合伙制，政府作为有限合伙人，在基金中没有投资决策权，以确保基金的商业化运作①。

参股基金投资领域：以通信、IT、生命生物科学、医药技术等领域的企业为投资对象，重点是基础设施和有专利技术的企业。此外，被投资企业还应具有下列特点：①具有高技术含量；②具有多元化产品流；③主要面向以色列以外的市场。鉴于私人部门进行创业投资的能力已经足够强大，2000 年，参股基金全部私有化，YOZMA 实现退出。

（2）融资担保模式

融资担保是指政策性基金为早期投资基金的债权融资进行担保，扩大早期投资基金的资金规模。融资担保主要有两种方式：一是对历史信用良

① 李珊珊："创业投资资本供给法律问题研究"，北京交通大学硕士学位论文，2007 年。

好的早期投资基金直接提供担保；其二是引入担保机构对早期投资基金进行担保，然后政策性基金对担保机构进行补贴。在这种运作模式下，政策性基金通过信用担保引导债权性投资资金以较低的投资风险进入股权投资领域，而且使早期投资基金只需支付债权融资的固定利息而获得较高的投资收益。这种模式不仅可以提高社会资本参与股权投资，尤其是创业投资的积极性，而且有利于激励商业性基金将投资阶段向创业前期推移。但这种模式受一些金融制度限制，采取这种模式的国家不多，美国 SBIC 计划是典型的融资担保模式。该计划基于美国社会信用体系已经高度完善的前提，主要通过政府拨款为小企业投资公司（SBIC）提供融资担保，提高小企业投资公司的投资能力和财务收益水平，并以此促进民间资金设立小企业投资公司[①]。

1958 年美国小企业管理局推出了旨在为小企业提供长期资金（包括股权资本和具有准股权性质的长期债权资本）的 SBIC 计划。基于该计划，美国小企业管理局无需直接给小企业提供资本支持，而是通过杠杆式政策性金融的间接支持，鼓励小企业投资公司的发展，促进民间资本增加对小企业的投资。这样既解决了政府直接参与投资所可能导致的效率问题和腐败问题，又有利于更好地发挥政府政策性金融的杠杆放大效应。

在该计划实施之初，政府政策性金融支持的方式是由小企业管理局为小企业投资公司提供短期优惠贷款，从而增加小企业投资公司的可运用资金，并且能够发挥出必要的规模效应。继 1959 年 3 月第一家小企业投资公司设立之后，截止到 1963 年，共有 692 家小企业投资公司设立。但在经历了一段时间的快速发展之后，到 20 世纪 70 年代由于各种原因，包括该计划自身不完善，小企业投资公司开始陷入困境。一是以短期优惠贷款方式支持小企业投资公司，虽然利息负担较轻，但由于小企业投资公司必须在短期内向小企业管理局归还贷款，使得小企业投资公司只能以短期贷款的形式支持小企业。二是市场准入门槛过低，导致大多数小企业投资公司缺乏必要的投资能力和管理经验。1992 年以后，美国小企业管理局对“小企业投资公司计划”进行了重大改进，终于使之成为目前世界上最为完善的

① 网络资源：“国外典型创业投资引导基金的运作模式——MBA 智库文档”，http：//doc. mbalib. com。

通过政策性金融支持中小企业发展的制度安排之一。其中最重要的改进是将过去“以短期优惠贷款方式支持小企业投资公司”改为“由政府担保其到公开市场发行长期债券方式支持小企业投资公司”。这样，既给小企业投资公司提供了资金支持，又免去了它必须在短时间内归还美国小企业管理局贷款本息的压力。此后，小企业投资公司就能较好地给小企业提供长期股权资本支持。另一项改进是根据中小企业创业投资的特点，适当提高了小企业投资公司的进入门槛，从而确保小企业投资公司具有起码的规模管理效应、专家管理水平和抗风险能力。例如，在最低资本额要求方面，从20世纪60至80年代的50万美元提高到了1 000万美元。在管理人资格方面，要求申请人必须具有足够的竞争力和专业管理经验。在股权结构方面，为了保证“管理权与所有权的多元化”，一个SBIC至少应有30%以上的非管理股东①②。

目前，SBIC计划经改进后主要通过以下两种方式给小企业投资公司提供资金支持。一是担保债券，即通过美国小企业管理局为小企业投资公司发行债券提供担保。其要点：①SBIC能够获得最高3倍于私人缴付资本的杠杆资金。②10年期不分期偿还；每半年付息一次；可以在任何时候赎回，头5年中，第一年赎回需付5%的罚金，以后罚金率每年下降一个百分点，第6年开始不需付罚金。③利息率比10年期国债利率高1.25%～1.5%。④每年付给SBA1%的管理费。⑤当SBA批准一笔5年内杠杆资金额度时，要收取1%的承诺费。资金拨付时需付2%的使用费，以及0.5%的承销费。二是参与证券，即以一种类似优先股的方式支持小企业投资公司发行长期债券。其要点为：①债券期限为10年。②通过参与证券，SBIC可获得2倍于私人缴付资本的杠杆资金。③为便于SBIC安心从事长期投资，在其累计盈利之前，其原本应当每半年支付一次的债券利息由小企业管理局代为支付。④在SBIC实现累计盈利后，再按复利偿还SBA预先为其支付的利息。⑤SBA可以获得SBIC约10%的利润分配。

“小企业投资公司计划”由美国小企业管理局的小企业投资公司部具体负责，小企业投资公司部下设5个职能处室：①执照颁发处。评价申请

---

① 刘健钧：“境外创业投资引导基金运作模式与启示”，《中国科技投资》，2006年第10期。

② 李珊珊：“创业投资资本供给法律问题研究”，北京交通大学硕士学位论文，2007年。

者，并报小企业管理局主管签发执照。②运行处。派出分析员监督SBIC，每位分析员负责20～25家SBIC。③稽查处。派出人员对每个SBIC进行实地检查，大约每年一次。检查其经营纪录，确保其遵守SBIC规则。检查员特别关注SBIC对其投资项目是否正确评估。④清算处。当一个SBIC经营失败时，负责回收财产。⑤行政及数据管理处。撰写有关计划的报告；记录已经拨付的杠杆资金以及已经批准的杠杆资金额度①。

经过40多年的运作，SBIC计划已经证明了它所具有的价值，培育了苹果电脑、英特尔、联邦快递和美国在线等一大批世界级创新企业。在促进了新的创业企业诞生的同时，还为创业投资基金管理人展示其管理能力提供了机会。

（3）跟进投资模式

跟进投资即跟投，指跟着主要投资方（也叫领投方或投资主导方）进行投资，投资额度较小，更为关键的是不参与投资前期的准备工作，如尽职调查与投资谈判，只是跟随领投方进行投资，包括享有与领投方同样的投资价格以及投资后的权利与业务。政策性基金跟进投资是指参股基金为主投方，政策性基金跟着参股基金进行投资。跟进投资在实际运作中一般采取项目选择跟投以及平行基金跟投两种方式，其中项目选择跟投就是政策性基金有选择性地跟着参股基金进行项目投资，而平行基金跟投方式是指政策性基金以一定比例资金无选择地跟着参股基金进行项目投资。

跟进投资是参股模式政策性基金的一种辅助模式，其优点就是政府对项目的控制力比较大，具有较强的产业和区域导向性，并且能够有效地弥补市场失灵引起的资本供给不足。但该种模式的缺点也较为明显，国有资金放大效率没有体现，而且一旦跟投失败，损失也比较明显。

（4）风险补助模式

风险补助模式也是一种辅助模式，指政策性基金按照早期投资基金对创业企业实际投资额的一定比例给予的特定损失补助，主要目标是鼓励和引导早期投资基金加大对中小企业的投资力度。风险补助适用于规模较小的政策性基金。在实际操作中，政府需要更科学、更合理地确定补助方案，从而防止一些投资机构利用风险补助等政策来套取国家财政补贴。

---

① 网络资源："境外创业投资引导基金运作模式与启示_ 百度文库"，http：//wenku. baidu. com。

## 6.4 我国政策性基金发展现状

### 6.4.1 我国政府资金支持企业模式演变

随着市场经济不断发展，我国政府资金支持企业，特别是中小企业、科技型企业以及战略产业经历了四种不同的模式演变，从计划经济时代的直接拨款、拨改贷逐渐发展为目前的直接投资和引导投资方式。

（1）直接拨款

20 世纪 80 年代中期以前，我国政府资金支持科技型企业的发展采用计划经济体制的模式，即财政拨款制。政府无偿拨付给科技型企业资金，并在拨款时明确规定资金用途；政府拨付给企业的资金通常包括固定资产购置资金和维持日常生产的流动资金。

这种直接拨款模式存在的主要问题是：中央政府投资决策大多数从政治需求出发，经济上的考虑往往放在第二位，不注意科学决策；由于决策以领导意志为主，拨给了一些无效的科研项目，造成资金的浪费；采用行政办法进行管理，有较为严格的程序。

（2）以拨改贷

由于直接拨款模式缺乏经济效益，为提高政府资金的使用效率和投资收益，政府资金支持科技型企业发展开始推行“拨改贷”模式。“拨改贷”是指国家为提高财政资金使用效益，将国家预算内投资由无偿拨款改为科技贷款，对企业形成还款约束力。该政策从 1979 年开始试行至 1989 年为止。

“拨改贷”资金名义上属于“贷款”，资金使用单位需要偿付本息，但其本质上仍属于财政资金。“拨改贷”资金支持模式存在的问题为：①资金来源虽然由国家财政的无偿拨款改为国有银行的有息贷款，但对于企业而言似乎二者没有什么本质区别，仅仅是更换了投资人，将原来的无偿资助改为现在的债务投入，将原来的上缴利润改为上缴利息。国有企业的这种意识导致对国有银行的债务不予重视，加大了国有银行的坏账比率，提高了企业的财务风险。②面临巨额的债务利息，企业很难提高自我积累能力，最终导致恶性循环，负债率越来越高，很多企业已经达到资不抵债的地步[①]。

（3）直接投资

为了弥补“拨改贷”模式的不足，从20世纪80年代后期开始逐步实行直接投资模式，即政府资金以权益性投资直接进入企业，主要包括两种方式：一是设立国有投资公司，重点支持科技型企业；二是设立产业投资基金，重点扶持中小企业以及国家重点产业。

从20世纪80年代后期，我国各级政府纷纷设立国有投资公司，重点支持科技型企业的发展，为企业提供权益性资本，缓解企业在资金上的困难。但政府作为投资主体，国有投资公司在实际运作过程中表现出一些问题，如投资决策行政化、经营管理专业性差以及缺乏有效的激励约束机制等。

20世纪90年代，为了支持重点产业以及中小企业的发展，我国开始向国外学习探索产业投资基金模式。1998年我国设立了第一支中外合作基金——中瑞合作基金、2003年设立中国——东盟中小企业投资基金等。2006年渤海产业投资基金挂牌成立，标志着人民币产业投资基金正式破冰，随后直到2008年，在三年间，国务院和国家发改委先后批准了十五支产业基金，其中国务院审批了十支，募集资金规模达1 400亿元，国家发改委批准了五支，募集资金规模达560亿元（见表6-1）。这些产业投资基金都是由政府主导的政策性基金，组织形式主要有契约型和公司制，因为当时我国有限合伙制组织形式刚从法律上确定[②]。

**表6-1　　　　国务院批准的十支投资基金明细表**

| 批准时间 | 批准单位 | 基金名称 |
| --- | --- | --- |
| 2006年 | 国务院 | 渤海产业投资基金 |
| 2007年 | 国务院 | 山西能源基金、广东核电及新能源产业投资基金、中新高科产业投资基金、上海金融基金、绵阳科技城产业投资基金 |

① 张树梅、曲慧、沈永健：“从投融资体制变迁看国有企业资本结构优化”，《现代商贸工业》，2008年第7期。

② 网络资源：“中国产业投资基金综述”，http：//www.docin.com。

续表

| 批准时间 | 批准单位 | 基金名称 |
|---|---|---|
| 2008 年 | 国务院 | 华禹水务产业投资基金、东北装备工业产业投资基金、天津船舶产业投资基金、城市基础设施产业投资基金 |
| 2008 年 | 发改委 | 广东核电新能源基金、上海金融产业基金、山西能源基金、四川绵阳高科基金，以及中新高科产业投资基金 |

此后，产业投资基金由审批制改为核准制，即申请超过 50 亿规模的产业投资基金，如符合与之相应的、经国家发改委通过的国家或地区产业规划，只要获得国家发改委核准，即可向社会募集资金，设立一支商业化的产业投资基金。从此，产业投资基金不再属于政策性基金的范畴，并且产业投资基金组织形式开始基本上采取有限合伙制的组织形式。

虽然政府不再主导设立产业投资基金，但作为政府运用基金的形式，其对完善国有资金的使用方式起到了实践探索作用，并且为各级政府后续设立创业投资引导基金具有一定的借鉴与指导作用（如图 6－2）。

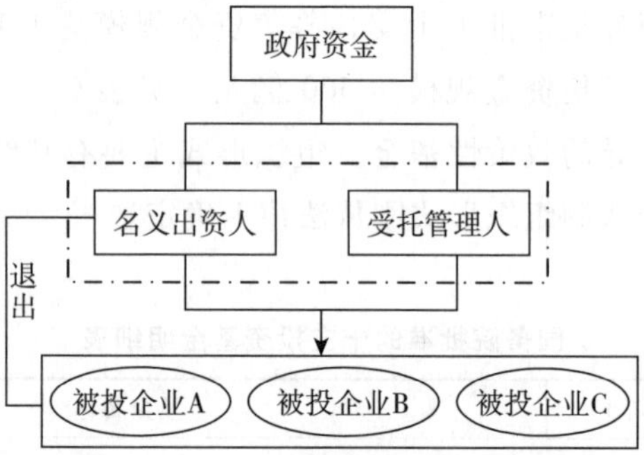


**图 6－2　政策性基金直接投资运作模式**

（4）引导投资

2002 年 1 月，中关村管委会出资设立的“中关村创业投资引导基金”是我国第一只由政府出资设立的具有“引导”名义的创业投资引导基金①。

① 朱文莉、刘思雅：“政府创业投资引导基金发展现状、问题及对策”，《会计之友》，2014 年第 2 期。

2005 年发改委等十部委发布了《创业投资企业管理暂行办法》，明确规定国家和地方政府可以设立创业投资引导基金作为杠杆资金，通过参股和提供融资担保等方式引导社会资本进入创业投资领域，扶持创业投资企业发展，间接投资创业企业。

2008 年 8 月，发改委出台《关于创业投资引导基金规范设立与运作的指导意见》（以下简称《指导意见》），详细规定了关于创业投资引导基金的一系列问题，明确了政府引导基金的地位及作用。在此之后，全国各级政府纷纷设立创业投资引导基金。

《指导意见》明确要求："引导基金应按照政府引导、市场运作，科学决策、防范风险"的原则进行投资运作。"政府引导、市场运作"是指引导基金在体现"引导社会资金设立子基金"和"引导子基金增加对创业早期企业投资"这一政策目标的同时，还应兼顾自身和所扶持子基金的"市场运作"。"科学决策、防范风险"是指引导基金必须建立起科学的决策机制，以有效防范运作风险。引导基金扶持对象主要是按照《创业投资企业管理暂行办法》规定程序备案的，在中国境内设立的各类创业投资企业，是希望借助于备案管理，保障引导基金所扶持子基金规范运作。

为确保引导基金以各种方式扶持创业投资企业时均能遵守"政府引导、市场运作"的原则，《指导意见》还补充规定："引导基金所扶持的创业投资企业，应当在其公司章程或有限合伙协议等法律文件中，规定以一定比例的资金投资于创业早期企业或需要政府重点扶持和鼓励的高新技术等产业领域的创业企业。引导基金应当监督所扶持创业投资企业按照规定的投资方向进行投资运作，但不干预所扶持创业投资企业的日常管理。引导基金不担任所扶持公司型创业投资企业的受托管理机构或有限合伙型创业投资企业的普通合伙人，不参与创业投资企业的管理。"

2011 年 8 月，国家发展改革委为加快新兴产业创投计划实施，制定了《新兴产业创投计划参股创业投资基金管理暂行办法》，明确指出了中央财政参股基金集中投资于战略新兴产业和高新技术改造，改变传统产业领域，对引导基金投资范围进行了划定。2015 年 1 月，国务院决定设立总规模 400 亿的新兴产业创业投资引导基金，推进我国经济增长方式从过去的依靠投资增长转变为依靠创新增长，由过往行政性质的财政扶持产业模式，转变为市场化和专业化的政府引导基金模式。

政府引导基金是按政府产业政策对符合优先鼓励发展的技术创新和高技术项目给予相应支持的重要渠道，在四个方面发挥作用：①引导社会资本，推动形成创业资本的聚集机制；②引导投资方向，弥补市场空白；③优化资源配置，促进自主创新；④培养人才，促进本土创业投资发展。据不完全统计，目前全国各级政府设有200余只创业投资引导基金①。

### 6.4.2 创业投资引导基金运作

创业投资引导基金虽然不直接投资项目，而是通过参股基金间接投资项目，具有母基金的投资功能，但目前其运作模式不同于母基金，如没有募集其他社会资本以及不从事二级市场业务等。因此，引导基金主要以《指导意见》为基本指导原则进行设立与运作，有别于母基金与市场化股权基金（如图6-3）。

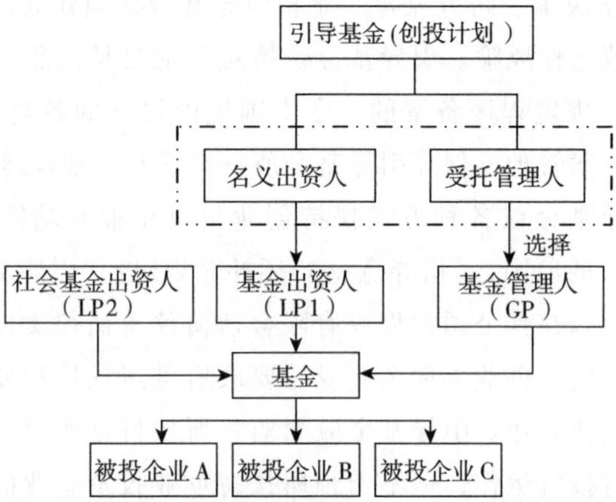


**图6-3 创业投资引导基金运作模式图**

（1）基金设立

①设立程序。引导基金的设立程序：由负责推进创业投资发展的有关部门和财政部门共同提出设立引导基金的可行性方案，报同级人民政府批准后设立。在国家和省级政府层面，负责推进创业投资发展的有关部门一

① 许欣："关于政府引导基金运作模式的比较与分析"，《江苏科技信息（学术研究）》，2011年第12期。

般由发改委具体负责。

②组织形式。根据《指导意见》要求，创业投资引导基金应以独立事业法人作为名义出资人的形式设立，由有关部门任命或派出人员组成的理事会行使决策管理职责，并对外行使引导基金的权益和承担相应义务与责任。在《指导意见》出台前，我国的创业投资引导基金主要以临时财政账户的形式或者注册公司为名义出资人的形式设立。

财政账户形式主要适用于传统的财政资金支出，包括无偿拨款和补贴等，无需考虑资金的收回和对所扶持对象行使权益。而引导基金不仅需要考虑资金的收回，还要考虑对所扶持对象行使权益并承担义务和责任。因此，引导基金如果没有独立的法人地位，就无法对所扶持对象行使权益并承担义务和责任，引导基金自身也无法可持续发展。

如果引导基金以公司形式作为名义出资人，虽然具有独立法人地位，但由于必须纳入经营性国有资产监管，因此，在运作过程中会面临很多问题：一是引导基金投资领域是股权投资市场失灵领域，通过让利机制扶持创业投资发展，不以盈利为目的，不与市场争利。如果引导基金纳入经营性国有资产考核评价体系，就必须要求所投资的每一个项目都能“保值增值”，这与引导基金的政策性性质发生冲突。二是创业投资必须通过资本退出实现投资收益，其退出方式多种多样。但是，按现行国有资产管理办法，创业投资企业在转让对所投资企业的股权时，只能在国家资产管理委员会指定的产权交易所进行，因而必须放弃更多市场转让机会。三是引导基金所参股的创业投资企业通常要在运作几年后才有回报，尤其是投资于早期的创业企业，投资回报周期更长。如果引导基金被纳入经营性国有资产考核范围，国有资产管理部门要求每年都有一定幅度增值[①]。

因此，创业投资引导基金应要求有关部门适应创业投资的特殊规律，将其资产不作为经营性国有资产进行考核，而是纳入“公共财政考核评价体系进行考核”。这样既可以独立地对所扶持创业投资企业行使权利和责任与义务，也可以明确引导基金的“事业”性质，避免引导基金纳入国有资产管理带来的一系列问题。

---

① 刘健钧：“《关于创业投资引导基金规范设立与运作的指导意见》解读”，2009 科技金融创新发展高层论坛，2009 年。

③引导基金资金来源。创业投资引导基金的资金来源主要包括：一是各级政府支持创业投资企业发展的财政性专项资金，这是引导基金的主要资金来源；二是引导基金的投资收益与担保收益；三是引导基金中的闲置资金存放银行或购买国债所得的利息收益；四是个人、企业或社会机构无偿捐赠的资金等。目前设立的创业投资引导基金的资金基本来自财政性资金。

（2）基金管理

引导基金可以采取委托管理和自我管理两种方式，自我管理就是在相关政府部门下专设管理机构负责，实行临时财政账户形式设立的一般采用自我管理，如科技型中小企业创业投资引导基金，主要由科技部火炬中心自我管理。采取事业单位或国有投资公司作为名义出资人形式设立的一般采取委托管理，即委托名义出资人的管理机构进行管理，这种管理模式比较常见。引导基金管理机构基本上是国有基金管理机构或行政管理机构，行政化委托色彩很浓。管理机构职责主要包括：面向社会征集合作的创业投资企业、尽职调查、拟定评审委员会方案等；评审委员会主要是对基金所支持的创业投资项目进行评审，向理事会提出评审意见，必须具有专业性和独立性。引导基金可以专设管理机构管理引导基金的日常管理与运作事务，也可委托符合资质条件的管理机构负责引导基金的日常管理与运作事务。

（3）投资业务

从国际经验看，参股和提供融资担保是引导基金最通行的投资业务。我国目前引导基金基本上是参股，吸引社会资本共同发起设立创业投资企业。但不排斥对历史信用记录良好的创业投资企业，可采取提供融资担保的方式，支持其通过债权融资增强投资能力。对于产业导向或区域导向较强的引导基金可探索通过跟进投资或其他方式进行投资，支持创业投资企业发展并引导其投资方向。但为了避免跟进投资或其他方式被滥用和导致引导基金蜕化变质，《指导意见》强调，这些方式“仅限于当创业投资企业投资创业早期企业或需要政府重点扶持和鼓励的高新技术等产业领域的创业企业时”才可以通过跟进投资或者其他方式进行投资。而且，引导基金不得以跟进投资之名，直接从事创业投资运作业务。在目前设立的引导基金中，基本只开展了参股设立商业性早期投资基金业务，个别地方的创业投资引导基金曾经探索过跟投业务，后因效果不明显而暂停。

另外，引导基金不得用于从事贷款或股票、期货、房地产、基金、企业债券、金融衍生品等投资以及用于赞助、捐赠等支出。引导基金的闲置资金只能存放银行或购买国债。

（4）项目选择

①项目选择原则。一是对创业投资企业、创业服务机构、创业投资管理企业的选择；二是对拟扶持对象所设计的合作方案的选择，在项目选择过程中既要体现引导基金的政策性目标，即扶持创业企业和高科技产业发展，又要坚持市场化运作，降低投资风险，提高投资效益。

②项目选择标准。引导基金按市场化运作，因此，项目评价标准主要有：一是择优扶持原则，引导基金一般选择与优秀的创业投资企业进行合作，主要体现在创业投资企业的资金规模，投资管理人员的投资经验和知识结构以及创业投资企业的历史成功案例，只有采取择优扶持的原则，才能提高创业投资的经济效益，降低风险，使创业投资企业尽可能快地做大做强，提高其在整个金融产业中的竞争力。二是政策导向原则，即引导基金在与创业投资企业合作过程中，要实现政府资金政策意图，引导社会资本投入到创业投资领域，增加对早期创业企业的投资。

③项目选择流程。引导基金的项目选择流程一般包括以下几个阶段：项目的公开征集、受理、评审、审批、公示。基金管理机构、理事会、评审委员会主要在项目选择的流程中各司其职，选出最有发展潜力的创业投资企业。第一步：公开征集。引导基金管理机构根据理事会的要求和相关规定面向社会公开征集创业投资企业和合作方案。引导基金管理机构应通过政府网站和其他网络媒体、电视、报刊等途径发布项目征集公告，公告中明确申请扶持的创业投资企业应符合的条件，申请报告的要求和需要提供的材料，以及其他注意事项。创业投资企业根据要求提出合作申请，并向基金管理机构提交材料、投资方案等。第二步：项目受理。引导基金管理机构收到创业投资企业合作申请后，依据相关文件对创业投资企业提供的申报材料的真实性、完整性、准确性、合规合法性进行审查，确定是否符合申请资格。对于符合资格的创业投资企业，引导基金管理机构与创业投资企业进行下一步的洽谈，拟定合作方案，进行尽职调查，为评审委员会的项目评审做好准备工作。第三步：项目评审。评审委员会对项目作出

评审，最终形成评审意见，报理事会。第四步：项目审批。基金理事会对评审委员会的评审意见及管理机构的情况汇报，对创业投资企业的合作方案进行审核评议，做出是否投资的决策。基金的项目审批通过理事会日常会议进行，基金管理机构于会前负责召集并且准备所需的相关材料。第五步：项目公示。经过理事会审核的基金投资项目，由受托管理机构对评审结果进行公示。公示的内容包括：选定合作的创业投资企业的基本情况、公示的起止日期、意见反馈、其他需要公示的资料。

（5）决策机制

①决策机构。引导基金决策机构为基金理事会，行使引导基金的权益和承担相应的义务和责任，主要负责引导基金投资决策；制定、修改、完善引导基金章程、绩效考核办法；决定引导基金发展目标和投资方向；设立投资评审专家库，组织成立评审委员会；确定引导基金受托管理人和资金托管银行，制定基金受托管理人管理费率等；委托第三方机构对引导基金运作绩效进行评估；指导监督引导基金的日常管理机构对引导基金的管理工作；对外行使引导基金权益，承担相应的义务和责任；定期向财政部门和负责推进创业投资发展的有关部门提交工作计划、年度工作报告和财务预决算报告①。

②评审机构。引导基金设立独立的评审委员会，对引导基金的投资项目进行独立评审。评审委员会成员组成中，股权投资尤其是创业投资专家、相关专业服务机构专家及行业领域专家不得少于半数。引导基金理事会根据评审委员会的评审结果进行最终决策。

③项目评审。引导基金合作项目通过引导基金管理机构的初审后，应提交评审委员会进行评审。项目评审一般采取评审会的形式，评审人员由管理机构从评审委员会专家库中选取，评审小组中创业投资行业自律组织和社会专家不得少于半数，并且对投资方案进行独立评审。通过打分形式对创业投资企业的合作方案进行打分，提出评审意见，最后由评审小组组长给出最终意见，报理事会。评审委员会主要对创业投资企业和合作方案进行评审，体现在以下几个方面：一是创业投资企业所管理的资金的规模、融资能力；二是创业投资企业的公司治理结构，以及公司的投资决策

① 谭祖卫、胡芳日："创业投资引导基金运作模式探讨"，《中国科技投资》，2008年第8期。

机制、激励约束机制、风险控制机制等；三是管理团队的能力、经验：考察创业投资企业从事科技型创业企业投资或相关业务专业管理人员和核心业务人员数量；是否具有在科技型创业企业投资方面的管理能力和业绩。四是管理团队的投资业绩：主要是管理团队成员的投资能力以及创业投资企业的投资成功案例。五是合作方案是否符合政策导向：主要包括引导基金的放大比例、投资于早期企业的比例、投资于本地企业的比例、投资于科技型企业的比例。六是合作方案其他方面的可行性，如风险控制机制、退出安排等①。

（6）绩效考核

创业投资引导基金的绩效评价体系是一个多目标、多层次的复杂问题，主要是因为引导基金的运作需要在多个相互矛盾的目标之间进行平衡。主要表现在：一是从引导基金的性质来看，它是按照市场化运作的政策性基金，政策性质要求它不以盈利为目的，不与市场争利，但市场化运作，却要求基金实行“有偿使用”，要实现自身的可持续发展，两者相互矛盾。二是从引导基金的政策性目标来看，一方面要考察财政资金的放大作用，即吸引了多少社会资本投入到创业投资领域，还要考察引导创业资本投入早期创业企业的导向效应，这两个政策性目标也是相互矛盾的。三是引导基金参股创业投资企业且不参与创业投资企业的运作，但却要求参股的创业投资企业按照引导基金的政策性要求进行投资运作，这也是矛盾的。为了体现基金在多个目标之间的平衡，需要选择多个评价指标，合理地设置指标的相对权重。

将引导基金的绩效评价指标分为三类，分别是投资效益指标、政策效果指标、过程绩效指标。投资效益指标主要是衡量政策性基金参股的创业投资企业和创业企业的经济效益。由于政策性基金不以盈利为目的，所以不对政策性基金的经济效益进行评价，基金按市场化方式运作，要求创业投资企业和创业企业追求商业利益最大化，因此可以通过它所投资的创业投资企业和创业企业的经济效益指标来反映市场化运作的实现。政策性效果指标主要指基金的政策性目标是否实现，政策性效果既有直接效果也有间接效果，直接效果主要体现在财政资金的放大效应和引导社会资本投向

① 刘健钧：“中国创业资本市场发展与创业投资体制建设”，国际金融论坛第三届年会，2006年。

早期创业企业的导向作用，间接效果主要指是否加快了创业投资产业的发展。除此之外，评价引导基金的绩效还要对基金的运作过程进行考察，考察引导基金运作的有效性和规范性[①]。

（7）风险控制

引导基金主要通过扶持对象、业务控制、资金控制三个方面加强风险控制。一是设定扶持对象。引导基金在设立时要明确引导基金各项扶持条件，并公示引导基金的决策程序以科学选择扶持对象。二是进行业务控制。引导基金规定：以参股方式支持民间机构发起设立新的创业投资机构的，参股比例一般不得超过一定比例，并事先在公司章程或有限合伙协议中约定引导基金作为优先股的优先分配顺序和资产清偿权，最大限度控制引导基金的资产风险；以提供担保方式支持创业投资企业的，担保金额不得超过其净资产总额；以跟进投资方式支持创业投资企业的，跟进投资额不高于被跟进创投企业的投资额；对同一家创投企业原则上只能采用一种方式进行支持；两个以上层级的创业投资引导基金共同支持一家创业投资企业的，资金支持总额不得超过上述限制。三是资金控制。创业投资引导基金规定，子基金不得用于金融性融资、股票、期货、房地产、赞助、捐助等支出，不得挪作他用；闲置资金只能存放银行和购买国债等。

### 6.4.3 我国政策性基金发展存在的问题

以引导基金为代表的我国政策性基金经过近十年的发展为国有资金从事股权投资积累了丰富的经验，但也表现出来一些问题：

（1）行政干预程度大

引导基金每一次重要决策，一般都采取行政手段。首先，政府通过行政手段决定引导基金受托管理机构；其次，引导基金与民间资本组建一只参股基金的决策方式也是采取行政手段。由于行政干预，导致决策效率低下、不专业，因此，市场上一些品牌基金管理机构与政策性基金合作的积极性较低。

（2）专业化不足

引导基金形式上有专职的机构管理，实际上仍是政府委托给一家国有

① 楼麟："我国创业投资引导基金的现状与问题研究——以苏州工业园区创业投资引导基金为例"，苏州大学硕士学位论文，2012年。

公司或者事业单位作为名义出资人，同时负责基金的日常管理，但多数国有投资企业或事业单位并不具备专业的基金管理能力，不能对基金进行有效的管理，也缺乏对参股基金提供有效的监督与增值服务，无形之中给引导基金的运作增加了很大的风险。

（3）市场化机制不健全

一是如果国有公司作为引导基金的名义出资主体，必须将引导基金纳入经营性国有资产进行管理，也往往会受到国有资产监管的制约，就会有保值增值的目标要去实现，而创业项目本身就带有很大的不确定性，项目失败的可能性很大。因此，引导基金会为其保值增值的目标采取更为保守的投资策略。二是引导基金的受托管理机构为国有基金管理机构，受国有企业管理相关规定限制，市场化激励约束机制方面难以实现，从而影响了管理人员的积极性，无法吸引和留住高端专业人才。三是国有投资公司作为名义出资人，按现行国有资产管理办法，引导基金退出时还受国企资产转让相关规定的约束，不能通过市场协议退出，需要通过特定的产权市场实现退出。

（4）多层委托代理问题

对于一般的股权基金来说，存在三个主体，投资人、股权基金、项目公司。因此委托代理问题会发生在投资人与股权基金之间、股权基金与项目公司之间。而对于引导基金来说，委托代理关系类似母基金，即政府与引导基金管理机构之间、引导基金与参股基金之间以及参股基金与项目公司之间三层委托代理关系，风险与成本较大，但国有资金只放大了一次。如果按照母基金运作方式，在母基金层面就与社会资本共同组建基金，就可实现国有资金的两次放大。

（5）政策性目标与商业性目标冲突

引导基金政策性目标除体现在国有资金引导放大作用外，还体现在区域引导基金“三限”，即限制引导基金的投资领域、限制引导基金投资地域以及限制引导基金的投资阶段。这在很大程度上增加了投资风险。与之相反的是，社会资本的商业性目标是追求投资收益的最大化，更趋向于后期投资，不受地域以及行业限制，以降低投资风险。这种不同资本的不同的目标，就会导致国有资本与社会资本产生冲突，最终导致社会资本的参与的积极性不高。

（6）投后管理动力不足

由于政策性基金以追求政策性目标为主，对受托管理机构的经济考核指标很弱，因此，一般政策性基金受托管理机构的收益主要来自管理费，而不享受业绩奖励。而投后管理需要增加成本，影响受托管理机构的经济收益。所以，政策性基金的受托管理机构投后管理积极性不高，而政策性基金具有政府资源优势，参股基金以及被投项目如需享受这些政府资源，投后管理是最好的渠道。政策性基金投后管理动力不足的另一个重要原因，政策性基金一般为小股东，但由于其特殊的资金身份，投后监管目标与其持股比例不对称，导致社会资本不愿配合，引导基金投后管理极积性不高。

（7）政策性基金良性循环运作

我国实行政府引导基金近十年了，各级政府引导基金陆续从参股基金中退出，包括本金及投资收益，退出后的资金如何进行再循环进入股权投资也是引导基金未来面临的一个重要问题，这可能涉及整个引导基金体系化设计。

### 6.4.4 我国政策性基金发展趋势

（1）探索母基金引导基金

所谓母基金引导基金，即引导基金按市场化运作与社会资本共同发起设立母基金（如图6-4），其宗旨是发挥财政资金的杠杆放大效应，增加股权投资的政府资金供给，克服单纯通过市场配置解决股权资本的市场失灵问题，促进创新创业企业股权融资，发展我国战略新兴产业，优化产业结构，加快我国经济转型。母基金引导基金的最大优点就是可以实现国有资金的两次放大，并减少政府行政干预[①]。

（2）市场化管理

我国目前政府引导基金基本上都是委托国有投资公司作为名义出资人并进行管理，而且大部分这些国有投资公司都不是从事专业的股权基金管理，受托管理引导基金只是政府附加的一项副业。为了避免由此带来的种种弊端，个别地方政府开始探索委托专业的市场化基金管理公司进行管理，而且未来新设的引导基金基本都要求按照市场化要求实行委托管理。

① 郑威：“我国私募股权基金监管法律问题研究”，江西财经大学硕士学位论文，2009年。

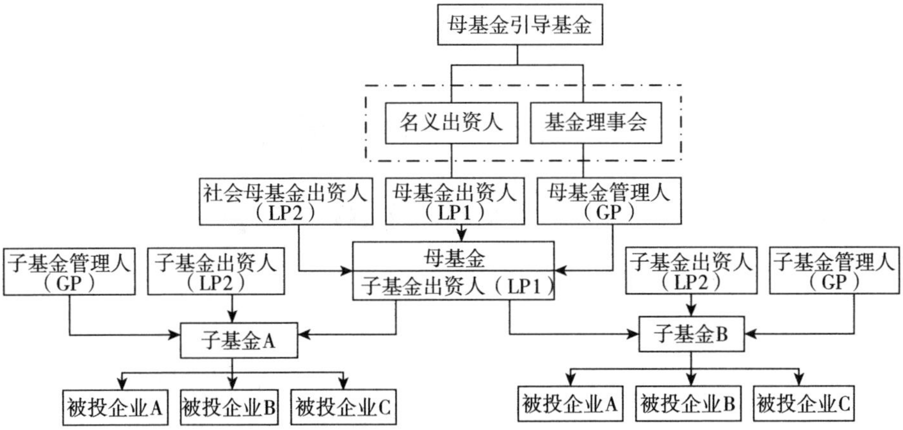


**图 6-4　母基金引导基金运作模式**

同时，国有基金管理公司也在逐步按照市场化要求实行科学的激励约束机制。

（3）投向多元化

随着政府创业投资引导基金运作实践经验的积累，政府引导基金不仅限于创业投资，应区域经济发展要求，引导基金将出现投向多元化，如天使投资引导基金、并购引导基金以及科技成果转化引导基金等。北京中关村科技园区已经开始探索天使投资引导基金和科技成果转化引导基金，并取得了初步成果。

（4）考核科学化

建立双重目标体系及考核方式，实现经济效益与社会效益相结合。这一趋势是基于政府性基金的政策性目标及社会资本的商业性目标。所以要求政府引导基金在投资过程中不仅要注重经济效益，同时还要体现其社会效益。由于政府引导基金运作过程中的多方矛盾，采取的立足于经济效益的考量，投资决策时以经济效益为主，即按照经营性项目考核的办法；另一方面，支持高科技、高风险的项目以及具有自主知识产权项目，即对社会效益的考量，是按照政策性项目的考核的办法；通过将经营性项目和政策性项目相结合，最终实现政府的政策目标。

CHAPTER 7

# 第7章 外资基金 (Foreign Capital)

外资基金（Foreign Capital）是内资基金的有益补充，充分体现了我国股权投资市场的多元化。外资基金除雄厚的资金实力外，还以其长期积淀的管理经验、训练有素的专业人才、灵活的投资策略以及不同的市场文化，一度影响和推动我国股权投资的发展。由于资金性质，国内制定了一系列外资基金相关法规，保障其在国内健康稳步的发展。随着我国金融体系进一步改革，外资基金将逐步享受国民待遇。

## 7.1 概述

### 7.1.1 定义

所谓外资基金指在我国境内、按照我国法律登记注册的股东或基金份额含有外资成分的股权基金，分为外资独资基金和合资外资基金两类，前者一般指外商独资的股权基金，如外商独资投资公司以及外商独资创业投资企业（基金）等；后者主要指中外合资的股权基金，如外资基金管理机构在国内以人民币作为货币募集币种而设立的外资型人民币基金以及中外合资创业投资企业（基金）等。

外资基金不同于国外基金或境外基金，后者指根据外国或港澳台地区的法律在境外设立的外币基金如美元基金，基金投资者主要为外国投资者，如国外知名基金黑石、凯雷、KKR、摩根士丹利等。

国外基金为了投资退出方便，在我国境内不设立实体，只设立代表处，负责在我国境内从事国外基金业务范围内的项目寻找、项目联络以及市场调研等非直接投资业务活动。国外基金通常采用“投资与退出两头在外模式”（如图7－1）对我国境内企业进行股权投资，即投资于在离岸地设立持有中国境内资产或股权的特殊性离岸公司（SPV，Special Purpose Vehicle），然后通过“红筹上市”模式或VIE模式在国外证券市场实现退出。

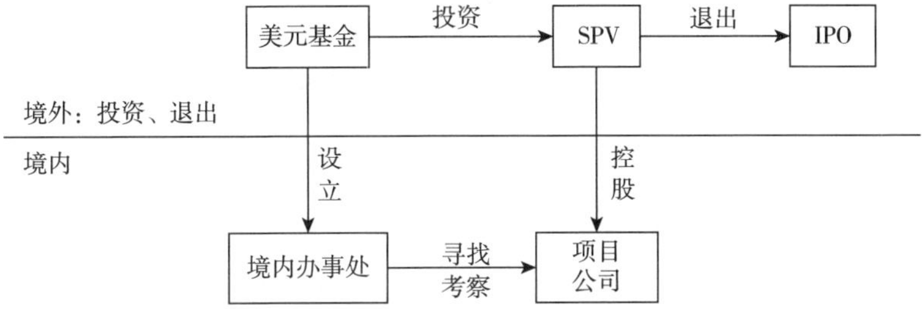


**图7－1 国外基金（美元基金）“两头在外”运作模式**

所谓红筹上市模式（如图7－2）就是指一国境内企业实际控制人以在英属维尔京群岛（BVI）、开曼群岛等离岸中心设立特殊目的公司（SPV），再以境内拟上市企业股权或资产对SPV进行增资扩股，并达到收购境内拟上市企业的目的，然后SPV在境外上市，而境内拟上市企业名义上并未上市。2006年之前，由于国家在这方面的监管相对宽松、境内外投融资制度性差异等因素，一大批境内企业（尤其民营企业）在国外基金的协助下通过红筹上市模式获得融资并实现海外上市。红筹模式的关键问题是中间控股公司（SPV）收购国内资产的外汇如何获得以及国有股份比率较大时（超过30%）将国有股份或资产转移到境外能否通过中国证监会和国务院有关主管部门的批准。

VIE（Variable Interest Entities）模式是在红筹模式的基础上演变而来（如图7－3）。所谓“协议控制”，即境外离岸公司不直接收购境内经营实体，而是在境内投资设立一家外商独资企业，为国内经营实体企业提供垄断性咨询、管理等服务，国内经营实体企业将其所有净利润，以“服务费”的方式支付给外商独资企业；同时，该外商独资企业还通过合同，取得对境内企业全部股权的优先购买权、抵押权和投票表决权、经营控制

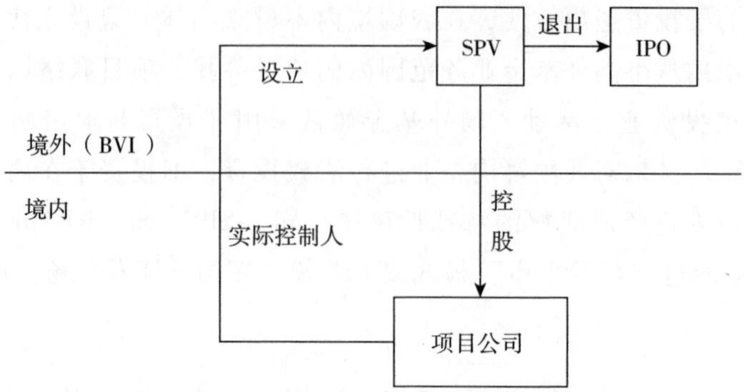


图 7-2　国内企业红筹上市模式

权。该模式设计的主要目的是满足外国投资者规避我国政府对一些特殊行业外资准入的限制。2012 年最高人民法院以“合法的形式掩盖非法目的”为由，终审裁定香港华懋十多年前通过委托中国中小企业投资有限公司（原中国乡镇企业投资开发公司）对民生银行进行股权投资的行为无效，从而使得 VIE 模式的合法性一直存有争议，存在潜在法律风险，但在实践中大量运用①。

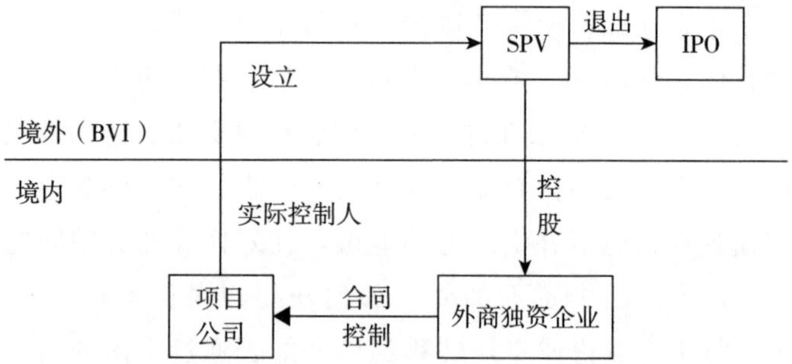


图 7-3　VIE 模式

中外合作平行基金模式也是国外基金对我国境内企业进行投资的一种模式。所谓中外合作平行基金模式就是两个股权基金管理机构分别在境内外各设立两个分别独立但规模相差不大的股权基金，即一个国外股权基金

① 刘洁：“通过特殊目的公司境外间接上市监管法律制度研究”，厦门大学硕士学位，2012 年。

和一个中国境内股权基金，同时，在境内再共同组建一个基金管理机构并受托管理境内外这两支基金，投资时两支基金各占项目投资总额的50%（如图7-4）。在境内重新组建的基金管理机构事实上同时行使了两只基金普通合伙人（GP）的职能，不仅负责寻找、审核项目、进行尽职调查，而且一旦项目确定即向境外和国内基金同时推荐项目，申请所需投资款。与此同时，该基金管理机构还负责投资后的管理和提供增值服务，以帮助被投资企业可以顺利成长和IPO。如果被投资企业拟在境外上市的，国内基金可以将股权转让给境外基金，如果被投资企业拟在国内上市的，境外基金可以将股权转让给国内基金[1]。

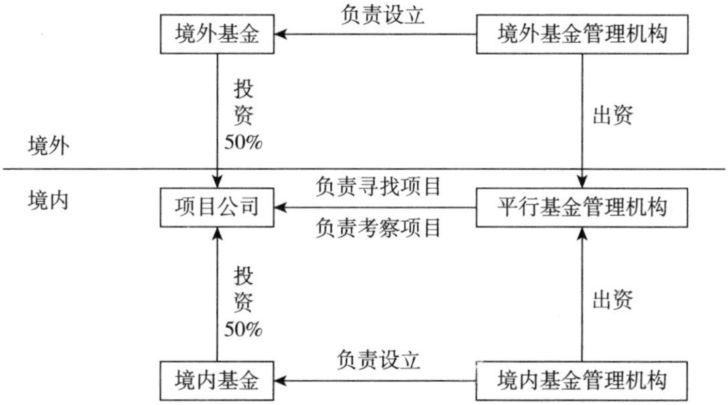


**图7-4 中外合作平行基金模式**

2007年戈壁合伙人有限公司（以下简称“戈壁”）与天津海泰科技投资管理有限公司（以下简称“海泰”）以中外合作平行基金的方式进行合作，即戈壁在中国境外建立一家创业投资基金，海泰在国内建立一家创业投资基金，这两只基金平行存在并且在法律上各自独立。与此同时，戈壁与海泰共同在国内建立一家创业投资管理公司，并受托同时管理国内外两支基金[2]。

---

① 马骎：“人民币私募股权基金法律制度研究”，复旦大学硕士学位论文，2011年。

② 艾亚：“海泰—戈壁联姻创建中外风险投资合作模式”，《国际融资》，2007年第7期。

### 7.1.2 外资基金发展背景

外资基金除雄厚的资金实力外，还以其长期积淀的管理经验、训练有素的专业人才、灵活的投资策略以及不同的市场文化，一度影响和推动我国股权投资的发展，特别是在我国股权投资发展早期。

自20世纪70年代以来，以美国为代表的发达国家正迈向信息化和互联网时代，经济发展模式开始转型，高新技术产业蓬勃兴起。同时，在资本市场快速发展的刺激下，股权投资也快速发展，科技型企业如雅虎、亚马逊等一大批互联网、高科技企业不断涌现，成为股权基金的投资对象，并从中获得高额投资回报。

国外股权投资快速发展时期正逢我国开始进入改革开改时期。1985年3月《中共中央关于科学技术体制改革的决定》在“改革对研究机构的拨款制度”中指出：“对变化迅速、风险较大的高技术开发工作，可以设立创业投资支持”，正式提出了创业投资概念。同年国家科委、财政部共同出资设立了中国新技术创业投资公司，其目的是为高技术开发企业投资或贷款，该公司的成立类似美国的ARD，它对发展我国股权投资具有里程碑的意义。进入20世纪90年代，我国经济处于新一轮经济增长的高峰期，需要大量建设资金。而此时，我国整个金融市场正处于刚刚迈向市场的过程中，不仅需要国外资金，而且更需要学习国外在金融领域的一些先进经验。因此，1995年国务院批准发布了《设立境外中国产业投资基金管理办法》（已废止），这是关于境外产业投资基金的第一个全国性法规，确定了中资机构作为发起人的资质，规范了发起人进行国外募资，设立境外投资机构，转向回国投资的操作行为；对在华的外资基金的投资方向、投资领域等方面也进行了限制。

进入21世纪后，随着我国经济发展以及进一步深化对外开放，加快了外资进入我国的步伐。2003年3月以对外贸易经济合作部为主联合多个部门出台了《外商投资创业投资企业管理规定》（以下简称《外商规定》）。《外商规定》从部门法规角度，对外商在我国从事创业投资的组织形式、出资要求、投资领域以及税收等进行了相关规定。该规定将外商投资创业投资企业分为法人制基金和非法人制基金：在组织形式上，法人制基金包括外商独资企业、中外合资企业及公司制中外合作企业，非法人制外商投资企业包括合伙企业和非公司制中外合作企业。此后，已先后有多家外资

PE 以成立境内人民币基金的方式进入中国，如 2005 年成立的中国创投史上第一个非法人制外商投资创业投资基金——软银赛富成长基金。

2006 年《关于外商投资举办投资性公司的补充规定》，外国投资者须以可自由兑换的货币或其在中国境内获得的人民币利润或因转股、清算等活动获得的人民币合法收益在我国境内设立投资性有限责任公司，并对外国投资者以及中国投资者（假如合资）的投资条件、投资公司的注册资金、经营范围进行了详细规定[①]。

2009 年我国提出了“要创造更加开放、更加优化的投资环境，不断提高利用外资质量，更好地发挥和利用外资在推动科技创新、产业升级和区域协调发展等方面的积极作用”，从此外资基金在我国开始战略转型。一方面，金融危机使得外资基金在海外募集资金难度加大，从而外资基金倾向于在中国境内募集资金；另一方面，随着我国资本市场的发展如创业板开板，境内退出环境不断改善，国家对外资企业海外资本市场上市监管加紧，使得外资基金海外退出渠道收窄。外资基金开始战略转型，逐步转向外资型人民币基金。据清科统计数据显示，2009 年新募集的 94 只基金中，人民币基金共有 84 只，占比达到 89.4%，较 2008 年全年 75.9% 的占比增加了 13.5 个百分点[②]。

2010 年 3 月 1 日起施行的《外国企业或者个人在中国境内设立合伙企业管理办法》在《合伙企业法》的框架内，对外资基金在中国境内设立合伙企业作出了基本规定，并极大促进了外资型人民币基金在我国境内的发展。根据该办法，外国企业或者个人在中国境内设立合伙企业实行直接向登记机关登记的制度，而不需要经过商务主管部门批准。这一管理办法促进了外资基金管理公司在国内设立人民币基金的积极性。

2014 年 7 月 4 日，国家外汇管理局下发《关于在部分地区开展外商投资企业外汇资本金结汇管理方式改革试点有关问题的通知》，允许在天津滨海新区、沈阳经济区、苏州工业园区、东湖国家自主创新示范区、广州南沙新区、横琴新区、成都市高新技术产业开发区等 16 个区域开展外商投资企业资本金结汇管理方式改革试点。规定“除原币划转股权投资款外，

① “关于外商投资举办投资性公司的规定”，《对外经贸财会》，2004 年第 7 期。
② 陈蓓：“论私募股权投资基金的法律问题”，复旦大学硕士学位论文，2010 年。

允许以投资为主要业务的外商投资企业（包括外商投资性公司、外商投资创业投资企业和外商投资股权投资企业），在其境内所投资项目真实、合规的前提下，按实际投资规模将外汇资本金直接结汇后划入被投资企业账户。上述企业股权投资款以外的资本金结汇按支付结汇原则办理。”该试点政策突破先行外商投资企业资本金结汇不能进行股权投资的限制，可以直接进行境内股权投资，打开外资进入我国境内的一大通道。

### 7.1.3 外资基金在我国发展现状

在我国股权投资发展初期，外资基金发挥了重要作用，除提供大量外资资金外，更为重要的是向国内股权投资市场输送与培养了大量专业管理人才，同时，把先进的投资理念以及管理经验带到了我国股权投资市场，如 IDG、红杉资本、新桥资本以及弘毅资本等。清科集团的统计数据显示，2013 年我国股权投资市场共募集完成 349 支可投资于中国大陆地区的外资基金，金额共计 345.06 亿美元，基金数量较 2012 年略有下降，但金额同比增长 36.3%，其中人民币基金数量占据绝对优势[①]。

由于受我国经济体制以及金融制度的影响，外资基金在我国的进一步发展面临一系列问题，如外汇结算问题、基金设立审批问题、投资领域限制问题、上市退出问题以及税收问题等，其核心问题是外资基金如何享受国民待遇的问题。随着我国金融市场进一步对外开放，外资基金将逐步享受国民待遇。

## 7.2 外资基金设立方式

外资基金在中国的发展首先要解决设立问题，如基金组织形式以及募集币种等问题。在外资基金合法地位没有明确以前，外资通常在境外设立基金而在境内只设立代表处，采用“投资与退出两头在外模式”对我国境内企业进行投资，即投资于在离岸地设立并持有中国境内资产或股权的特殊性离岸公司，然后通过“红筹上市”模式在国外证券市场实现退出。

随着我国金融市场逐步对外开放，外资在我国进行股权投资的方式在不断发生变化。目前，虽然外资基金设立不能完全享受国民待遇，但其合法地位基本得到认可，而且可以采取不同企业组织形式以及不同类型的股

① 李立新、雷良海：“我国私募股权投资发展现状与趋势分析”，《电子制作》，2013 年第 7 期。

权基金，如公司制、有限合伙制、合作制以及创业投资企业方式等。

### 7.2.1 外商投资性公司模式

外商投资性公司指的是外资在进入我国境内时，首先经过我国外汇管理局以及商务部等部门批准后在境内设立外商投资性公司，然后将注册资本金结汇为人民币，再在我国境内进行股权投资，注册资本不低于3 000万美元（如图7－5）。外国投资者应满足下列条件之一：①外国投资者资信良好，拥有举办投资性公司所必需的经济实力，申请前一年该投资者的资产总额不低于四亿美元，且该投资者在中国境内已设立了外商投资企业，其实际缴付的注册资本的出资额超过1 000万美元；②外国投资者资信良好，该投资者在中国境内已设立了十个以上外商投资企业，其实际缴付的注册资本的出资额超过3 000万美元；③申请设立投资性公司的外国投资者应为一家外国公司、企业或经济组织，若外国投资者为两个以上的，其中应至少有一名占大股权的外国投资者符合前述两个条件之一。如果外商投资性公司以合资方式设立，其中中国投资者应为资信良好，申请前一年该投资者的资产总额不低于1亿元人民币。投资性公司的投资范围不得涉及限制和禁止外商投资的领域及宏观调控行业。投资范围如涉及外商投资专项规定的允许类行业，省级商务主管部门应按有关规定程序征得国家行业主管部门同意。2008年IDGVC的规模为5亿元人民币基金是国内首只被商务部批准设立的独资公司制人民币基金，随后，德同资本也获得了成立人民币基金的许可。

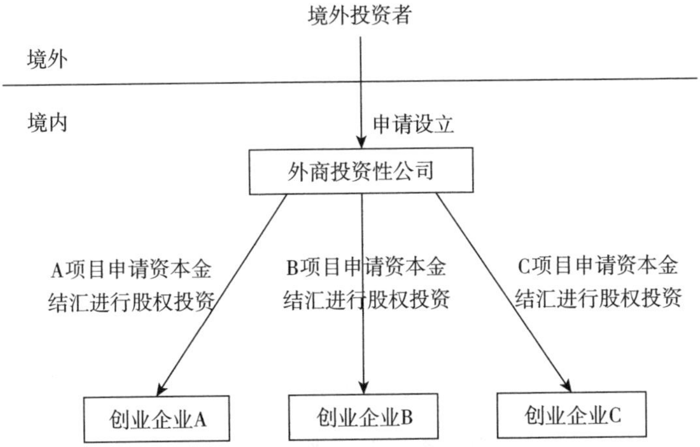


图7－5 投资性外商投资公司模式

2008 年我国外汇管理局发布了《关于完善外商投资企业外汇资本金支付外汇管理有关业务操作问题的通知》规定："外商投资企业资本金结汇所得人民币资金，应当在政府审批部门批准的经营范围内使用，除另有规定外，结汇所得人民币资金不得用于境内股权投资。"即外商投资公司如要进行股权投资需要报商务部批准方可结汇进行股权投资。这大大加大了 WFOE 模式的运营成本，并且商务部的审批更为严格，因此在后来的实践中这种方式很少被外资采用。

为了加快引进外资的步伐，2014 年 7 月 4 日，国家外汇管理局又颁布了《关于在部分地区开展外商投资企业外汇资本金结汇管理方式改革试点有关问题的通知》，允许在天津滨海新区、沈阳经济区、苏州工业园区、东湖国家自主创新示范区、广州南沙新区、横琴新区、成都市高新技术产业开发区等 16 个区域开展外商投资企业资本金结汇管理方式改革试点，即"除原币划转股权投资款外，允许以投资为主要业务的外商投资企业（包括外商投资性公司、外商投资创业投资企业和外商投资股权投资企业），在其境内所投资项目真实、合规的前提下，按实际投资规模将外汇资本金直接结汇后划入被投资企业账户。上述企业股权投资款以外的资本金结汇按支付结汇原则办理。"该试点政策突破以前外商投资企业资本金结汇不能进行股权投资的限制，有望更多的外资通过这种方式在我国境内开展股权投资业务。

### 7.2.2 外资有限合伙制模式

2010 年 3 月 1 日，《外国企业或者个人在中国境内设立合伙企业管理办法》及《外商投资合伙企业登记管理规定》正式实行，外商直接设立有限合伙企业有了明确规定。外国企业或者个人在中国境内设立合伙企业包括两种情况：一种是 2 个以上外国企业或者个人共同设立合伙企业，合伙人全部为外国企业或者个人，即全外资型合伙企业（如图 7－6）；第二种是外国企业或者个人与中国的自然人、法人和其他组织共同设立合伙企业，即中外合资型合伙企业，而且该种模式中外资一般充当基金管理人身份（GP），内资一般充当有限合伙人身份（LP），即外资型人民币基金（如图 7－7）。

尽管外资有限合伙制基金可以在我国境内合法从事股权投资业务，但与内资基金相比，以下问题倍受外资基金关注：

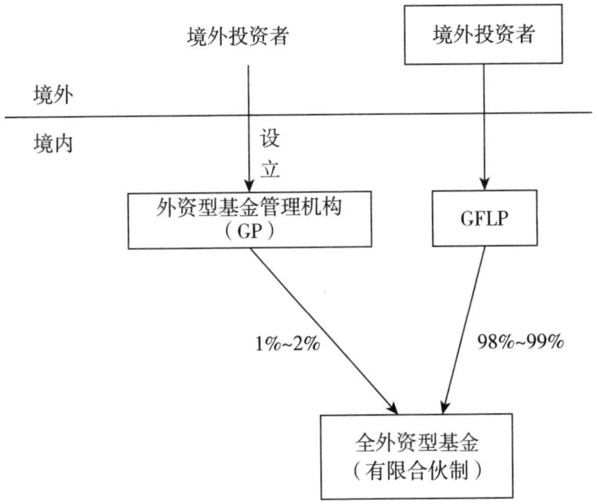


**图 7－6　全外资型有限合伙制基金模式**

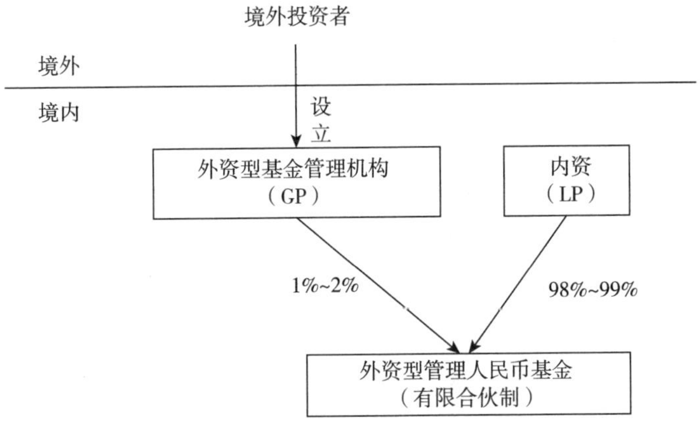


**图 7－7　外资型人民币基金模式**

（1）基金定性问题

2012 年 4 月下旬，国家发改委向上海发改委发送《国家发展改革委办公厅关于外资股权投资企业有关问题的复函》，明确指出普通合伙人是外资、有限合伙人是内资和外资的有限合伙制股权投资企业，应按照外资政策法规进行管理，即还不能享受“国民待遇”。

（2）税收征收问题

《国家税务总局关于外商投资创业投资公司缴纳企业所得税有关税收问题的通知》将外资基金与生产性外商投资企业加以区分，外资基金不享受生产性外商投资企业的有关税收优惠。如果是法人形式的基金，缴纳25%的企业所得税；如果是非法人形式的基金，可以由各投资方分别申报，也可以由该基金申请统一缴纳。非法人分别缴纳税负的，如果外商投资者在我国境内设有企业性质的机构，则应缴纳企业所得税；反之，按照非居民申报企业所得税，即减按10%税率征收企业所得税。

（3）投资领域

外资基金投资领域实行“指定投向”原则，即希望外商投资股权投资试点企业参与战略性新兴产业投资。具体来说，外资基金在产业投资方向上主要受《指导外商投资方向规定》和《外商投资产业指导目录》指导。其中《指导外商投资方向规定》将外商投资行业分为鼓励、允许、限制和禁止四类。鼓励类、限制类和禁止类的外商投资项目列入《外商投资产业指导目录》，不属于鼓励类、限制类和禁止类的外商投资项目为允许类外商投资项目而没有列入《外商投资产业指导目录》。

（4）QFLP制度

所谓QFLP（Qualified Foreign Limited Partnership）指允许符合条件的境外投资人以有限合伙人的身份参与在中国发起设立的外资型合伙制股权基金，并且在外汇结汇、投资待遇等方面享受一定便利。如全外资型有限合伙制基金向境外投资者进行募资时，募资对象必须符合QFLP制度。

目前我国还没有制定全国统一的QFLP制度。2011年1月11日，上海市金融办正式发布《关于本市开展外商投资股权投资企业试点工作的实施办法》，主要内容包括：符合一定条件的境外投资人可在外汇管理局批准的额度内，投资于在国内设立的人民币基金，这部分外汇资金可以结汇并用于股权投资。“符合条件”在草案中指的是申请QFLP资格的境外投资机构必须满足自有资金不低于5亿美元或管理50亿美元基金规模。这是我国资本项目开放的一小步，但十分重要，标志着境外投资者可直接投资我国境内企业股权。但QFLP目前的最大障碍在于投资额度无法一次性换汇使用，每一笔投资都必须单独申请外汇额度，同时进行投资行业的审查，即QFLP是有条件地在资本项目上进行了一小步开放。随后，北京、天津、重庆以及深圳等地方政府陆续出台当地的 QFLP 制度进行试点。

### 7.2.3 外商创业投资企业模式

所谓外资创业投资企业模式，就是外资根据《外商投资创业投资企业管理规定》，外资设立创业投资企业或外资与中国投资者共同合作设立创业投资企业，即可以采取公司制组织形式的创业投资，也可以采取非法人制的中外合作企业组织形式。

（1）公司制外商创业投资企业

公司制外商创业投资企业指外国投资者或外国投资者与根据我国法律注册成立的公司、企业或其他经济组织（简称中国投资者），在中国境内设立的以创业投资为经营活动的外商创业投资公司（如图 7－8）。外商创业投资公司认缴资本总额最低限额为 500 万美元，投资者人数在 2 人以上 50 人以下，且应至少拥有 1 个必备投资者（可以是中方投资者，亦可是外方投资者）；除必备投资者外，其他每个投资者的最低认缴出资额不得低于 100 万美元。外商创业投资公司的投资者，以其各自认缴的出资额为限对创投企业承担责任。

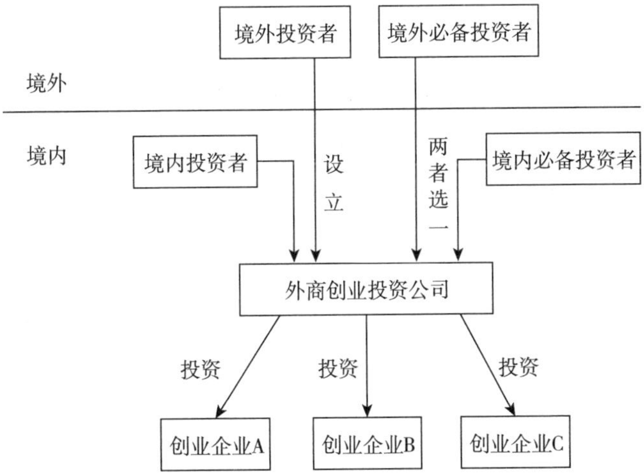


**图 7－8 外商创业投资公司模式**

外商创业投资公司设立时公司名称中必须含有“创业投资”字样。创业投资公司设董事会，董事会的成员组成由投资者在公司章程中予以约定，并代表创业投资公司决策对外投资业务。

外商创业投资公司境内投资比照执行《指导外商投资方向规定》和《外商投资产业指导目录》的规定。外商创业投资公司投资于任何鼓励类和允许类的所投资企业，应向所投资企业当地授权的外经贸部门备案。

外商创业投资公司的主要经营业务：①以全部自有资金进行股权投资，投资方式包括新设企业、向已设立企业投资、接受已设立企业投资者股权转让以及国家法律法规允许的其他方式，而且投资对象主要为高新技术企业；②提供创业投资咨询；③为所投资企业提供管理咨询。创业投资公司不得从事下列活动：①在国家禁止外商投资的领域投资；②直接或间接投资于上市交易的股票和企业债券，但所投资企业上市后，创投企业所持股份不在此列；③直接或间接投资于非自用不动产；④贷款进行投资；⑤挪用非自有资金进行投资；⑥向他人提供贷款或担保，但创投企业对所投资企业1年以上的企业债券和可以转换为所投资企业股权的债券性质的投资不在此列①。

以防范外商创业投资公司在运作过程中，由于资金不足、管理经验不足等带来的问题，法律对必备投资者提出了要求，即：①以创业投资为主营业务；②在申请前三年其管理的资本累计不低于1亿美元，且其中至少5 000万美元已经用于进行创业投资（在必备投资者为中国投资者的情形下，本款业绩要求为：在申请前三年其管理的资本累计不低于1亿元人民币，且其中至少5 000万元人民币已经用于进行创业投资）；③拥有3名以上具有3年以上创业投资从业经验的专业管理人员；④必备投资者要求对创业投资企业的认缴出资及实际出资分别不低于投资者认缴出资总额及实际出资总额的30%②。

公司制外商创业投资企业如果符合内资公司制创业投资企业享受投资所得税的条件，同样可以享受投资总额70%的应纳所得税抵扣优惠政策。

（2）中外合作非法人制外商投资创业投资企业模式

中外合作非法人制外商创业投资企业指外国投资者或外国投资者与根据我国法律注册成立的公司、企业或其他经济组织（简称中国投资者），

① 包刚："外商风险投资的法律规制"，复旦大学硕士学位论文，2011年。
② 李报："我国外商风险投资法律问题研究"，首都经济贸易大学硕士学位论文，2006年。

在中国境内通过合作契约设立的以创业投资为经营活动的外商创业投资企业（如图7-9）。外商创业投资企业认缴资本总额最低限额为1 000万美元，投资者人数在2人以上50人以下，且应至少拥有一个必备投资者（可以是中方投资者，亦可是外方投资者）负责企业的投资业务管理；除必备投资者外，其他每个投资者的最低认缴出资额不得低于100万美元。投资者可以根据创业投资进度分期向创投企业注入认缴出资，最长不得超过5年。投资者也可以在创业投资企业合同中约定在创业投资企业资产不足以清偿该债务时由必备投资者承担连带责任，其他投资者以其认缴的出资额为限承担责任。

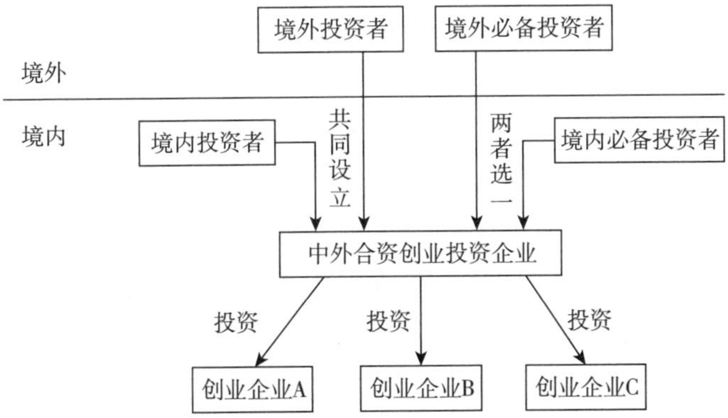


**图7-9 中外合作非法人制外商创业投资企业模式**

中外合作非法人制外商创业投资企业设立时企业名称中必须含有“创业投资”字样。中外合作非法人制外商创业投资企业设联合管理委员会，委员会的组成由投资者在投资合同中予以约定，并代表创业投资企业决策对外投资业务。

中外合作非法人制外商创业投资企业境内投资比照执行《指导外商投资方向规定》和《外商投资产业指导目录》的规定。中外合作非法人制外商创业投资企业投资于任何鼓励类和允许类的所投资企业，应向所投资企业当地授权的外经贸部门备案。

中外合作非法人制创业投资企业的主要经营业务：①以全部自有资金进行股权投资，投资方式包括新设企业、向已设立企业投资、接受已设立企业投资者股权转让以及国家法律法规允许的其他方式，而且投资对象主要为高新技术企业；②提供创业投资咨询；③为所投资企业提供管理咨询。创业投资企业不得从事下列活动：①在国家禁止外商投资的领域投资；②直接或间接投资于上市交易的股票和企业债券，但所投资企业上市后，创投企业所持股份不在此列；③直接或间接投资于非自用不动产；④贷款进行投资；⑤挪用非自有资金进行投资；⑥向他人提供贷款或担保，但创投企业对所投资企业1年以上的企业债券和可以转换为所投资企业股权的债券性质的投资不在此列。

为防范中外合作非法人制外商创业投资企业在运作过程中，由于资金不足、管理经验不足等带来的问题，法律对必备投资者提出了要求，即：①以创业投资为主营业务；②在申请前三年其管理的资本累计不低于1亿美元，且其中至少5 000万美元已经用于进行创业投资（在必备投资者为中国投资者的情形下，本款业绩要求为：在申请前三年其管理的资本累计不低于1亿元人民币，且其中至少5 000万元人民币已经用于进行创业投资）；③拥有3名以上具有3年以上创业投资从业经验的专业管理人员；④必备投资者要求对创业投资企业的认缴出资及实际出资分别不低于投资者认缴出资总额及实际出资总额的1%。

中外合作非法人制创业投资企业类似有限合伙制股权基金结构，必备投资者类似于普通合伙人，负责企业的日常经营，并且可以有效地避免双重征税的问题。各投资人之间的利益可以通过投资合作协议或契约进行调整。

### 7.2.4 外商创业投资管理企业模式

外资除以上三种模式外，还可以依据《外商投资创业投资企业管理规定》设立以受托管理创投企业为主营业务的外商创业投资管理企业，该企业既可采取公司制，也可采取合伙制组织形式，并且注册资本或出资总额不低于100万元人民币或等值外汇。另外，该企业必须拥有三名以上具有三年以上创业投资从业经验的专业管理人员、完善的内部控制制度以及企业名称里应当加注“创业投资管理”字样。

这种模式仅限于受托管理创业投资企业，随着外资有限合伙制基金在我国合法地位的确立，通过该种模式设立外资基金的案例很少了。

## 7.3 外资基金退出方式

外资基金退出渠道与内资基金退出渠道类似，如 IPO、并购以及股权转让等，但与内资基金相比，其退出时遇到的最大问题在于被投资企业定性为外商投资类企业，即中外合资企业。因此，外资基金退出时会遇到审批、报备等一系列手续，过程更为繁琐。由于外资基金含有外资成分，境外退出具有一定的优势，所以，其退出方式分为境内退出以及境外退出。

### 7.3.1 境内上市退出

所谓境内退出就是退出渠道在境内，如选择境内证券市场 IPO 退出以及被境内企业并购或受让股权等方式退出，其中 IPO 退出与内资企业相比难度较大。《关于进一步做好利用外资工作的若干意见》以及《首次公开发行股票并在创业板上市管理暂行办法》等相关法规确立了外资企业在国内主板以及创业板上市的政策框架和基本规范（如图 7－10）。

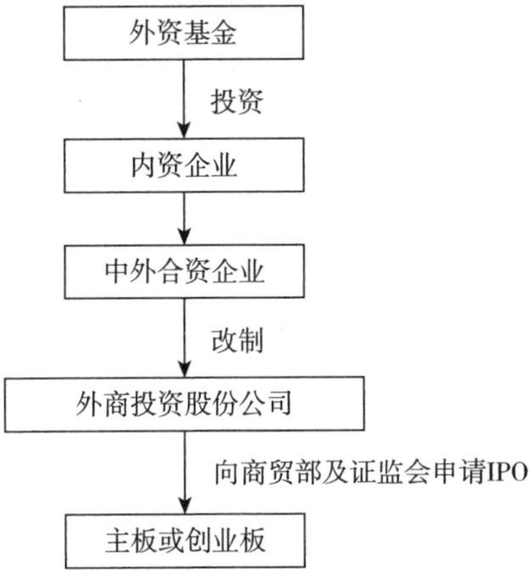


图 7－10 外资企业境内上市示意图

外资企业上市与内资企业上市一样，大致分为改制和上市两个大的环节，其中改制环节要符合《关于外商投资股份公司有关问题的通知》的相关规定，包括外商投资股份有限公司发起人的股份在公司设立登记后 3 年内不得转让。

上市环节主要相关法规有《关于上市公司涉及外商投资有关问题的若

干意见》、《公开发行证券的公司信息披露编报规则第 17 号——外商投资股份有限公司招股说明书内容与格式特别规定》。根据这些法规要求，外商投资股份公司申请境内 A 股或 B 股上市，应获得商务部审批及证监会批准，具体条件包括：①申请上市与上市后的外商投资股份公司应符合外商投资产业政策；②申请上市的外商投资股份公司应为按规定和程序设立或改制的企业；③注册资本不低于 3 000 万元；④申请后的外商投资股份公司的非上市外资股比例应不低于总股本的 25%；⑤申请上市前 3 年均已通过外商投资企业联合年检；⑥上市发行股票后，其外资比例应不低于总股本的 10%；⑦由中方控股（包括相对控股）或对中方持股比例有特殊规定的外商投资股份公司，上市后应按有关规定的要求继续保持中方控股地位或持股比例。

虽然外资企业作为中国法人企业原则上选择境内证券市场上市不存在根本性的法律障碍，但与一般内资企业相比，外资企业除必须遵守上市的一般性规定外，还必须遵守商务部和证监会等部门的一些特殊规定，如外资企业在信息披露和外商投资产业政策方面有一些特殊的要求。因此，外资企业上市复杂程度相对增加，但不会在上市时构成实质性的障碍。目前，已在境内上市的外资企业大多为外资参股企业，外资控股企业上市的案例较少。这取决于我国资本市场的开放程度。

### 7.3.2 境外上市退出

外资企业境外上市与内资企业境外上市一样，要满足《关于企业申请境外上市有关问题的通知》的要求，即企业境外上市须符合以下标准：①筹资用途符合国家产业政策、利用外资政策及国家有关固定资产投资立项的规定；②净资产不少于 4 亿元人民币，上一年税后利润不少于 6 000 万元人民币，并具有增长潜力，按合理预期市盈率计算，筹资额不少于 5 000万美元；③具有规范的法人治理结构及较为完善的内部管理制度，有较稳定的高级管理层及较高的管理水平；④上市后分红派息有可靠的外汇来源，符合国家外汇管理的有关规定。

外资企业采取境外上市需经过境内外两层监管审核，即境内证券相关监管部门审核以及境外证券监管部门等审核，而且境内审核相对于境外审核更加严格（如图 7－11）。

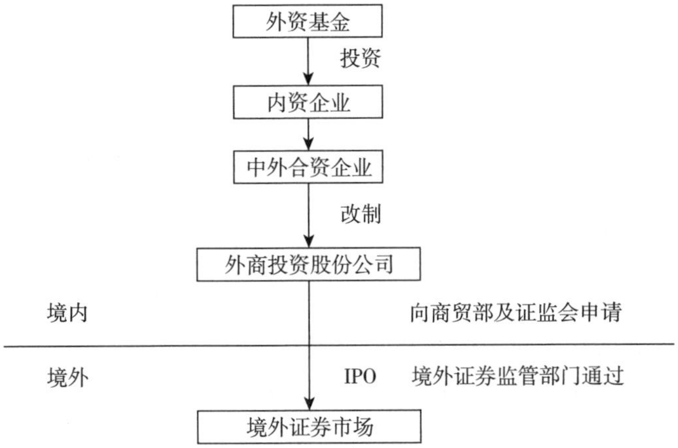


**图7-11 外资企业境外上市示意图**

## 7.4 我国外资基金监管与发展现状

### 7.4.1 我国外资基金监管体系

我国主要从外汇使用、基金设立、基金投资以及基金税收等方面对外资基金进行有效、科学的监管。

（1）监管主体

与内资基金相比，参与监管的部门更多、环节更为复杂。目前，我国私募基金由证监会统一进行监管，包括境内注册设立的各类私募基金。外资基金属于在我国境内设立的私募股权类基金，所以纳入证监会统一监管，即需要到证监会指定的证券业协会进行备案登记。另外，如果外资采取创业投资企业公司方式设立，就需要到当地发改委指定的机构去进行备案登记，以便享受国家对于创业投资企业实行的所得税优惠政策。

除此之外，参与外资企业监管的相关部门主要有我国外汇管理局以及商贸部，其中前者主要负责外资基金结汇管理，如外汇进入结汇以及投资者所得人民币结汇流出；后者主要负责外资基金设立审批以及投资领域监管。

（2）监管法规

外资基金监管除适用一般性商业性法规和行业法规外，如《公司法》、《合同法》、《有限合伙企业法》、《信托法》、《私募基金管理暂行办法》以及《创业投资企业管理暂行办法》等，还有一些专门针对外资企业（基金）的法规，如《外商投资创业企业管理规定》为外商投资创投企业的成立、运作和退出建立了制度上的基本框架；《关于外商投资举办投资性公司的补充规定》为外国投资者在中国境内设立投资性公司的公司性质、投资者资格、注册资金以及经营范围进行了详细规定；《外国企业或者个人在中国境内设立合伙企业管理办法》对外资基金在中国境内设立合伙企业做出了基本规定；《关于在部分地区开展外商投资企业外汇资本金结汇管理方式改革试点有关问题的通知》规定在16个试点区域允许以投资为主要业务的外商投资企业（包括外商投资性公司、外商投资创业投资企业和外商投资股权投资企业），在其境内所投资项目真实、合规的前提下，按实际投资规模将外汇资本金直接结汇后划入被投资企业账户。

除此之外，关于外资基金的投资领域以及外资企业经营以及上市适用的其他法律还有《指导外商投资方向规定》、《外商投资产业指导目录》、《中外合资经营企业法》、《中外合作经营企业法》、《外商投资企业法》、《关于上市公司涉及外商投资有关问题的若干意见》以及《关于进一步做好利用外资工作的若干意见》等。

总之，在我国设立多种形式的外资基金已经没有根本性的法律障碍，但与内资基金相比程序更复杂、限制条件更多。

（3）基金设立监管

外资基金设立监管主要是关于基金设立的组织形式以及外商投资人资格，如设立公司制外资基金要符合《关于外商投资举办投资性公司的补充规定》相关要求；设立外商创业投资企业要符合《外商投资创业企业管理规定》相关要求；设立有限合伙制外资基金要符合《外国企业或者个人在中国境内设立合伙企业管理办法》相关要求。

（4）基金投资监管

外资基金投资领域实行“指定投向”原则，即希望外商投资股权投资试点企业参与战略性新兴产业投资。具体来说，外资基金在产业投资方向上主要受《指导外商投资方向规定》和《外商投资产业指导目录》指导。其中《指导外商投资方向规定》将外商投资行业分为鼓励、允许、限制和禁止四类。鼓励类、限制类和禁止类的外商投资项目列入《外商投资产业指导目录》，不属于鼓励类、限制类和禁止类的外商投资项目为允许类外商投资项目不列入《外商投资产业指导目录》。

（5）基金外汇监管

2008 年外管局颁布的《关于完善外商投资企业外汇资本金支付结汇管理有关业务操作问题的通知》规定外商投资企业资本金结汇所得人民币资金，应当在批准的经营范围内使用，除另有规定，不得用于境内股权投资。一方面外商投资企业进行股权投资需要审批，另一方面外商投资企业也无法成为有限合伙制基金的投资人。2014 年国家外汇管理局下发《关于在部分地区开展外商投资企业外汇资本金结汇管理方式改革试点有关问题的通知》规定 16 个试点地区外商投资企业资本金结汇后直接进行股权投资，突破以前外商投资企业资本金结汇不能进行股权投资的限制，打开外资进入我国境内的一大通道。

（6）基金税收监管

外资基金税收与内资基金税收一样涉及两个层面，首先，从基金层面，即企业层面，如果是公司制，基金需缴纳企业所得税；如是创业投资企业，投资业务符合创业投资企业税收优惠条件下可能享受抵扣投资总额 70% 的应纳所得税额；如果是有限合伙制，基金在税收上被视为税收透明体，不需要缴纳任何的所得税，采用先分后税的原则由合伙企业背后的投资者分别缴纳企业所得税或个人所得税。其次，从基金投资人或合伙人层面，外国股东从境内外资基金分得的股息或分红适用 10% 的所得税率，该税率依双边税收协定或可降低至 5% 。但是如果国外股东在中国设立投资实体，就必须按照中国相关法律缴纳所得税，而且没有任何税收减免。

### 7.4.2 影响外资基金发展主要因素

（1）外汇管制问题

外汇管制主要体现在以下三方面：一是外资基金的资本金结汇后直接用于股权投资仅限于全国 16 个试点区域；二是 QFLP 制度也只是在上海、北京等少数几个城市进行试点，而且力度有限；三是外资基金投资人或股东获得收益后人民币结汇出境需要严格的审批程序。

（2）投资领域限制问题

外资基金视同外资企业，基金投资领域实行“指定投向”原则，即希望外商投资股权投资试点企业参与战略性新兴产业投资。具体来说，外资基金在产业投资方向上主要受《指导外商投资方向规定》和《外商投资产业指导目录》指导。尽管有些外资基金的外资成份只有1%～2%，如有限合伙制外资型人民币基金，也必须遵守基金投资领域“指定投向”的原则。

（3）上市退出受限问题

属于内资的企业如果被外资基金投资，其身份就由内资企业转变为中外合资企业。虽然外资企业在境内主板和创业板上市不存在根本性的法律障碍，包括外资控股性企业，但相比内资企业来讲，其过程和程序更为繁琐，如首先需报我国商贸部等行政部门申请审批通过方可启动上市程序。这样，外资基金通过境内上市退出与内资基金相比，难度更大。

（4）投资者税负问题

目前困扰外资基金中外商投资者的税收问题是，如果其在我国境内设有投资实体，除按5%征收营业税的同时，其投资所得可能还要征收25%所得税，甚至于股息预提所得税（WHT），综合起来税率要高于其直接投资于国外基金应缴纳税率。

（5）合伙企业文化问题

股权投资在国外已经发展了近七十年，有限合伙人与普通合伙人的关系已经有了成套的体系和规范。有限合伙人一旦选定普通合伙人后就不参与基金日常管理与投资业务，或者以顾问角色为基金提供服务。但在国内，很多有限合伙人还不够成熟，出资后往往还会干预基金运营，影响外资基金运营效率。

（6）法规实践执行问题

关于外资基金我国先后颁布了一系列法规，但外资基金毕竟在我国发展历史较短，理解上存有不同意见，因此在实践执行过程中会有一些不同的看法，如关于外资合伙企业合伙人资格问题，国家工商总局的立场与各地地方工商局的实务操作不尽一致。根据国家工商行政管理总局制定的《关于做好合伙企业登记管理工作的通知》的相关规定，外商投资企业可以登记为有限合伙企业的合伙人。但实践中除少数地区外，大多数工商局不接受外商投资企业作为有限合伙企业的合伙人。

CHAPTER 8

# 第8章 物权基金 (Real Right Fund)

物权基金（Real Right Fund）顾名思义其投资对象为实体物，如地产和古玩字画，而不是法人制企业，是股权基金的一种延伸，其运作模式与一般股权基金运作模式不同，更加灵活多样，包括募集方式以及收益模式等，最大的不同点是退出方式不同。物权基金退出方式以拍卖为主，其次为转让，而股权基金的退出方式一般是上市、并购、转让、回购以及清算等。除此之外，物权基金多采用信托制组织形式。物权基金对推动地产以及文化市场的发展发挥着重要作用。

## 8.1 概述

### 8.1.1 定义及种类

物权是指权利人依法对特定的物享有直接支配和排他的权利，包括所有权和他物权（用益物权和担保物权）。或者说，指自然人、法人直接支配不动产或者动产的权利，包括所有权、用益物权和担保物权。不动产指土地以及建筑物等土地附着物；动产指不动产以外的物。物权的主要特征，一是支配权，二是绝对权，三是财产权①。

① 王利明："中国物权法的制定、体系及适用：中国特色与中国经验"，中外法律体系比较国际学术研讨会，2007年。

传统物权理论认为，物权对象一般限于有体物，而随着社会经济发展，越来越多地将无体物、权利等非有体物纳入“物”的范畴，并受到物权法的调整。“物”的边界模糊了，物权调整的范围扩大了。但本书所提到的物权基金这个概念里的“物权”是相对于股权来说的，因此，“物”的范畴主要指有形物体，如地产、古玩字画以及奢侈品等。

物权基金是指主要以私募形式吸纳资金，以物权为投资对象，以拍卖、协议转让为主要退出方式，以物权价差以及经营收益（如租金）为主要收益来源的投资基金。从投资标的角度来划分，目前较为成熟的物权基金主要有两种：一是地产基金，即投资地产的私募基金；二是艺术品基金，即投资艺术品的私募基金。物权基金对促进房地产行业以及文化市场发展等方面发挥着重要作用①。

物权基金是股权基金的一种延伸，投资对象不再是私人股权而是物权，退出机制也发生变化，以拍卖为主要退出渠道，资金募集方式以及盈利方式也更加灵活多变。

### 8.1.2 物权基金的组织形式

由于不受 IPO 退出制约，加上信托制在所得税方面的一些税收优惠以及资金募集优势，因此，信托制成为物权基金的主流组织形式（如图 8-1），特别是在美国等一些资本市场发达国家。但在我国由于信托制与有限合伙制相比，在物权基金方面优势不明显，而且受托人还需获得监管部门所要求的相关资质。所以，在我国有限合伙制还没产生时物权基金只能选择信托制，现在选择有限合伙制的物权基金也比较普遍。

物权基金采取信托制组织形式在我国表现出以下特点：第一，信托制物权基金本质上属于一组契约，即信托公司出售的理财计划；第二，信托制物权基金无企业法人地位，基金本身无需缴纳所得税，仅需委托人或受益人按实际收入缴纳所得税即可；第三，根据“得人之信，受人之托，代人理财，履人之嘱”② 的契约精神，受托人依据契约运用受托资产进行投资，基金托管人依据契约负责保管受托财产，但由于信息不对称增加了委

---

① 王冲：“物权客体研究——物权客体是否以有体物为限”，西南政法大学硕士学位论文，2009年。

② 胡丹丹：“理财市场法律规制的冲突及对策”，湖南大学硕士学位论文，2009 年。

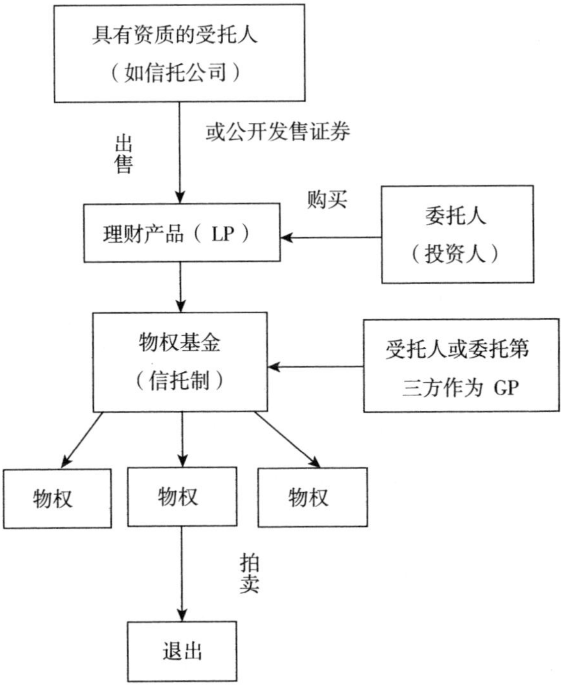


**图 8－1　信托制物权基金基本运作模式**

托人与受托人之间的代理成本，而且容易产生纠纷从而导致契约关系的不稳定；第四，信托契约一经成立，委托人的基金财产使用权则转移至受托人名下，受托人可以以自己的名义亲自或委托其他基金管理人管理基金财产，受托人充分发挥专业的理财管理能力，实现金融资本与智力资本的完美结合，但由于存在信息不对称，委托人对受托人的监督和考核难度较大，即使管理人的业绩不佳或者存在违规甚至违法行为，都难以解除委托关系；第五，信托制物权基金的资金募集具有一定的优势，一方面信托公司发售理财计划相比传统私募更灵活；另外，实际出资人数也可突破公司制或有限合伙制关于出资人数的限制；第六，信托制物权基金一般要求资金一次性到位，易造成投资压力和资金闲置；第七，信托人必须具有信托资质，即在监管部门取得信托执照。

## 8.2　房地产基金

### 8.2.1　概述

从广义的角度来说，地产基金就是指专门投资于地产行业的基金，是一种专项基金，既可以是权益性，也可以是债权性，如债权性信托；另外，地产基金既可以投资于单一地产项目，也可以对从事地产业务的企业进行股权投资。从狭义的角度即物权投资角度来说，地产基金指以权益性方式投资于地产项目，直接获得地产所有权，通过转售出让或运营增值获利，一般不涉及地产企业股权投资。

从地产基金的盈利模式来看，主要有三种：一是地产开发投资模式，二是地产证券化模式，三是不良地产处置模式。

### 8.2.2　地产开发投资模式

所谓地产开发投资模式是通过私下出售理财计划募集资金，对目标地产项目进行投资以及开发建设，获得地产所有权，最后拍卖或者销售，寻求地产增值。这种模式在我国非常普遍，也是非常传统的地产基金的运作模式。

开发型投资模式是目前我国房地产基金的主要运作模式，分两种经营方式：一是地产基金与开发商共同投资，合作开发，地产建成后进行销售并实现退出。这种经营方式时间相对较长，但获利空间较大；另一种是房地产基金直接从开发商手里批量购买已经成熟的房产，然后零售，实现退出。这种经营方式时间较短，但利润率相对较低，而且不如前者普及。

我国房地产基金组织形式有信托制、有限合伙制以及公司制三种形式，其中信托制（如图8－2）和有限合伙制（如图8－3）是主流形式，其中有限合伙制的组织架构与一般有限合伙制股权基金的架构类似，只是投资对象以及退出方式发生了变化。

信托制地产基金优势：信托计划形式的房地产基金发行渠道比较广泛，投资门槛低，募集效率高以及信托公司信誉较好等。

信托制地产基金缺点：需要具有信托资质的信托公司才能发行信托计划，受国家金融政策影响较大，中间融资费用较高以及需委托专业的第三方房地产开发公司进行管理。

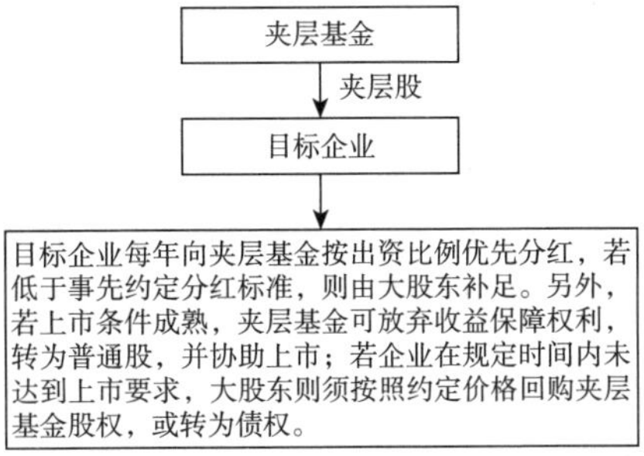


**图8－2　信托制地产基金运作模式**

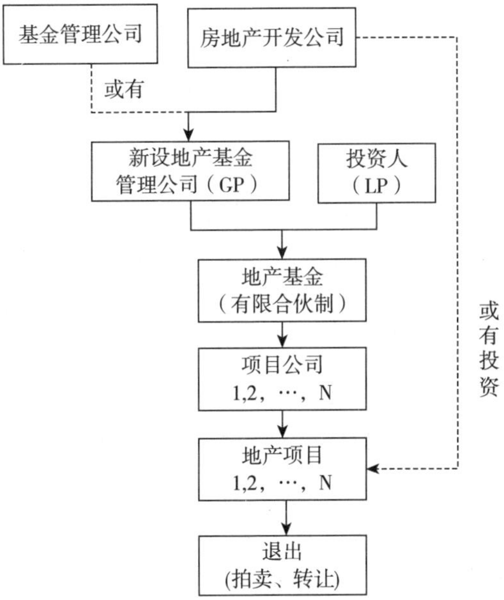


**图8－3　有限合伙制地产基金运作模式**

有限合伙制地产基金优势：地产基金设立方便，不像信托制基金需要获得信托执照才能发行信托计划，房地产开发公司可直接发起设立地产基金。

有限合伙制地产基金缺点：募集渠道受限，投资门槛高，募集周期长，募集效率低，基金设立风险较大。

地产基金成功与否很大程度上取决于与房地产开发公司的合作，所以选择房地产开发公司非常重要[1]。选择开发商主要考虑以下几方面：①是否具有当地政府的大力支持，因为我国土地是公有制；②是否具有基金运作意识，因为基金的本质是代投资人理财，信誉第一；③开发公司的定位是否与基金投资定位吻合；④开发公司的资金实力以及获得土地资源的能力，以确保基金有足够的项目开发；⑤开发公司有良好的业绩以及业界口碑，足以吸引投资人。

### 8.2.3 地产证券化模式

所谓地产证券化指以证券形式如股票、债券、信托计划以及收益凭证等分配投资者获得房地产投资收益，其中房地产信托投资基金（REITs，Real Estate Investment Trusts）是一种代表性的运作模式 。这种模式在资本市场发达国家如美国、欧洲等国较为普遍。

（1）REITs 特点

所谓 REITs 是一种以发行收益凭证的方式汇集特定的多数投资者的资金，由专门投资机构进行房地产投资经营管理，并将投资综合收益按投资比例分配给投资者的一种以信托制为主要企业组织形式的地产证券化基金[2]。REITs 既可以公募也可以私募，但绝大多数情况下属于公募。

美国 REITs 基本条件：首先，基金 75% 以上业务必须属于房地产业务，而且其经营模式主要是经营租赁房地产而非开发项房地产；其次，REITs 采取公募，而且前五位的持有者不能超过 50% 的股份，这是美国非常流行的模式。

REITs 的特点在于：一是收益主要来源于租金收入和房地产升值；二是收益的大部分将用于发放分红；三是 REITs 长期回报率较高，与资本市场、债市的相关性较低。近 20 年来，北美地区的 REITs 收益最佳（13.2%），欧洲次之（8.1%），亚洲 REITs 的平均收益最低（7.6%）。由于欧债危机的影响，欧洲 REITs 收益率迅速下降至 -9.2%，而北美地区的 REITs 则取得了 12.0% 的平均收益。可见，在不同时间和区间内，不同国家和地区的房地产投资收益往往大相径庭[3]。

---

① 梁泸月：“房地产投资基金研究”，复旦大学硕士学位论文，2006 年。

② 李承浩、朱颖：“REITS 组织结构的国际比较及其在中国的模式选择”，《时代经贸》，2010 年 7 月总第 157 期。

③ 秋文：“轻轻松松当上美国‘房东’”，《股市动态分析》，2013 年第 20 期。

（2）REITs 起源与发展

1960 年 9 月 14 日，美国总统艾森豪威尔签署了《房地产投资信托法案》（Real Estate Investment Trust Act），允许设立 REITs，并把 REIT 定义为“有多个受托人作为管理者，并拥有可转让受益权益（Beneficial interest）份额的非公司型组织（Association）”，意在使中小投资者能以较低门槛参与不动产市场，获得不动产市场交易、租金与增值所带来的收益。《房地产投资信托法案》给予 REITs 的税收优惠在很大程度上参照了《1940 年投资公司法》的相关规定。合格的 REITs 享受与依法成立的投资公司同等的税收优惠。第一批 REITs 于 1961 年设立，而 1965 年 6 月 14 日首只 REITs 在纽约证券交易所上市交易。随着美国政府正式允许满足一定条件的 REITs 可免征所得税和资本利得税，而一般情况下 REITs 的分红比例超过 90%，因此，REITs 开始成为美国最重要的一种金融方式。美国目前大约有 300 多个 REITs，管理的资产总值超过 3 000 亿美元，而且其中有近 2/3 在全国性的证券交易所上市交易[①]。在亚洲，最早出现 REITs 的国家是日本，由于日本的房地产公司众多，所以该市场在日本规模很大[②]。

美国 REIT 行业迄今为止大致上经历了三次发展高潮。第一次是 20 世纪 60 年代末和 70 年代初期抵押型 REITs 的发展高潮。1986 年的税法改革削弱了房地产类有限合伙企业的税收优势，这促使房地产投资者转向 REITs，REIT 行业因此进入了第二个发展高潮。REIT 行业的第三次发展高潮始于 20 世纪 90 年代初期，由于 REITs 结构的创新，公开上市的 REITs 成为发展主流[③]。

（3）REITs 分类

从不同角度看，对 REITs 有多种不同的分类方法，常见的分类方法有以下几种[④]：

根据组织形式，REITs 可分为公司型以及契约型两种。公司型 REITs 以公司法为依据，通过发行 REITs 股份所筹集起来的资金用于投资房地产资产，REITs 具有独立的法人资格，自主进行基金的运作，面向不特定的

---

① 颜永廷：“我国房地产信托投资基金发展趋势”，《金融与经济》，2008 年第 4 期。
② 任红娟：“中国房地产投资信托模式研究”，华东师范大学硕士学位论文，2007 年。
③ 李德福：“中国房地产企业房地产投资信托基金融资方式”，南开大学硕士学位论文，2005 年。
④ 孟培：“REITs 在我国公租房建设中的应用研究”，重庆大学硕士学位论文，2012 年。

广大投资者筹集基金份额，REITs 股份的持有人最终成为公司的股东。

契约型 REITs 则以信托契约签订为依据，通过发行收益凭证筹集资金而投资于房地产资产。契约型 REITs 本身并非独立法人，仅仅属于一种资产，由基金管理公司发起设立，其中基金管理人作为受托人接受委托对房地产进行投资。

两者的主要区别在于设立的法律依据与运营的方式不同，契约型 REITs 比公司型 REITs 更具灵活性。公司型 REITs 在美国占主导地位，而在英国、日本、新加坡等地契约型 REITs 则较为普遍。

根据投资形式的不同，REITs 通常可被分为三类：权益型、抵押型与混合型。权益型 REITs 指投资于房地产并拥有所有权，并且越来越多的权益型 REITs 开始从事房地产经营活动，如租赁和客户服务等。但是，REITs 与传统房地产公司的主要区别在于，REITs 的主要目的不是开发后进行转售，而是通过运营进行证券化运作。

抵押型 REITs 是投资房地产抵押贷款或房地产抵押支持证券，其收益主要来源是房地产贷款的利息。

混合型 REITs 顾名思义是介于权益型与抵押型 REITs 之间的，其自身拥有部分物业产权的同时也在从事抵押贷款的服务。市场上流通的 REITs 中绝大多数为权益型，而另外两种类型的 REITs 所占比例不到 10%，并且权益型 REITs 能够提供更好的长期投资回报。

根据运作方式的不同，有封闭型和开放型两种。封闭型 REITs 的发行量在发行之初就被限制，不得任意追加发行新增的股份；而开放型 REITs 可以随时为了增加资金投资于新的不动产而追加发行新的股份，投资者也可以随时买入，不愿持有时也可随时赎回。封闭型 REITs 一般在证券交易所上市流通，投资者不想持有时可在二级市场上转让卖出。

根据基金募集方式的不同，REITs 又被分为公募型与私募型。私募型 REITs 以非公开方式向特定投资者募集资金，募集对象是特定的，且不允许公开宣传，一般不上市交易。公募型 REITs 以公开发行的方式向社会公众投资者募集信托资金，发行时需要经过监管机构严格的审批，可以进行大量宣传。私募型 REITs 与公募型 REITs 的主要区别在于：第一，募集投资对象方面，私募型基金一般面向资金规模较大的特定客户，而公募型基金则不定；第二，投资管理参与程度方面，私募型基金的投资者对于投资决策的影响力较大，而公募型基金的投资者则没有这种影响力；第三，在法律监管方面，私募型基金受到法律以及规范的限制相对较少，而公募型基金受到的法律限制和监管通常较多。

（4）REITs 经营结构类型

REITs 经营结构类型主要有 REITs 传统结构、UPREIT 伞形合伙结构和 DOWNREIT 组织结构三种类型。

REITs 传统结构。1986 年以前，REITs 的资产管理和运作、REITs 房地产租赁服务、向承租人收取租金等活动一般外包给独立的合约方进行。另外，在当时 REITs 的组织结构中，REITs 直接拥有资产，而不是通过经营性合伙企业间接拥有资产[①]（如图 8－4）。

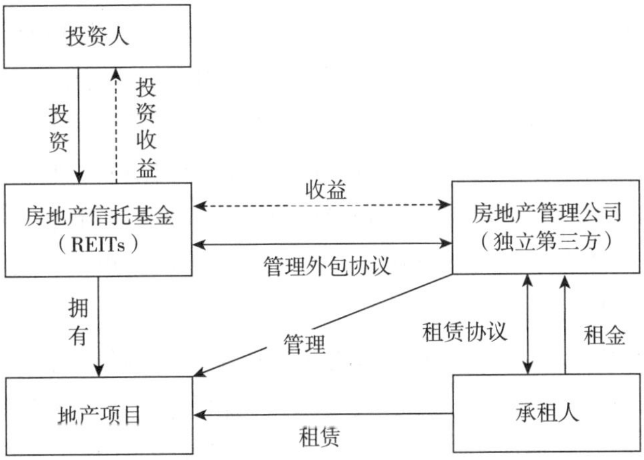


图 8－4　REITs 传统结构

UPREIT 伞形合伙结构（UPREIT，Umbrella Partnership REIT）。20 世纪 90 年代初期，由于美国房地产行业传统融资渠道受限，房地产商纷纷转向筹资成本相对较低的资本市场进行融资。在这种金融市场形势下，1992 年出现了一种新的 REIT 组织结构，即 UPREIT 伞形合伙结构。新设立的 UPREITs 能够迅速达到公开上市融资的规模，从而使 REITs 的私人所有权结构向公众持有的所有权结构转变，即公开上市交易的 REITs 的增加（如

① 潘静：“我国房地产投资信托发展研究”，中国人民银行金融研究所硕士学位论文，2006 年。

图 8－5)①。

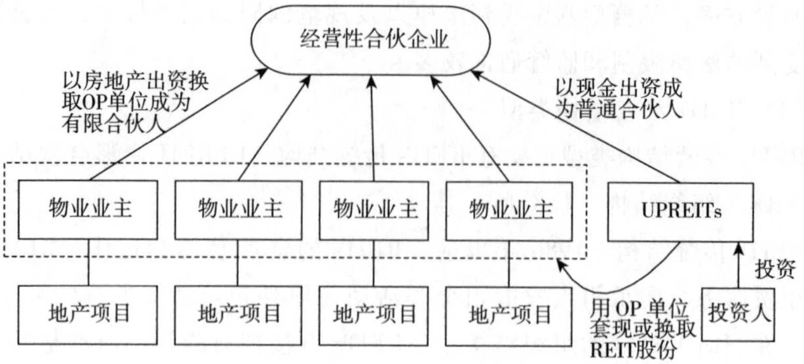


**图 8－5　UPREIT 结构**

DOWNREIT 组织结构。DOWNREIT 结构最早出现于 1994 年，主要是 1992 年以前设立的“老”REITs 为了获得 UPREITs 的优点，在 UPREIT 组织结构基础上进行的创新。这些“老”REITs 主要采用 REIT 的传统组织结构，已经经营多年，规模扩张和成长空间都受到限制。它们通过改组成为 DOWNREIT 结构的 REITs，大规模吸收新的房地产所有者，并与这些房地产所有者组成多个经营性合伙企业，从而迅速扩大规模，谋求上市融资便利和获取规模效益。

DOWNREIT 结构从 UPREIT 结构演变而来，结构较为相似，只是 REITs 直接拥有和经营大部分房地产，经营性合伙企业拥有和管理其余房地产（一般是新收购或有限责任合伙人出资形成的房地产）（如图 8－6）。在 DOWNREIT 结构中，REITs 可以成为多个 DOWNREIT 合伙企业的普通合伙人②③。

---

① 毛亦蓝：“房地产信托投资基金的 IPO 市场表现影响因素研究”，对外经济贸易大学硕士学位论文，2007 年。

② 潘静：“我国房地产投资信托发展研究”，中国人民银行金融研究所硕士学位论文，2006 年。

③ 毛亦蓝：“房地产信托投资基金的 IPO 市场表现影响因素研究”，对外经济贸易大学硕士学位论文，2007 年。

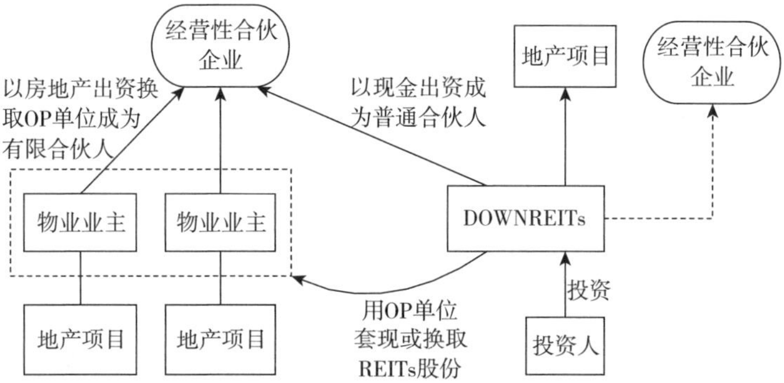


图8-6 DOWNREIT结构

### 8.2.4 不良地产处置模式

不良资产处置是指通过综合运用法律允许范围内的一切手段和方法，对资产进行的价值变现和价值提升的活动。资产处置的范围按资产形态可划分为：股权类资产、债权类资产和实物类资产如房地产。

所谓不良地产处置模式是指地产基金投资收购银行的不良信贷资产（地产），通过资产转让或者改造后转让等方式寻求资产的增值，如高盛、摩根斯坦利等几大国际著名的投资银行就对国内不良资产的处置和投资情有独钟。

目前，在我国专门从事不良地产处置的地产基金规模较小。不良地产基金处置基金运营取得成功，主要取决于以下几方面：一是良好的项目渠道，即地产基金要与银行建立良好的战略合作关系，从中可以获得具有市场潜力的项目源；二是很强的地产项目运作能力，能够通过重新运营使不良地产快速增值，从而转售获利退出。

### 8.2.5 我国地产基金发展现状及趋势

目前，我国地产基金发展还处于初级阶段，主要参与房地产一级市场的投资活动。一方面，很多地区还存在着较大的房地产增量需求，其中包括生活水平提高引致的改善需求，城镇规划、拆迁带来的被动需求以及低利率引发的投资需求。这样一来，再加之传统文化的影响，我国便形成了以商品房成片开发为主导模式，以增量市场为主要市场的房地产市场格局。另一方面，我国的房地产运营模式与美国等发达国家和地区存在着较大的差异。在发达市场，包括物业收购、租赁、转让和管理环节在内的二级市场才是房地产的主要市场，开发商通常只承担房地产项目的建造工作。与发达国家和地区不同，我国的房地产二级市场一直没有发展起来，相关业务还很不发达，以致一级市场上的资金很难变现①。

我国房地产信托产品尚不是国际意义上的 REITs。我国第一个比较接近国际标准的房地产投资信托产品，为 2002 年 7 月 28 日由上海国际信托投资公司推出的新上海国际大厦项目资金信托，10 天内 2.3 亿元额度全部售出，反应空前热烈。然而，市场上的房地产信托产品主要集中在市政建设项目、危改小区项目等基础建设项目上，纯房地产项目的信托产品很少。

2004 年全国约有 31 家信托投资公司共计发行约 83 个房地产信托产品，募集金额约 122 亿元，而平均募集资金仅为 1.47 亿元。金融体系不完善，资本市场发育不健全以及相应的法律法规尚待建立，使得我国的房地产信托产品与 REITs 存在显著差异，运营模式较单一，规模较小，利率缺少弹性，期限较短，流动性较差②。

我国目前的地产信托基金，主要是直接投资于房地产，就是采取借贷形式参与投资开发。但这些都不是通常所说的符合国际定义的房地产投资信托基金，在派息比例、免税政策上都没有明确清晰的定义，都只是房地产投资信托基金的最初级的阶段。

我国急需完善 REITs 相关立法。目前国内有《信托法》、《信托投资公司管理办法》、《信托公司基金信托管理暂行办法》等相关条例。但是这些严格来讲都只是基础，还没有一个真正的房地产投资信托基金法出现，缺乏对基金的资产结构、资产运用、收入来源、利润分配和税收政策等加以明确界定和严格限制，致使国内的房地产投资基金大多处于较为散乱的发展阶段，缺乏统一的标准和经营守则。美国的 REITs 的法规历程非常艰苦。美国第一家 REITs 是艾森豪威尔总统创建的，在这个过程中间涉及到无数的法律税法的修改，如《房地产投资信托法案》、《税收改革法案》、《REIT 简化法》和《REIT 现代化法》的修改与颁布。

---

① 李宏媛："中国房地产投资基金起步模式的选择"，对外经济贸易大学硕士学位论文，2006 年。
② 颜永廷："我国房地产信托投资基金发展趋势"，《金融与经济》，2008 年第 4 期。

从长远来看，为了顺应开发出收益具有连续稳定性特点的金融产品如REITs的需求，我国的房地产投资基金应以资产经营型为主，侧重于房地产业的存量发展。发达活跃的房地产存量市场，将促进房地产价格的发现，从而形成较为均衡的交易价格以及合理的投资预期，提高房地产资产的流动性以及改善房地产市场的结构性矛盾，进而引导增量市场的需求结构①。

## 8.3 艺术品基金

### 8.3.1 概述

艺术品基金非常类似地产基金，也是股权基金的一种延伸，是对艺术品物权进行投资的私募基金，但规模远不如地产基金，运作模式也不如地产基金灵活多变，但专业程度比地产基金要求高。作为艺术与金融的结合，艺术品基金在运作过程中最核心的问题是如何做到金融资本与艺术品市场的融通，要求基金的操盘者既具备金融运作的专业能力，又具有独到的艺术鉴赏眼光。

由于艺术品市场与股票、房地产市场具有不相关性，使得艺术品投资成为高净值客户资产配置中不可或缺的一部分。艺术品基金最初诞生的缘由是一些艺术品爱好者的财力不足以买下主流艺术品，1904年在法国设立的熊皮俱乐部便向俱乐部会员募集资金，购买梵高、毕加索等大师的艺术作品，10年后这些作品拍卖，获得了5到10倍的收益。当初投资的初衷是拥有艺术品，而作为成熟金融产品的现代艺术品基金与当初艺术投资理念的差别是：拥有艺术品买卖之间的差价，从而获得经济利益。

艺术品基金作为艺术这种人类最高层次的创造性活动成果与资本相结合，一方面促进艺术产业的发展，同时，金融业发展也需要文化市场的支撑。精神的、感性的艺术探求与理智的、客观的资本运作矛盾又互补地产生艺术品基金独有的魅力。

### 8.3.2 艺术品基金运作模式

现代信托关系是艺术品基金运行的基础。艺术品基金就是在现代信托

---

① 李宏媛："中国房地产投资基金起步模式的选择"，对外经济贸易大学硕士学位论文，2006年。

关系基础上建立的一种组织（如图8－4），它的运行本质就是“受人之托，代人理财”。随着有限合伙制企业组织形式在私募基金中的运用，艺术品基金也开始实行有限合伙制企业组织形式。所以，艺术品基金通常采用信托制和有限合伙制两种企业组织形式（如图8－7、图8－8）。目前我国大量艺术品基金采取信托制形式。

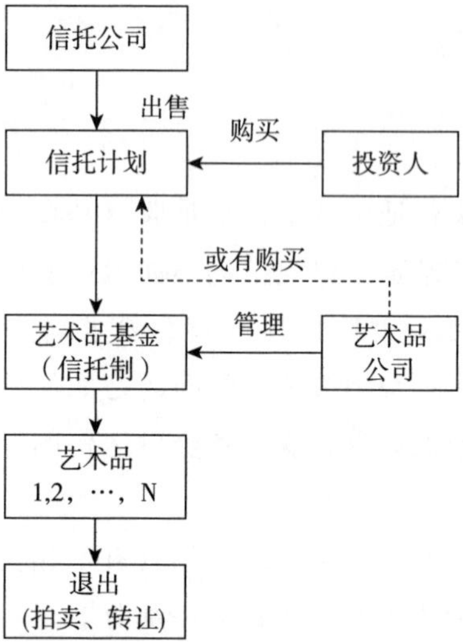


**图8－7 信托制艺术品基金运作模式**

信托制艺术品基金又分为融资型和投资型两类，前者属于广义的艺术品基金，后者属于狭义的艺术品基金。所谓融资型信托是指以艺术品为抵押，对价（consideration）资金计入艺术品基金项下，收购投资顾问指定的艺术品，到期后由投资顾问以约定的溢价回购如年利率10%。信托公司通过结构化设计、艺术品抵押担保以及第三方机构担保来防范风险。这类产品风险较小收益稳定，大多数信托公司比较青睐这种操作模式。因此，融资类艺术品信托是目前发行最多的。但是在这一模式下，信托项目所投资的艺术品价值涨得再高也没用，其收益率只取决于信托项目与投资顾问的回购协议。所以，融资型信托实质上是抵押贷款，其用途是过桥贷款，属

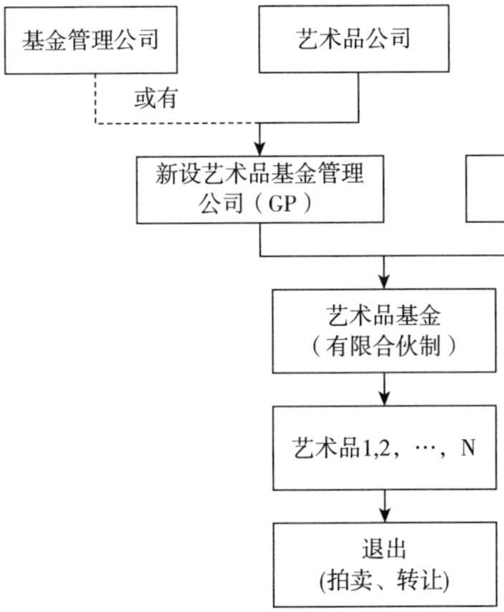


**图 8－8 有限合伙制艺术品基金运作模式**

于广义的艺术品基金[①]。

投资型信托艺术品基金是指在投资顾问建议下买入艺术品，依靠艺术品自身的升值为投资者带来收益的信托模式。这类产品通过引进专业的投资机构以及结构化的安排等手段来规避风险。

不论是信托制还是合伙制，因为它们的投资标的都是艺术品，都是通过拍卖、转让等方式进行退出，因此，它们的运作方式相似。

（1）基金管理架构

一个完整的艺术品基金包括资产管理人、基金运营人、资金托管人三方机构（如图 8－9），核心是基金运营人即基金的实际运作人，负责投资艺术品的筛选、评估、鉴定、买入计划、保管、卖出等等一系列环节。基金运营人一般由艺术品投资公司与资产管理人共同组建或专门委托艺术品投资公司负责。资产管理人，即信托公司，负责基金的设立、日常管理以及确保资产安全。银行作为第三方机构仅仅负责信托资金的托管，并不参与具体的投资运营。

① 俞洋：“中国艺术品投资基金发展研究”，云南财经大学硕士学位论文，2013 年。

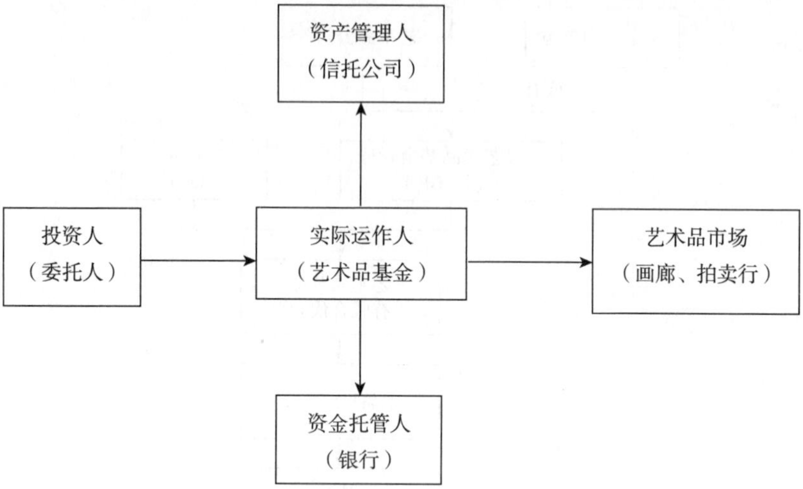


**图8-9　艺术品基金参与者**

艺术品基金架构中一般包括投资决策委员会和顾问委员会，前者是基金的决策机构，后者是艺术品顾问机构。

投资决策委员会是基金非常设的一个决策机构，负责决定所管理艺术品基金的有关投资目标、原则、策略、计划、资产分配及投资组合的战略规划，是艺术品基金投资决策的最高机构，在遵守国家有关法律法规的前提下，对所管理的艺术品基金拥有最高决策权。投资决策委员会成员一般包含艺术类专家、基金管理专家以及市场营销专家等。

顾问委员会由艺术品鉴定专家和艺术品市场研究专家组成。主要职责是为投委会提供相应的艺术专业知识、艺术市场价值评判标准与取向，以及相关的艺术咨询服务，把关艺术品真伪、艺术价值评判以及分析艺术品市场行情态势。其中市场方面专家负责对目前艺术品市场价格的分析，寻找被低估的和增值前景看好的艺术品，初步拟定投资方向和计划。鉴定方面的专家则负责对初步拟定的艺术品的真伪进行判断，过滤掉其中的赝品。

（2）基金运作流程①

艺术品基金运作大致分为买入、保管、出售三个阶段。对于一家艺术品基金来说，确保买入的不是赝品，同时价格合理，是基金能否赚钱的关

① 俞洋："中国艺术品投资基金发展研究"，云南财经大学硕士学位论文，2013年。

键。正因为如此，绝大多数基金公司把大量的资源都投入到“买入”这一环节。渠道选择、品种选择以及鉴定估价是买入阶段的几个关键点。

首先是渠道选择。拥有畅通的进货渠道，是艺术品基金首先需要考虑的问题。占据艺术品市场半壁江山的拍卖行自然也是艺术品基金进货的主渠道。从拍卖会中买入至少有两大好处：一是作品的真伪更有保障，拍卖毕竟是在大庭广众之下进行，如果是赝品更容易被发现；二是拍卖纪录更为公开，也避免了一级市场交易可能带来的质疑。如果通过一级市场买入，价格高了投资人会认为有利益输送嫌疑，价格低了投资人又可能怀疑买的东西不对。不过大多数基金还是一、二级市场两条腿走路，甚至有些基金完全偏向于一级市场，包括从藏家、画廊、艺术博览会、文物商店等进货，特别是对于那些准备购买由某家画廊独家代理的艺术家的作品时，由该画廊买入是最佳选择。从一级市场进货，最大的好处在于价格会相对较低，而且还可以避免拍卖公司高达15%的买方佣金，这对追求投资回报的艺术品基金来说是一大项开支。

其次是品种选择。各个艺术品基金对于投资哪些品种往往有不同的选择。对于拍卖市场的几大类艺术品（古代书画、近现代书画、当代书画、油画、瓷器、杂项）来说，艺术品基金更为喜欢的是近现代和当代书画。近现代书画之所以热门，主要是市场较大，流通性较好。古代书画鉴定起来难度很大，既有老仿，又有新仿，让人防不胜防。即使是上了古代书画著录的作品，也往往只有几句简单的描述，作品到底是什么样的，往往无人知晓。近现代书画，大多还是能查到明确的出处。而国内当代艺术市场，虽然面临画家太多、艺术地位未定等不确定因素，但艺术家一般仍在世，真假鉴定相对容易。加上海外藏家对中国当代艺术的关注，因此不少艺术品基金也把当代艺术作为重要投资方向。

最后是艺术品鉴定与估价。在确定了购买意向后，艺术品基金的主要任务就是鉴定和估价了。艺术品市场中，赝品一直是一个大难题。因此，建立一支合格的研究团队、权威的专家鉴定，是艺术品基金共同的目标。每一家艺术品基金也都会不厌其烦地强调他们在这方面的优势。不过，现在大多数艺术品基金公司自身专家力量有限，除了少数行业领头羊，如保利艺术投资之外，几乎都会外聘专家，这些专家的主要职责是鉴定作品真伪。通常对于每件作品，都会有至少三位专家背靠背鉴定，并实行一票否决。至于估价，一般不是外聘专家的任务，这个主要由艺术品基金的研究团队决定。他们会根据作品的艺术地位、该作品曾经的市场成交情况、类似作品的市价等因素进行确定。

购入艺术品后要进行保管，但保管并不仅仅是保护艺术品存放的安全，更重要的是通过可行有效的方式，比如策划展览、媒体宣传等手段来提升已投资艺术品的市场认同度和市场价值，这需要基金管理人与策展人、评论人、博物馆等多方面建立良好的关系。另外，也可以寻找机会出借艺术品展出，将不能产生现金流的藏品转变成能够产生租金收入的艺术资产。除委托第三方机构保管，基金也可自己建立美术馆保管艺术品。这种做法虽然一次性固定投资较大，但从长期来看，不但能为基金节省保管费用，还能吸引投资人。

拍卖是艺术品出售比较理想的渠道。艺术品基金购入艺术品后就会选择合适的机会通过拍卖或转让的方式出售艺术品。有些存续时间较短的艺术品基金为了加快出售速度，一年举办春拍和秋拍两次拍卖。期限长一点的艺术品基金，一般会确定一个长短配置比例，比如30%做长线，70%做短线，进行滚动操作。至于长短比例，各个基金有所不同，但由于对流动性问题的顾虑，不少基金都倾向于更高的短线比例。由于退出和拍卖关系密切（买入也和拍卖关系密切），不少艺术品基金都与拍卖行有着紧密合作，甚至自身就是“艺术品基金+拍卖行”的架构。这是基金打通产业链的一种经营方法，这为艺术品基金的买入、退出提供了极大的便利，并且能够降低艺术品基金的运营费用。文交所（文化产权交易所的简称）是我国新兴的艺术品退出渠道。文交所主要从事文化产业相关的权利流转、艺术品（非“份额化”）等交易活动的服务示例工作，为文化领域的权益流转、对接提供全面、规范的市场平台。除了拍卖行和文交所，还有一种就是协议转让。协议转让多数私下操作，既可以规避相关费用，又可以避免引起媒体和公众的关注。因此，有不少基金都选择了在艺术品交易免税的香港进行转让交易。

（3）基金增信①

艺术品基金为了吸引投资者大多会采取一些增信措施，如基金管理人

① 俞洋：“中国艺术品投资基金发展研究”，云南财经大学硕士学位论文，2013 年。

投入 10% 左右的资金，风险共担、收益共享。这个比例比一般股权基金的基金管理人的出资要高出许多。信托型基金的增信措施则区分是融资型还是投资型。融资型最主要的增信措施是回购，即投资顾问保证到期滞销艺术品时，投资顾问需履行溢价回购义务；而投资型的主要增信措施则是分层（结构化设计），即将信托分为优先级和次级（劣后级），这也是仿照证券类信托的常用做法。比如西安信托发行的艺术品基金信托，投资顾问北京邦文艺术投资公司投入 1/4 资金，购买次级信托，如果基金出现亏损，先由次级资金来对冲风险；如果盈利超过优先级的基础收益，超过部分由双方五五分成。此外，北京邦文还承诺，如果买入赝品，由其赔付；如果基金到期艺术品滞销，由其回购。

（4）期限与赎回[①]

除了收益率，流动性也是投资者购买艺术品基金时重点考虑的因素，而投资期限和投资者能否赎回是考量流动性的两大指标。多数艺术品基金认为，艺术品投资需要有较长的周期，5 年是比较合适的期限，许多投资型产品都是以 5 年为期，其中又可分为“3 + 2”，“3 + 1 + 1”等。但是，目前中国 2 年期甚至期限更短的产品较多，主要原因是艺术品基金大多不愿设置赎回机制。

### 8.3.3 艺术品基金优劣势及其风险

艺术品投资是一个传统的投资方式，在艺术品基金出现之前主要是一些个人投资者在进行艺术品投资，其中主要是富人和收藏爱好者。艺术品基金的出现使得这个市场更为活跃，相对于个人投资者来说，基金的优势也是显而易见的，但同时也存在许多问题。

（1）基金的优势

首先在投资价格方面，基金能以较低的价格购买艺术品。基金可以以较大的资金一次性购买系列作品从而获得相应的折扣，或利用其广泛的网络资源采取直接通过一级市场交易的方式；其次基金有着较大的资金，这样有利于组合投资，分散风险；再有就是专业性，经验丰富的艺术品专家与基金投资管理人的组合使理财服务更专业[②]。

---

① 俞洋：“中国艺术品投资基金发展研究”，云南财经大学硕士学位论文，2013 年。

② 黄单华：“我国艺术品投资市场的基金运作研究”，湖南大学硕士学位论文，2010 年。

（2）基金的劣势

艺术品市场是属于少数人的市场，作为一种非标准化产品，艺术品缺乏权威的估价，价值波动大，风险很难把握；其次，基金产品需要定时公示收益率，但艺术品流通性比较差，变现存在困难，所以很难判断基金的升值情况；另外，还存在艺术品保管等问题，所要求的专业性过强。还有就是艺术品基金的存续期过短，这和艺术品的属性是相冲突的，艺术品本身就需要较长的投资周期。

（3）基金的风险

艺术品基金与其他基金一样存在宏观经济风险、估值风险以及道德风险等，但艺术品基金还有一个突出的风险就是艺术作品真伪以及保存风险。

从国内的现实情况来看，目前并没有哪个机构可以100%鉴定艺术品的真伪，这也是艺术品基金在运作中不可避免会遇到的风险。相对个人投资者，基金作为机构投资者，可以通过一系列的方法尽可能降低这方面的风险。比如，尽可能购买一些保留完整文献的作品、通过一些专业仪器检测和一些行业专家的眼力进行判断等方式。另外，为了最大限度保护基金投资者的收益，使风险在一个可控的范围内，有的艺术品基金引入了次级股的结构，即基金管理人的投资资金占比在10%～30%，如果基金出现亏损，首先由这部分次级股来对冲风险。

另外，艺术品保存也存在很大风险。艺术品对品相要求严格，直接影响艺术品的市场价值，这就对艺术品保存条件提出了苛刻的要求。目前艺术品基金普遍是将所投资的艺术品放在拍卖行或者文协会等机构。

### 8.3.4 国内外艺术品基金发展状况

（1）国外艺术品基金发展状况

国际艺术品基金的历史最早可以追溯到1904年法国的熊皮基金。从严格意义上来说，这并不是一个真正的艺术品基金，而更像是一个由艺术品收藏爱好者组成的民间收藏协会。熊皮基金共有13位会员，他们多是中产阶级，出于对艺术品的收藏的共同爱好走到一起。熊皮基金成立的初衷是由于艺术品投资通常涉及巨额资金，而个人所能投入资金有限，因此通过协会联合众人的资金进行购买。熊皮基金的会员每年缴纳250法郎，购买当时一些并不太出名但他们认为潜力巨大的画家作品，如毕加索、梵高、马蒂斯等。

从1904年成立到1914年即第一次世界大战前完全退出，熊皮基金运行10年，总投资27 500法郎，最终收益116 545法郎，年化收益率达到15.54%。熊皮基金作为历史上第一支艺术品基金，虽然在管理、运作等方面不够规范，但仍给后来者很多启发。比如它在收购艺术品时对不同时期、不同国家、不同风格流派的作品都有涉及，进行组合投资以分散风险。它在退出时选择与拍卖公司合作，并且采用边收购、边退出的方式，有效地减少了艺术品流动性低的风险。更重要的是，熊皮基金从价值投资的角度寻找被市场低估的作品①。

1914年，鼎盛期之后的熊皮基金退出了历史舞台，之后很长时间，鲜有真正意义上的艺术品基金在市场上出没。直到1974年，英国不景气的经济前景和严重通胀使得铁路养老基金（British Rail Pension Fund）开始探索新的投资路数。当时，该基金创始人统计学专家列文建议，从每年可支配的总流动资金中，拨出5%（约1亿美元）以投资组合的方式进行艺术品投资。并由曾经参与苏富比年鉴编辑工作的艾德尔斯坦负责打理和保管英国铁路养老基金的艺术品，另一位统计学专家斯通弗罗斯特则负责督导英国铁路养老基金的整个艺术品投资计划。其投资方式很特别：每次拍卖会，购入的都是最贵、最好的一件拍品。就这样，连续购入了2 500幅画。1999年，也就是在25年后，该基金将这些画作转手之后，获得了近3亿美元的收益，平均年收益率超过了20%。英国铁路养老基金的破晓之举，引发了一股机构介入艺术品的投资热潮。

1989年，由大通银行的分支机构负责管理的大通艺术基金（Chase Art Fund），获得30亿美元担保，并通过巴黎银行艺术品投资顾问机构主办的巴黎银行基金（BNP Paribas Fund）投资艺术品。这算得上是金融界第一只艺术品投资基金。但由于收藏费用增加导致成本过高，最初制定的销售计划也尚未跟随市场环境而做出调整，其损失达到投资金额的40%，接近800万美元。此外，Morgan Grenfell发售的一支2 500万美元的艺术品基金，日本Itoman Mortgage Corporation投资的5.2亿美元购买7 300件西方现代主义及印象派的绘画作品，同样都以严重亏损告结。但这些失败并没有阻止

① 俞洋："中国艺术品投资基金发展研究"，云南财经大学硕士学位论文，2013年。

艺术品基金投资人的投资热情。2000 年的一年里，全球超过 50 家主流银行提出了建立艺术投资基金意向，或增设为客户提供艺术品投资服务的项目，并且各种小众型艺术品基金也相继成立[①②]。

英国的艺术交易基金（Art Trading Fund，ATF）成立于 2007 年 4 月，它是第一支运用金融衍生品进行风险管理的艺术品基金。传统艺术品基金分散风险的方法局限在不同艺术品种类的配置上，即选择不同国家、种类、年代、风格的艺术品进行多元化配置，以此来应对艺术审美转向、市场偏好转移造成的不确定性风险。但是当发生系统性风险时，即艺术品市场出现全球性萎缩或整体下滑时，上述风险控制机制无法实现。ATF 采用期权来对冲风险，选择那些与艺术品市场关系密切的公司比如苏富比拍卖公司，买下该公司股票的看跌期权。如果艺术品市场下跌，苏富比的股价通常也会下跌，从而使风险得到对冲。这种方式为艺术基金的管理和运作提供了新的可能，使得实物交易与金融交易两种模式联动，为艺术品提供了金融衍生工具的避险方式[③]。

（2）国内艺术品基金发展状况

艺术品投资是继证券、房地产之后兴起的又一重要的投资市场。从世界规律看，当人均 GDP 超过 4 000 美元时，会进入艺术品市场的流行期，我国目前人均 GDP 就处于 4 000 多美元的水平。与此同时，艺术品基金的出现，也改变了过去艺术品市场以传统藏家为主的构成，艺术基金在内的机构成为了市场中的主导力量。但我国艺术品基金的发展历史非常短。

2005 年 5 月的中国国际画廊博览会上，一家来自西安的名为“蓝玛克”的私募艺术基金，以 50 万美元的价格收购了当代油画家刘小东的一组作品。从此，国内艺术品基金逐渐崭露头角。

2007 年是中国艺术品基金的元年。2007 年 6 月，中国民生银行从银监会拿到了中国银行业第一个“艺术基金”牌照，并推出了首个银行艺术品理财产品“非凡理财·艺术品投资计划 1 号”。该基金投资期限为两年，投资门槛 50 万元，面向私人高端客户限量发售，所募集资金按照一定比例

① 俞洋：“中国艺术品投资基金发展研究”，云南财经大学硕士学位论文，2013 年。
② 李岩、苏鑫：“艺术金融产品的风险控制——基于艺术品价格指数的期货合约设计”，《管理学家》，2013 年第 17 期。
③ 俞洋：“中国艺术品投资基金发展研究”，云南财经大学硕士学位论文，2013 年。

投资于中国现代书画和中国当代艺术品。根据民生银行网站公告，该基金最终的年化收益率达到 12.75%，远远高于一般的理财产品，可谓交出了一份满意的答卷，民生银行也因此成为国内第一家涉足艺术品投资领域的金融机构。

2009 年保利文化携手国投信托以及建设银行合作发行了“国投信托 - 盛世宝藏 1 号保利艺术品投资集合资金信托计划”。该产品计划募集资金规模4 650万元，期限为 18 个月，预期最高收益率为 7%。信托资金主要用于购买著名画家知名画作的收益权，闲置资金用于银行存款。保利最大的优势在于得到保利文化下属的保利拍卖、保利艺术中心等的全方位支持。保利拍卖作为全国数一数二的拍卖公司有着经验丰富的专家团队，能保障所投资的艺术品的真实性，并且能为艺术品购买、退出提供良好的渠道。在此之后，大量艺术品信托基金开始出现，并成为艺术品基金的主流模式。

从 2009 年到 2011 年，艺术品基金的数量不断上升。2011 年中国艺术品进入“亿元时代”，大批金融资本开始涌入国内艺术品交易市场当中，促使艺术品领域在短时间内步入到了“资本时代”的行列之中，完成了金融资本与艺术市场的对接。2009 年以前，艺术品基金主要是以银行及私募基金为主，此后信托制艺术品基金迅速发展，到了 2011 年已经占据了艺术品基金市场的主导地位。据不完全统计 2011 年全年共发行 44 款艺术品信托，发行规模 55 亿元①。

---

① 俞洋：“中国艺术品投资基金发展研究”，云南财经大学硕士学位论文，2013 年。

CHAPTER 9

# 第9章 股权众筹 (Equity Crowdfunding)

股权众筹（Equity Crowdfunding）是众筹中的一种，基于互联网平台面向普通投资者融资的新型股权投资方式。股权众筹借助互联网思维，其运行机制具有很强的公共性以及非专业性特点，包括资金筹集以及项目决策。股权众筹依托互联网技术，丰富与扩展传统股权基金内涵与外延，是对传统股权投资的有益补充，但其监管面临着新的挑战，尤其是在我国。随着股权众筹在我国的发展，监管部门正在探索一套科学的监管体制确保其健康有序发展。

## 9.1 众筹概述

### 9.1.1 众筹起源

“众筹”一词作为一种筹资现象，来源于19世纪欧洲一些音乐家、作家和艺术家向自己的粉丝筹集资金完成自己的艺术作品或展示自己的作品，并非经济行为。例如1783年，为了在维也纳音乐大厅表演新谱写的三部钢琴协奏曲，莫扎特以提供手稿为代价希望粉丝为其筹资，然而并没有成功。直到一年以后，当他再次发起“众筹”时，176名支持者才让他这个愿望得以实现，这些人的名字都被记录在协奏曲的手稿上。早期众筹不用借助平台，只限于小范围的，规模和影响力比较小，而且不存在商业目的。而现代意义上的众筹，首先，要借助一个公共平台，如互联网平台；其次，面向公众；第三，属于经济行为范畴。

2005 年美国建立了世界上第一个众筹平台 Kiva，在这个平台上创业者只需要有资质良好的受托方认证便可争取无息贷款，但平台本身并不以盈利为目标。之后，Kickstarter、IndieGogo、AngelList、Lending Club 等众筹网站陆续上线，众筹逐渐成为一种新兴的融资手段，改变了众多中小企业融资和小额投资人投 资的方式。与此同时，商业化的筹资平台也开始出现。

众筹之所以发展迅速，主要原因：一是金融市场上投融资需求无法实现有效对接。中小企业特别是科技型中小企业都面临着巨大的资金缺口，然而现存的融资渠道难以满足其资金需求。传统的银行金融机构是企业融资的主要渠道，但由于运营成本较高且受中央银行存款准备金的限制，出于最大化提高资金使用效率以及降低资金回收风险的考虑，银行金融机构对贷款对象资质要求很高、手续也很繁琐，中小企业特别是科技型中小企业通常会被银行拒之门外，难以获得融资。而民间融资虽然手续简单、灵活方便，但是利率较高，会加重中小企业的融资成本，并且因为游离于金融监管体系之外在额度方面受到政策法规的极大抑制，中小企业只有在急缺资金周转的情况下才会使用。与此同时，众多中产阶级等小额的单个投资人却难以找到合适的投资渠道，传统的投资渠道如资本市场风险高、资金规模要求大，不适合于单个投资人。因此，众筹平台一经出现，便快速发展。

### 9.1.2 众筹定义

众筹发展时间尚短，学术界对现代众筹还没有统一定义。迈克尔·萨利文在维基百科中将其定义为：众筹描述的是群体性的合作，人们通过互联网汇集资金，以支持由他人或组织发起的项目。Molick 认为众筹是融资者借助于互联网平台为其项目向广泛的投资人进行融资，每位投资人通过少量的投资金额从融资者那里获得实物或者股权回报①。

总之，现代众筹的本质是商业投资项目借助互联网平台，面向公众投资人筹资，属于公众小额集资。所以，众筹运作主要包括众筹平台、投资

---

① 李真：“互联网金融：内生性风险与法律监管逻辑”，《海南金融》，2014 年第 4 期。

人和筹资人三个组成部分。

众筹平台即互联网平台。众筹平台的功能主要有两项，一是信息平台，二是交易平台。不同的运作模式决定众筹平台的功能性。众筹平台除负责搭建公共平台外，还充当筹资人的推荐人、监督者以及辅导者。另外，众筹平台还是投资者的利益维护者。众筹平台的主要工作包括项目审核、平台搭建、营销推广、产品包装和销售渠道等。

投资人即公共投资人。所谓公共投资人即没有设置投资门槛，也无需对投资人进行审核。公共投资人通过浏览众筹网站选择适合自己的项目进行出资。投资人可以以单个投资者的身份进行投资，这是比较传统的运作方式，风险较大，因为单个投资者不是专业投资者。为了提高投资效率以及降低投资风险，投资者作为出资人，平台作为管理人，以众筹基金形式进行运作是欧美国家常用的方式。

筹资人即众筹项目。众筹项目一般来自于中小企业甚至是小微企业，所以，众筹项目有以下特点：一是项目处于早期，而且有可能是早早期，如创意阶段；二是融资规模不会很大，比较适合于小规模的投资人；三是项目商业模式比较明了，一般投资者都能看懂，否则投资者不敢投资，因此，一些文化及传统领域项目比较适合众筹，成功筹资的案例较多。科技类包括一些创意设计类项目众筹时难度较大，也须谨慎。因为，这类项目的核心往往是一个全新的创意，当筹资人为了引起广大公众兴趣将创意公诸于众时，就有可能面临被竞争对手模仿甚至窃取的风险，即使能够通过诉讼途径获得一定赔偿，但其中的时间成本、法律成本往往是中小企业难以承受的。此外，一个企业的新创意往往会给竞争对手启发，使他们开发出同类型的产品与该企业争夺市场，这也是融资者所不愿看到的。只有在完善的知识产权保障体系下，更多科技、设计类项目才会在众筹平台上融资，而不必担心自己的创意被竞争对手窃取。也有个别企业为了加强用户的交流和体验，在实现筹资目标的同时，强化众筹模式的市场调研、产品预售和宣传推广等延伸功能，号召公众（潜在用户）介入产品的研发、试制和推广，以期获得更好的市场响应。众筹平台出于对投资人权益的保护一般会对筹资项目进行初步审核①。

---

① 曹祎遐、朱天运：“众筹模式颠覆融资理念”，《上海信息化》，2014 年第 4 期。

### 9.1.3 众筹分类

目前，众筹平台主要有四种类型，一是满足投资人追求超额投资回报以及愿意共同承担投资风险的股权众筹；二是满足投资人获得固定回报、安全系数大的债权众筹。三是满足投资人追求特定投资目标的实物众筹，也叫回报众筹；四是满足投资人追求社会价值的公益性众筹，也叫捐赠众筹。

（1）股权众筹

股权众筹是指融资者借助互联网上的众筹平台将其准备创办的企业或项目信息向公共投资人展示，吸引其以权益性方式投资的融资模式①。股权众筹中筹资人通常为初创企业，特别是应用软件和电子游戏开发、电影、音乐和艺术领域的初创企业，而众筹网站充当信息平台以及交易平台，投资人获得股权，与筹资人共担风险，共享收益。目前国际上比较著名的股权众筹网站有 Kickstarter、CrowdFunder、Wefunder 和 AngelList。

（2）债权众筹

债权众筹是指筹资人通过众筹平台承诺在约定时间内对若干投资人偿还本金及付出固定回报的筹资方式。众筹网站在当中主要发挥借款中介作用，但也有网站提供还款担保。企业或个人通过众筹平台向若干出资者借款，当项目完成或有阶段性成果时或之后，须向投资人返还所借款项以及承诺的利息。债权众筹类似 P2P 网贷，但 P2P 网贷强调的是资金需求者和资金供给者自动撮合，投资额大小不一，而债权众筹强调投资份额，更加接近证券化，以便交易。一般来讲，债权众筹投资回报小于 P2P②。

Kiva 是国际上著名的一家债权众筹网站。但是在我国，债权众筹在法律上有较大障碍。根据我国最高人民法院《关于审理非法集资刑事案件具体应用法律若干问题的解释》的相关规定，债权众筹涉嫌非法集资或非法吸收公众存款罪③。

（3）回报众筹

回报众筹是一种基于预购和奖励的筹资方式，其中预购众筹是指筹资

---

① 杨东、刘翔：“互联网金融视阀下我国股权众筹法律规制的完善”，《贵州民族大学学报（哲学社会科学版）》，2014 年第 2 期。

② 李雪静：“众筹融资模式的发展探析”，《上海金融学院学报》，2013 年第 6 期。

③ 卓方芳：“非法吸收公众存款罪的理解与适用”，湖南师范大学硕士学位论文，2013 年。

人通过在线发布拟推出产品或服务信息，并辅助以优惠价格，对此产生兴趣的投资人可以选择支付购买，从而完成项目融资。这在一定程度上能够替代传统的市场调研，并直接进行需求的有效分析。也就是说产品或服务在创造出来前，就已经发布在网站上吸引投资人，投资人选择投资后，会在规定期限内收到该产品或服务。筹资流程由筹资人开始。首先，筹资人发起筹资，把筹资项目的内容发布到网站上。每个项目必须在发起人预设的时间内获得超过目标金额的投资，否则会被下架并且不能获得任何资金。投资人选择自己感兴趣的项目，并投资小额的现金。项目成功后，网站将监督筹资人执行项目，并确保项目完成后筹资人发放实物报酬。报酬必须是非现金或者非股权式的，大多为实物回报或者服务承诺①。

出版众筹是一种比较典型的回报众筹。从出版产业角度来讲，众筹模式更像一个产业平台和创业孵化器，出版内容的来源，前期的加工、制作都可以通过众筹模式进行，通过众筹网站的运营管理，能够把创业者初期所需的资金、媒介推广、设计、印刷及出版发行等各种利益相关者联结起来。

美国的 Kickstarter 网站以及中国的“点名时间”都采用该种模式。中国的“点名时间”更加考虑了投资人的利益：项目筹资成功后网站先付50%的资金给项目发起者，在确认项目完成了一半或接近完成后再付余款，以保证项目如期进行，投资人能够收到回报。此外，在“点名时间”筹资的项目，发起方无需向“点名时间”平台缴纳手续费，不仅刺激了筹资人的积极性，也可以避免众筹平台本身以收取手续费为目的向广大投资人过分推销各种筹资项目力促项目成功融资②。

奖励模式与预购模式的不同之处在于筹资人一般不向投资人直接提供增值产品或服务，通常是以象征性奖励作为回报，如印有 LOGO 的文化衫、VIP 资格等等。奖励众筹主要应用于文化类，如电影、音乐以及新闻等创意项目的融资，其中比较典型的是新闻众筹。新闻众筹主要有三个特征：一是面向数量众多、面目不清的群体募集资金；二是提出详尽的新闻报道计划以及回报层级；三是通过众筹形式支持项目完成并获得相应的奖励

---

① 孟韬、张黎明、董大海：“众筹的发展及其商业模式研究”，《管理现代化》，2014 年第 2 期。
② 孟韬、张黎明、董大海：“众筹的发展及其商业模式研究”，《管理现代化》，2014 年第 2 期。

回报[1]。

（4）捐赠众筹

捐赠众筹是指在筹资过程中投资人不获得任何实质性的补偿，捐赠众筹主要适用于红十字会等非政府组织（NGO）对特定项目的募捐[2]。由于NGO 发起的特定项目款项具体用途明确具有社会公益性，并在项目运作中保持较高的透明度，投资人往往更愿意捐赠。捐赠众筹所涉及的项目一般金额相对较小，这对于投资人投身公益也是一种鼓励，而且众筹平台也不收取融资方佣金。公益科研众筹是一种比较典型的捐助众筹。科研众筹是基于某一科研项目而发起众筹，比如服务于特定病人社群的医学研究，强调环保意义的海洋动物保护项目等。

2014 年 ALS 冰桶挑战就是捐赠众筹较为成功的案例。“冰桶挑战赛”（ice bucket challenge），这个活动要求参与者在网络上发布自己被冰水浇遍全身的视频内容，然后该参与者便可以要求其他人来参与这一活动。活动规定，被邀请者要么在 24 小时内接受挑战，要么就选择为对抗“肌肉萎缩性侧索硬化症”向公益协会捐款 100 美元。这么做的目的是让更多人知道被称为渐冻人的罕见疾病，同时也达到募款的目的。截止到 2014 年 8 月 19 日，ALS 冰桶挑战赛为公益协会带来的捐款数已高达 1 140 万美元，而 2013 年同期仅为 170 万美元。

### 9.1.4 运作流程

众筹网站的一般融资流程主要包括项目构思、项目审核、项目发布、项目宣传、项目筹资、项目管理以及项目回报七个步骤。

第一步：项目构思。筹资人策划拟筹资项目，制定可行性融资方案，选择目标众筹平台并设定融资金额、融资期限和回报方式。

第二步：项目审核。众筹网站接受筹资人融资申请，通过执行自身的筛选机制以降低项目风险，保护投资人利益，尤其要杜绝欺诈现象。

第三步：项目发布。筹资人与众筹平台签订合同或协议，确定第三方资金托管银行，并将审核通过的项目通过创建项目主页，借助视频、图片以及文字叙述等形式尽可能作项目详细说明，以期打动投资人。

---

① 栾轶玫：“新闻众筹：我的新闻你做主?”，《中国传媒科技》，2013 年第 23 期。

② 李雪静：“众筹融资模式的发展探析”，《上海金融学院学报》，2013 年第 6 期。

第四步：项目宣传。众筹网站除在首页进行项目图标展示外，还会利用官方微博、微信平台甚至举行发布会或媒体见面会等进行新项目推送。当然筹资人也可以自行通过线上或线下社交平台宣传项目。通常情况下，项目宣传与项目筹资同时进行。

第五步：项目筹资。投资人在融资时限内对项目予以资金支持。待融资期限到期后，若完成预先设定的筹资金额，众筹网站会根据风险防范的需要将募集到的资金分批拨付给筹资人。若在规定的期限内未筹集到拟筹资金额，则意味着项目失败，众筹网站将退回已选择支持项目的投资人款项，筹资人可择机等待下次融资。

第六步：项目管理。在众筹中，投资人可以借助平台对项目进行适当监督管理。此时，众筹平台提供投资人和融资者之间的沟通渠道，如众筹平台可设立投票决策机制，即投资人可以对融资者的产品或者管理方式进行投票。当投票满足一定数量时，融资者需要听取投资人的意见。由于投资人背景不同、数量较大、这种方式可能导致繁冗的投票，所以平台可采用候选人制度，只有符合一定条件的投资人才具有投票权①。

第七步：项目回报。筹资人在项目完成后，根据当初承诺的回报方式（通常为项目衍生品），向投资人支付相应的报酬。

### 9.1.5 盈利模式

众筹平台盈利方式有多种，主要有以下三种：一是成交费，即按照实际募资总额的一定比例收取，通常为3%至10%，可以单边向融资者收取，也可以由募投双方承担。成交费只有项目成功时才收取，支付方式既可以是现金也可以是融资方项目企业股权。二是会员费。有些众筹平台采取会员制，即融投各方支付一定会员费用，一定时间内融资者在平台上创建项目不受限制，投资者查阅项目不受限制。三是衍生产品收费。众筹平台除了为融资者和投资者提供常规服务外，一些众筹网站还提供增值服务，如咨询服务、材料评估、视频制作软件或专题位置等。

### 9.1.6 众筹特点

一般情况下，股权众筹平台以及内部员工不持有本平台项目所属企业

---

① 王茜：“Crowdfunding——初创企业的融资救星”，《全球科技经济瞭望》，2013年第12期。

的股权，不能建立资金池，不能提供投资建议，不能劝诱或通过他人劝诱购买所提供众筹证券。众筹运作灵活多变，对投资人与融资者都极富吸引力。作为一种新兴的融资模式，对丰富金融市场发挥着一定的作用。在实践运用中，主要表现出以下特点：

（1）公共性

指众筹平台公共性，即众筹平台面向公共筹资人和公共投资人。所谓面向公共筹资人，指对进入平台进行融资的项目，监管机构不设门槛，只是平台内部进行审核，并采取公开宣传的方式进行宣传，有利于小微企业进行融资。因此，众筹可以轻松触及到传统金融机构如银行无法触及的地方。例如Erastus Kimani曾是名教师，他居住在肯尼亚的偏远地区，在那没有自来水，更别说银行了。但Erastus通过一部手机就吸引了全球各地的放贷人并成功众筹了1 700美元，支持他把陶炉内胆的产量扩大了三倍。Erastus只靠着一部手机就申请、接收、偿清了这笔贷款。所谓面向公共投资人，即指对进入平台投资的投资人，监管机构也不设门槛，即不存在所谓的合格投资人，并采取公开宣传的方式。因此，众筹平台面向不特定人群，可以网罗被传统投资方式排除在外的广大投资人，类似于公开募集。这一特点既是其发展优势，也是其发展劣势，因受各国金融制度的限制，如我国政府目前对于众筹的公共性采取非常谨慎的态度。

（2）非专业性

即去专业化，指融资方与投资方直接产生业务，传统的中间专业管理机构不再起作用，也就是说投资者不再委托专业的管理机构进行资金管理，自己对投资项目进行判断与决策，投资者就是管理者。如债权众筹时银行等专业中介机构不再起作用，股权众筹时基金管理机构不再起作用。但去专业化的同时也加大了投资风险，因此，众筹平台一般通过运作模式的创新，强化专业机构的作用。去专业化是对传统投融资手段的一个挑战。

（3）脱媒性

指众筹通过互联网终端，普通投资人可以随意选择自己感兴趣的投资项目，筹资人也可以通过电脑或者智能手机将自己的资金需求发到网上供投资人选择，两者之间不需要通过传统金融机构作为中介，减少了诸多繁杂的申请审核手续，融资者可以在短时间内筹得所需资金。此外，项目所有者可以通过众筹平台直接与客户建立联系，这种联系是为今后产品推向市场、并获得客户忠诚度和产品依赖度迈出的第一步，因此，众筹平台还为融资者提供了优秀的营销平台。另外，众筹平台还是一种测量产品或创意是否有吸引力的很有效的方式。

（4）证券性

指众筹为了吸引小规模投资人，而将融资规模细分等份，投资人可以认购若干单位资金份额。由于众筹证券性，交易非常方便。也正由于其证券性，而具有金融产品交易平台功能。

（5）风险性

指众筹风险性大于传统投融资方式。首先，从投资人角度，本身不具有投资专业能力，融资项目门槛又低，特别是对于债权投资，通常无需抵押担保，所以，相对于传统投资方式其风险性较大。其次，从融资者角度，特别是一些科技类以及创意类项目，由于众筹平台的公开性可能引发项目被抄袭的风险，不利于知识产权保护。第三，从社会角度，虽然单个投资者投资额度不高，但聚集庞大投资者，一旦发生投资风险，容易造成社会金融风险。第四，运作模式风险，即众筹融资中，作为单个中小投资者来说难以通过投资组合方式来规避投资风险，而传统股权投资可通过股权基金方式投资多个项目，从而通过投资组合来规避投资风险。

## 9.2 股权众筹运作模式

### 9.2.1 概述

股权众筹是众筹融资中的一种，指通过互联网方式发布项目信息并向普通投资者募集资金的股权投资方式。对于小微企业来说，相比天使投资以及创业投资，股权众筹表现出一定的优势：一是融资人跳过传统的中间管理机构，融资效率高，融资成本也低；二是资金来源于大众，而非专业的投资机构，弱化了投资人对企业经营管理的话语权，较好地维持了企业的自主性；三是由于大量的中小投资者参与投资，大大提高了企业融资成功概率。因此，股权众筹对于促进中小企业特别是小微企业融资发挥着重要作用。

股权众筹起步晚，由于受金融制度制约，各国也在不断探索符合本国国情特别是本国金融法规的运作模式。目前，在少数国家股权众筹已经获得了合法地位，如美国、意大利、法国以及英国等。意大利在美国之后通过了关于股权众筹的 Decreto Crescita Bis 法案，并随后发布了监管细则。加拿大没有设定全国性的众筹监管规则，而是由各省的监管机构负责监管，有的省合法如安大略省，但股权众筹在其他省份仍属于违法的融资形式。我国股权众筹刚刚起步，监管部门正在探索一套科学的监管制度。

股权众筹借助互联网平台线上业务以及线下业务特性，其运作模式大致分为线上运作模式以及线下运作模式，其中线上运作模式更能体现股权众筹的本质。

### 9.2.2 线上运作模式

所谓线上运作模式指众筹业务包括从项目发布到股权确认都可以在众筹平台实现，即实现了众筹平台的业务交易以及信息发布两大功能（如图 9－1），如 Wefunder 众筹网。

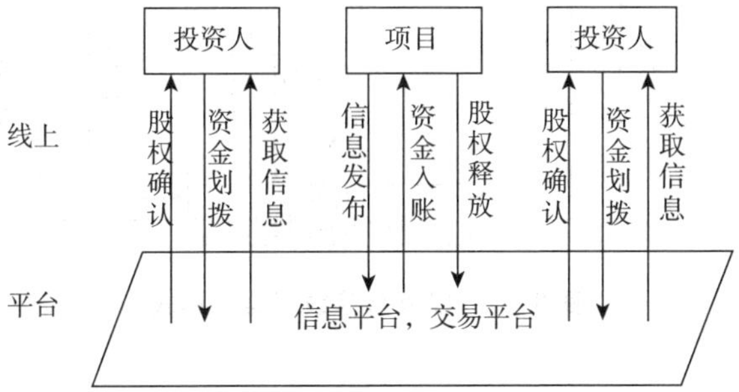


**图 9－1 股权众筹线上运作模式**

第一步，申请进入 Wefunder 网站的融资项目，上线前 Wefunder 网站进行详细的专业尽调，经认可后方可上线。第二步，投资者先把资金统一存入 Wefunder 指定账户，当投资者决定投资某个项目时，在相关网页上“Invest”并输入投资额，最低投资额为 1 000 美元，便可完成线上投资。第三步，Wefunder 网提供所有在线投资文件签署。第四步，融资方确认投资后，投资者就可收到融资方发放的股权证书，网上投资交易完成。第五步，网上投资交易完成后，Wefunder 一般会将所有确定投资的投资者集合起来专门设立一个独立的项目基金，以项目基金持有项目公司股权。因此，在法律上项目基金是项目公司的股东，投资者是项目基金的股份持有者。

网上交易模式集中体现众筹的核心，即公共性、非专业性以及证券性等，也正是由于这些特点，与许多国家的现行金融制度相抵触，所以，有些国家正在探索另外一种模式，即线下交易模式。

### 9.2.3 线下运作模式

所谓线下运作模式指众筹业务除项目发布外其他主要业务，如投资以及股权确认等业务都在线下完成，即众筹平台仅成为一个融资信息发布平台（如图9－2），如我国天使汇众筹网。

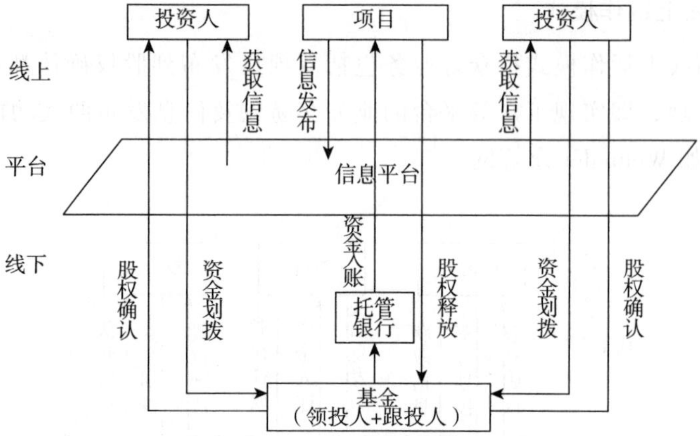


**图9－2 股权众筹线下运作模式**

为了减少由于非专业性带来的风险，众筹网通常采用“领投＋跟投”模式。这是由股权众筹平台AngelList首创，称为Syndicat（辛迪加）模式，也称联合投资体模式。所谓“领投＋跟投”模式，即由一个经验丰富的专业投资人或投资机构作为主要投资人并承担项目调查与决策工作，其他普通投资者选择跟投。

“领投＋跟投”模式中，普通投资人作为跟投人，选择跟随某个领投人并组成联合投资体，共同向领投人发掘出来的投资项目投资。而领投人负责找项目、项目调查，项目决策以及投资后管理，并在投资收益中获得一部分提成，作为其回报①。

① 杨东、刘翔：“互联网金融视阀下我国股权众筹法律规制的完善”，《贵州民族大学学报（哲学社会科学版）》，2014年第2期。

"领投+跟投"模式本质就是项目基金或众筹基金，其中领投人类似传统股权基金中的基金管理人，其最大优势是灵活方便。跟投人在每个投资项目中只需要投资一小笔资金，就可以借助联合投资体，充分利用领投人在投资领域的丰富经验。但与传统股权基金不同之处在于领投人需先寻找并确定项目后再根据项目所需资金规模来募集资金以及设立基金。而传统股权基金运作时，基金管理人是事先融资设立基金，然后再寻找项目并投资多个项目，最后通过投资组合来规避投资风险。因此，项目基金或众筹基金无法通过投资组合方式来规避投资风险。我国天使汇众筹网也采取了"领投+跟投"模式（如表9-1）。

**表9-1　天使汇线下"领投+跟投"模式主要内容**

| 众筹网 | 天使汇 | |
|---|---|---|
| 项目定位 | 科技创新项目 | |
| 项目融资时限 | 30天，允许超募 | |
| 项目资料完善与估值 | 领投人协助完善项目资料与确定估值 | |
| 投资人要求 | 要求有天使投资经验，审核非常严格 | |
| 领投人规则 | 资格 | 至少有1个项目退出的投资人方可取得领投资格 |
| | 激励 | 项目创业者1%的股权奖励；跟投人5%~20%投资收益 |
| | 费用 | 平台收取投资收益5% |
| 跟投人规则 | 费用 | 平台收取投资收益5%<br>领投人收取投资收益5%~20% |
| 投资人持股方式 | 投资人超过10人走有限合伙<br>10人以下走协议代持 | |
| 投资款拨付 | 一次性到账，没有银行托管 | |
| 手续办理 | 提供信息化文档服务 | |
| 平台收费 | 项目方5%服务费<br>投资人投资收益5% | |
| 项目信息披露 | 非常简单，没有实现标准化 | |

（注：根据丁辰灵《国内外创业众筹模式探讨》资料整理）

### 9.2.4 风险控制

股权众筹面向社会大众，而社会大众投资经验少，风险意识和抗风险能力较差，一旦发生风险，可能动摇的是社会普遍的投资信心，对整个金融结构都会有重大的影响。因此，股权众筹风险控制非常重要。

从平台层面，控制风险的措施有：一是风险提示，在平台上主页以及发布的众筹项目宣传链接中的醒目位置提醒投资人可能面临的风险；二是对平台上线的项目进行专业审核，并尽可能多地公布上线项目信息，包括从项目的启动、众筹计划发布、产品研发、产品制作、产品发表等各个环节都全方位地公布信息；三是对投资人进行风险意识教育，避免投资人过分依赖众筹平台的风险识别能力。四是严格领投人资质，除要求领投人具有丰富的投资经验外，还要具有良好的声誉，并且要求领投人加大投资比例以及参与投后管理。

从投资人层面，控制风险的措施有：一是尽可能选择在行业里信誉好的众筹网站；二是选择知名度大的领投人进行跟投；三是尽可能选择自己熟悉的领域进行投资；四是选择第三方进行资金托管，如大家投推出的一个中间产品“投付宝”，即投资人把投资款先存入由兴业银行托管的第三方账户，正式投资时再由第三方账户拨款，而且可以根据企业产品或运营进度进行分批拨款[①]。

从融资方层面，控制风险的措施有：一是在发布信息时，除透明信息外还要注意知识产权以及商业秘密的保护；二是融资的同时，注重选择投资人特别是领投人，以便投后合作以及获得更多的增值服务。

从监管层面，控制风险的措施有：一是出台科学的监管制度，约束众筹平台行为以及融资人行为；二是加大投资人风险教育；三是鼓励众筹行业组织发展，充分发挥行业自律作用。

## 9.3 我国股权众筹发展与监管

### 9.3.1 我国股权众筹发展现状

股权众筹在国际上的发展历史也就十余年时间，2013 年是我国股权众筹的发展元年。2014 年 7 月清科数据显示，2014 年上半年众筹行业共募资 1.88 亿元，其中 1.56 亿元来自股权众筹，共 430 个案例，平均每个项目募资额约 36 万元，参与的项目以种子期和初创期企业为主。

---

① BOBDING：“中国创业者众筹融资的三个案例”，《沪港经济》，2013 年第 10 期。

目前我国股权众筹平台主要有天使汇、大家投、原始会、圆桌汇、贷帮网以及人人投等。我国股权众筹与美国等国家的股权众筹相比，众筹特点不明显。根据最高人民法院《关于审理非法集资刑事案件具体应用法律若干问题的解释》和《证券法》的相关规定，股权众筹在我国涉嫌非法集资和非法发行证券活动。所以，天使汇和大家投等股权众筹网站，为规避法律风险，投资人实行会员制，众筹项目不对普通公众开放，只对专业投资人募集资金；同时，融资方不承诺固定回报且投资人数不超过私募的上限，即募集后公司股东人数不超过200 人。因此，众筹平台作为信息发布平台，一是展示与描述融资项目，对筹资人（生产者）的产品和服务做出市场评判，或者当作广告宣传；二是收集和掌握投资人（消费者）的需求信息，把融资平台作为投资人信息收集渠道。总之，众筹平台仅仅发挥信息发布、收集的作用。尽管如此，我国股权众筹借助互联网这个信息平台发展速度非常快。

### 9.3.2 《私募股权众筹融资管理办法（试行）》

2014 年12 月《私募股权众筹融资管理办法（试行）》（征求意见稿）（以下简称《众筹办法》）出台，这是我国监管部门正在探索对我国股权众筹进行科学监管而迈出的重要一步。

《众筹办法》目的是为规范股权众筹融资业务，保护投资者合法权益，促进私募股权众筹行业健康发展，防范金融风险，其监管基本思想沿续了《关于审理非法集资刑事案件具体应用法律若干问题的解释》的思想，即防止股权众筹作为非法集资以及非法发行证券的平台。《众筹办法》的核心内容主要包括：

一是股权众筹定位。《众筹办法》把股权众筹定位于利用互联网平台进行非公开募资的股权融资活动。融资者不得公开或采用变相公开方式发行证券，不得向不特定对象发行证券。融资完成后，融资者或融资者发起设立的融资企业的股东人数累计不得超过200 人。

二是众筹平台规定。股权众筹平台应当在证券业协会备案登记，并申请成为证券业协会会员。股权众筹平台应当具备下列条件：①在中华人民共和国境内依法设立的公司或合伙企业；②净资产不低于500 万元人民币；③有与开展私募股权众筹融资相适应的专业人员，具有3 年以上金融或者信息技术行业从业经历的高级管理人员不少于2 人；④有合法的互联网平台及其他技术设施；⑤有完善的业务管理制度。

股权众筹平台应当履行下列职责：①勤勉尽责，督促投融资双方依法合规开展众筹融资活动、履行约定义务；②对投融资双方进行实名认证，对用户信息的真实性进行必要审核；③对融资项目的合法性进行必要审核；④采取措施防范欺诈行为，发现欺诈行为或其他损害投资者利益的情形，及时公告并终止相关众筹活动；⑤对募集期资金设立专户管理，证券业协会另有规定的，从其规定；⑥对投融资双方的信息、融资记录及投资者适当性管理等信息及其他相关资料进行妥善保管，保管期限不得少于10年；⑦持续开展众筹融资知识普及和风险教育活动，并与投资者签订投资风险揭示书，确保投资者充分知悉投资风险；⑧按照证券业协会的要求报送股权众筹融资业务信息；⑨保守商业秘密和客户隐私，非因法定原因不得泄露融资者和投资者相关信息。

股权众筹平台不得有下列行为：①通过本机构互联网平台为自身或关联方融资；②对众筹项目提供对外担保或进行股权代持；③提供股权或其他形式的有价证券的转让服务；④利用平台自身优势获取投资机会或误导投资者；⑤向非实名注册用户宣传或推介融资项目；⑥从事证券承销、投资顾问、资产管理等证券经营机构业务，具有相关业务资格的证券经营机构除外；⑦兼营个体网络借贷（即P2P网络借贷）或网络小额贷款业务；⑧采用恶意诋毁、贬损同行等不正当竞争手段。

三是融资者规定。融资者应当为中小微企业或其发起人，不得有下列行为：①欺诈发行；②向投资者承诺投资本金不受损失或者承诺最低收益；③同一时间通过两个或两个以上的众筹平台就同一融资项目进行融资，在股权众筹平台以外的公开场所发布融资信息；④法律法规和证券业协会规定禁止的其他行为。

四是投资者规定。投资者是指符合下列条件之一的单位或个人：①《私募投资基金监督管理暂行办法》规定的合格投资者；②投资单个融资项目的最低金额不低于100万元人民币的单位或个人；③社会保障基金、企业年金等养老基金，慈善基金（微博）等社会公益基金，以及依法设立并在中国证券投资基金业协会备案的投资计划；④净资产不低于1 000万元人民币的单位；⑤金融资产不低于300万元人民币或最近三年个人年均收入不低于50万元人民币的个人。

### 9.3.3 我国股权众筹面临的法律风险

虽然出台了《众筹办法》（征求意见），但其核心是把股权众筹定义为面向特定投资者的私募平台，因此，在我国如果按照国际上通行的股权众筹运作模式，如线上运作模式，将面临巨大的法律风险，涉嫌两大类罪名，一类是非法集资罪，指非法吸收公众存款，集资诈骗；另一类是非法发行证券罪，指公共募集或超过200人投资人数。公开发行证券必须由证监会核准，而“向不特定对象发行证券或向特定对象发行证券累计超过200人”就会被界定为“公开发行证券”。此外《公司法》对于股东的数量也有着明确的要求：成立股份有限公司的股东人数不能超过200人，成立有限合伙制的股东人数不能超过50人。

股权众筹为规避上述风险，通常采用线下“领投+跟投”模式（如图9-2），并且同时对投资者增加一些限制条件，如实行会员制，要求投资人在众筹网站上实名认证并要求投资符合监管部门规定的合格投资人条件。另外，限制融资方最后股东人数不能超过200人等。

由于我国法律方面的一些限制，股权众筹的优势难以在我国全面发挥，至今仍有不少实力强大的基金管理机构由于法律风险对众筹平台的组建而持有观望态度；而普通投资人面对缺乏合法地位的投资方式倾向保守。

CHAPTER 10

# 第10章　夹层基金 (Mezzanine Fund)

夹层基金（Mezzanine Fund）是专门从事夹层投资的股权基金。夹层投资是一种融合了权益性投资和债权投资的一种股权投资，同时具有权益性投资与债权投资的一些特征，属于金融混业经营。夹层基金中的债权投资是权益性投资的一种避险策略，是为权益性投资服务的。因此，相对于一般性股权基金，夹层基金的运作更为复杂一些，涉及的相关法规也更复杂。夹层基金发展需要市场化更为成熟的金融环境。

## 10.1　概述

### 10.1.1　概述

所谓夹层“Mezzanine”，字面意思即“楼与楼之间的夹层楼面”，其金融概念源自华尔街，原指介于投资级债券与垃圾债券之间的债券等级，后逐渐演变到公司财务中，指介于股权与债权之间的投资形式①。

之所以称为夹层，也就是同时具有债权与股权双重性，从收益角度来看，即可以采取类似债权的固定利率方式，也可获得股本收益；从权益角度，即可以对融资方拥有债权，也可享有股东权利。这

① 王大贤：“夹层融资：一种灵活的融资方式”，《国际融资》，2006年第8期。

样在传统股权、债券的二元结构中增加了一层。

夹层资本就是指收益和风险介于企业债务资本和股权资本之间的资本形态，本质上是长期无担保的债券类风险资本。当企业进行破产清算时，优先债务提供者首先获得清偿，其次是夹层资本提供者，最后是公司的股东[①]。

夹层基金（Mezzanine Fund）是以基金的形式，将基金以夹层资本的形式投资于企业或者项目，尤其是管理层收购（MBO）和房地产领域。它提供的是介于股权与债权之间的资金，它的作用是填补一项收购资金，在考虑了股权资金、普通债权资金之后仍然不足的收购资金缺口[②]。

自 20 世纪 80 年代以来，夹层基金越来越受到西方发达国家资本市场的青睐。在美国，夹层基金是伴随着房地产商业抵押贷款、资产证券化等工具的演化而萌生发展的。西方国家一般会设立专项的夹层投资基金来推动夹层基金市场发展。一些大型的投资银行如高盛、德意志银行、美林等都有类似的夹层投资基金机构。在市场中具有良好的流动性和较低的波动性，其收益特征对机构投资者具有很强的吸引力，保险公司、商业银行、投资银行、养老基金、对冲基金等各类基金机构不断增加对夹层资本的投资。投资者的构成从早期的以保险公司为主，逐渐转变为以养老基金为代表的各种基金和商业银行为主，两者合计占 90% 以上。夹层融资交易近年来在欧美发达国家迅速发展，为企业在传统的资本市场和银行借贷外，开辟了新的融资渠道[③]。

我国夹层基金起步晚而且发展缓慢，其主要原因：一是商业银行暂时无法成为引入夹层融资方式的载体，因为国内商业银行不能向非银行金融机构和企业进行股权投资。二是非银行金融机构又不能向企业进行债权投资。

### 10.1.2 夹层基金特征

一是特殊的资金性质。夹层基金的资金性质是介于股权和债权之间的，它兼有债权投资和股权投资的双重性质。它可以采取债权的固定利率

---

① 翟家誉：“夹层融资——创新房地产开发企业金融信托融资的有效途径”，《会计师》，2011 年第 9 期。

② 李曜：“管理层收购中的默择内基金”，《证券市场导报》，2004 年第 5 期。

③ 刘懿增：“政府引导夹层基金发展的问题研究”，《现代经济信息》，2013 年第 20 期。

方式来获得收益，而且这种债权总是伴随着相应的认股权证，投资人可以依据事先约定的期限或触发条件，以事先约定的价格购买被投企业的股权，或者将债权转变为股权。也正是由于夹层基金特殊的资金性质，使得夹层基金相对于股权和债权投资方式更为灵活①。

二是资金用途广泛，但多用于 MBO 中。夹层基金介入一项 MBO 交易，减少了交易融资对高级债权资金和股权资金的需求，并提高了银行贷款等高级债权资金的安全度，因为企业资产抵押系数（企业固定资产等抵押资产价值/银行贷款）提高了，使得 MBO 交易容易取得银行贷款。另外，夹层基金的介入也增加了 MBO 交易对股权资本提供者的吸引，因为，夹层基金选择投资项目有其自身的内在收益率要求。除主要用于 MBO 外，夹层基金也用于企业并购融资、企业扩张融资、债务重组、资本结构调整和企业再融资等领域②。

三是风险相对较小，退出确定性较大。夹层基金通常投资在企业的两轮融资之间，它不寻求控股，也不愿意长期持有股权，倾向于迅速退出。与股权投资基金相比，夹层基金的收益回报中有很大一部分来自于定期的票息或利息收入，因此，它的风险相对于股权基金来说要小很多。夹层基金的债务构成中通常包含预先确定的还款日程表，可在一段时间内分期偿还也可一次性付清，还款模式取决于被投企业的现金流状况，因此，它的退出途径更为明确。

四是交易结构灵活。夹层产品本身非常灵活，每家机构在具体模式上设计不尽相同，往往表现出股权的形式，但是在交易结构里面有很多地方类似债权，各个机构根据自身的优势、偏好，以及项目源的特征，在债权和股权中间取一个相对最优化的点。夹层基金可以在权益债务分配比重、分期偿款方式与时间安排、资本稀释比例、利息率结构、公司未来价值分配、累计期权等方面进行协商并灵活调整。夹层融资一般采取次级贷款的形式，但也可以采用可转换票据或优先股的形式。有些夹层投资允许夹层投资人参与部分分红，类似于传统的股权投资；而有一些则允许夹层投资人将债权转换为股权，类似于优先股或是可转换债③。

---

① 张清华："第四方物流夹层融资的相关问题浅析"，《中小企业管理与科技》，2011 年第 3 期。

② 李曜："管理层收购中的默择内基金"，《证券市场导报》，2004 年第 5 期。

③ 傅璇："夹层融资：股权与债务之间资本通道"，《国际融资》，2004 年第 12 期。

五是投资回报平稳。夹层基金是介于股权和债权之间的基金，它所承担的风险和获得的收益也相应地处于股权和债权之间。它的作用通常是填补一项交易（投资）在考虑了股权基金、普通债权资金后仍然不足的缺口。夹层基金以资产保值作为首要考量，通过经常收益和资产增值为投资者带来平稳的投资回报。夹层基金不同于股权投资基金，夹层基金更关注于企业现在及未来的现金流状况在内的偿债能力，同时企业应具有良好的过往业绩，稳定的管理团队及领先的市场地位。

### 10.1.3 夹层基金发展动因

夹层基金发展迅速除以上一些特征外，还能很好满足融资者与投资者的一些特别需求。

从融资者角度来看，首先可以获得中长期发展资金，因为通过商业银行或公开发行债券等方式很难筹集所需的中长期资金。其二，可以在最小限度内稀释股权结构，特别是当企业不能从风险投资渠道获得满意的市盈率定价。其三，企业可以根据需求调整交易结构灵活的资金。融投双方在权益债务分配比重、偿还方式与时间、利率等方面进行协商并灵活调整。其四，夹层基金投资，相对于商业银行的信贷和股权投资，对投资企业的财务契约和公司控制权限制要求较少。其五，夹层基金的还本次于优先债务，可以提高企业的财务实力，使银行的优先债务更加安全，以便于获得银行债务①。

从投资者角度来看，首先可以获得高于优先债权融资的投资收益，包括现金收益和股权资本的增值收益。其二，承担的风险低于股权投资方式，面临的交易违约风险小。协议中通常会加入对负债率的限制，委派财务总监、董事、设置交叉违约条款等限制性条款。其三，退出的确定性大，退出途径明确，采取约定的方式还本付息。

## 10.2 夹层基金运作

### 10.2.1 夹层基金投资模式

夹层基金主要结合债权性及股权性工具进行非标准化设计，并多采用

① 王华景：“我国中小高科技企业成长期的夹层融资应用研究”，对外经济贸易大学硕士学位论文，2010 年。

结构化的产品设计提高投资回报。夹层基金通过债权与股权结合可实现以下四种主要投资模式，而且以前两种最为常见。

（1）夹层债投资

夹层债投资（如图 10－1），即夹层基金通过发放附有认股权、转股权的债权，约定在触发一定条件时，债权可以转换为股权，也就是常说的"名债实股"，通过发放低风险债的方式，来获得高于债的股权收益的机会。典型的夹层债对融资者而言是一种无担保债务，这种债务附有权益认购权或转向普通股的转换权。夹层融资的债务一般需要 3～8 年分期偿还，利率水平一般在 10%～15% 之间。一般说来，夹层融资利率越低，权益认购权越多。在欧美国家，夹层贷款人通常将资金借给控股公司，控股公司成为夹层借款人，而其控股的子公司成为抵押借款人，即夹层借款人将其所持有的抵押借款人的股权抵押给夹层贷款人，被抵押的权益用以偿还夹层贷款，其中还包括获得抵押借款人收入分红的权利。夹层贷款人在融资结构中所处的地位，在优先债权人之下，在普通股股东之上[①②]。

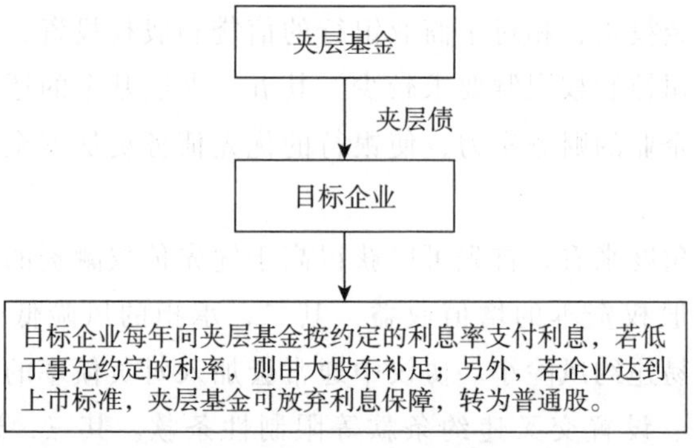


**图 10－1　夹层基金夹层债投资模式**

（2）夹层股投资

夹层股投资（如图 10－2），即夹层基金向融资者进行权益性投资，并约定在触发一定条件时，股权可以转换为债权，也就是常说的"名股实

① 傅璇："夹层融资：股权与债务之间资本通道"，《国际融资》，2004 年第 12 期。
② 张娜："我国中小企业夹层融资的理论与实践研究"，合肥工业大学硕士学位论文，2008 年。

债”；或者利用优先股工具，夹层投资人在其他投资人之前具有优先获得红利的权利，并约定在触发一定条件时，优先股投资人有权控制融资者的所有者权益。因此，不管何种投资方式，其核心就是使投资收益高于传统债权投资，同时使投资风险低于传统的股权投资。

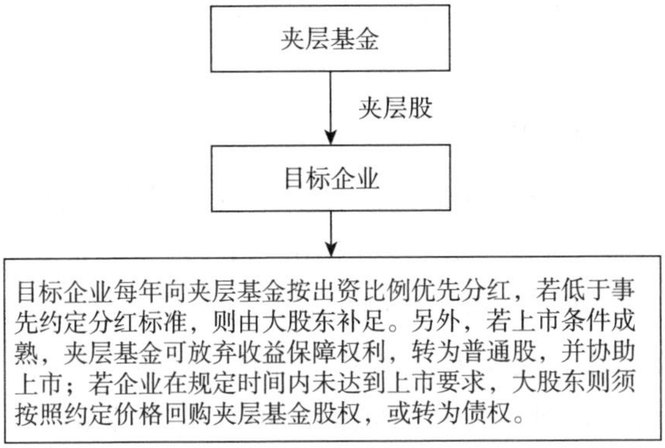


**图 10－2　夹层基金夹层股投资模式**

（3）股权＋债权投资

股权＋债权投资，即采用担保或者优先分配的方式实现较低的担保收益，然后在后续经营中获取担保收益以上的收益分配。在项目设计中可通过信托、有限合伙、项目股权方面灵活设计结构化安排，实现各类收益与项目进度的匹配。例如，某夹层基金以股权＋债权形式投资某一项目，投资规模为规模 4.5 亿元，其中一部分资金以权益性资本向项目公司增资，另一部分资金通过委托贷款借给项目公司。该投资期间将获得稳定的债权收益，在项目退出时可以获得可预期的超额股权回报。

（4）危机投资

危机投资，即对相对存在短期经营危机的项目进行投资：可与行业里的优秀企业合作，专门收购资金链断裂的优质项目，退出方式要求原股东回购或按固定高息回购；也可对公开发行的高息危机债券和可转债金融产品进行投资[①]。

① 李婧：“地产大资管巷战”，《新晋商》，2013 年第 9 期。

事实上，夹层产品本身非常灵活，每家基金在具体模式设计上不尽相同。夹层投资可以在权益债务分配比重、分期偿款方式与时间安排、资本稀释比例、利息率结构、公司未来价值分配以及累计期权等方面进行协商并灵活设计。

无论采取何种投资模式，夹层基金投资利益回报主要有：一是利率，通常高于商业银行同期贷款利率；二是溢价赎回或转让；三是股权认购或认购权证。

### 10.2.2 夹层基金组织形式

夹层基金作为一种特殊形式的投资工具，同大多数股权投资基金一样，一般采用有限合伙制形式（如图 10－3）。这主要是由于有限合伙制基金具有设立程序简便、灵活、激励机制较为完善、避免双重征税等特点。通常在 MBO 交易中，夹层基金的基金经理人，也被称为杠杆收购专家，他们充当管理层的顾问，负责组织整个 MBO 的交易结构，特别是融资结构，并提供夹层基金融资，是一项 MBO 交易的灵魂。西方最著名的夹层基金经理人有 KKR 公司、Onex 公司等。

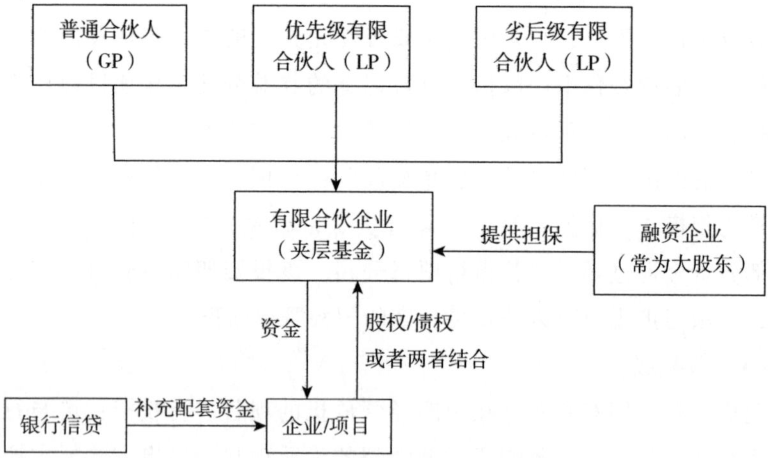


图 10－3 夹层基金基本结构图

### 10.2.3 夹层基金 LP 组成

目前，全球夹层基金投资者的构成，从早期的以保险公司为主，逐渐转变为多种投资机构以有限合伙人（LP）身份参与。据不完全统计，近年来全球夹层基金 LP 构成中，养老基金以 17% 的占比排名最前，保险公司、母基金、投资银行、商业银行以及对冲基金等机构投资人分别占比 11%、11%、9%、9%、8%。这些机构多元化投资工具的运用以及复合型投资人才的储备，助力夹层业务的不断拓展。

而且通常根据风险偏好对这些 LP 一般进行结构化设计（如图 10-3），如优先级有限合伙人和劣后级有限合伙人，前者承担风险相对较小，获益也小，后者承担风险较大，受益也相对较高。

### 10.2.4 夹层基金投资标的

夹层基金由于使用债权与股权的结合方式进行投资，具有以下特征的项目容易选择夹层基金，如已有的银行信用额度不足以支持企业的发展、企业已经有多年稳定增长的历史、起码连续一年（过去十二个月）有正的现金流和 EBITDA（未减掉利息、所得税、折旧和分摊前的营业收益）、企业处于一个成长性的行业或占有很大的市场份额、管理层坚信企业将在未来几年内有很大的发展以及估计企业在两年之内可以上市并实现较高的股票价格等。因此，夹层基金选择投资标的主要从以下几方面进行考量①。

（1）高成长性的行业

除了传统股权投资所青睐的 IT、生物类行业，消费品、制造业或服务业等外，侧重产品出口的行业也被夹层基金所看好。此外，利润和交易量不会受到市场周期性变化或宏观经济体系波动连带影响的行业也比较适合夹层投资。总之，夹层基金看重是否具有比较稳定的高成长性或是高的进入壁垒，而对技术风险过高的领域是不会轻易涉足。在考量高成长性的同时，希望企业具有多年稳定增长历史，或者在过去一年具有正现金流和营业收益、或者企业正处于发展扩张阶段，享有可预见的、强大、稳定而持续的现金流②。

（2）领先市场的企业

夹层基金青睐的企业通常在本行业里占有很大的市场份额，如具有保护性或进入壁垒较高的市场份额。这样，企业资产将在未来几年内可预见

---

① 郭凌霄：“我国房地产企业最优融资组合研究”，哈尔滨工业大学硕士学位论文，2006 年。

② 傅璇：“夹层融资：股权与债务之间资本通道”，《国际融资》，2004 年第 12 期。

的快速增值，从而夹层基金可以帮助企业完成资本过渡与转换，并在未来以更高的价格出售自己的股票实现升值目标。因此，在某一个专向性很强、进入壁垒比较高的行业市场里，只要其占据了比较高的市场地位，即使是中小经营规模的企业，同样对夹层基金有很强的吸引力。

（3）企业并购前融资

企业在进行杠杆收购 LBO 或管理层收购 MBO 时，以及在其他大型的企业分拆合并项目中，往往都需要大量现金进行扩张和收购，企业倾向于采取多种来源的融资结构。在典型的 LBO 收购金字塔模式中，位于金字塔顶层的是对公司资产有最高清偿权的一级银行贷款，约占收购资金的 60%；塔基则是收购方自己投入的股权资本，约占收购资金的 10%；塔的中间就是夹层融资，约占收购资金的 30%。在国内日益活跃的并购市场中，借助夹层融资杠杆推动战略并购活动，无论对改善企业微观并购绩效，或推动中观产业资源重组，都有着十分重要的现实意义[①]。

（4）企业 IPO 前融资

在企业 IPO 上市之前的资本重组阶段，或者目前 IPO 市场状况不好、公司业绩不足以实现理想的 IPO 的情况下，若预计企业在两年之内可以上市并实现较高的股票价格等情况。夹层融资可以帮助企业在短期内调整财务杠杆，从而有效改善资本结构，以配合企业公开上市的财务战略计划。

### 10.2.5 夹层基金退出方式

夹层基金的目的并非为了控制企业，而是为了获得平稳的目标收益和可能的股权溢价，因而他们可以在收购兼并、资产证券化、IPO 等方式中通过转出本金或卖出认股权从而实现退出。根据夹层基金项目现金流状况，夹层基金的交易双方会事先协商确定债务的偿付日程表，既可以在一段时间内分期偿还债务，也可以一次性还清。因此，夹层基金退出途径则显得更为确定。相对于一般性股权基金而言，夹层基金回报中有很大一部分来自于前期定期票息或利息收入。这一特性使得夹层基金比一般性股权基金具有更高的流动性。

### 10.2.6 夹层基金与股权基金运作比较

与一般性股权基金相比，夹层基金除采取债权与股权结合的投资模式

---

① 周绍朋、傅璇：“夹层融资的中国模式探析”，《国家行政学院学报》，2006 年第 2 期。

外，在日常运营上也具有以下不同点：

一是投资理念不同。股权基金追求风险共担、利益共享的投资理念，被投项目公司不需要偿还融资的本息，没有现金流压力，而夹层基金追求在获得稳定投资回报基础上获得更高的股权溢价收益。简单地来说，股权基金谋求在承担所持股权亏本的风险下实现股权收益最大化，而夹层基金在确保本金安全以及固定回报的基础上实现超额收益。

二是投资标的要求不同。股权基金为了获得高额的投资回报，一般会选择高成长性的企业，而且主要是一些科技型创新企业，如创业投资基金和天使投资基金，而夹层基金一般会选择初具规模的企业，盈利模式清晰且有稳定的现金流的企业，以保证自己的本金和债权投资收益。但注重后期投资的股权基金，如成长基金与夹层基金在选择投资标的时相似。

三是参与被投项目公司经营的程度不同。一般来说，虽然股权基金不谋求被投资企业的经营决策权，但为了投后监管会在一定程度上获得被投企业的话语权，这取决于投资力度等具体情况。而对于夹层基金，一般对于企业信息披露有较高要求，主观上不会参与目标企业运营管理和投资决策。但是，夹层基金通过协议约定，一旦企业某些财务指标不能达到协议要求，夹层基金有权提前终止合作。

四是退出形式不同。虽然股权基金投资时，通常也会要求被投资企业有明确上市的进程表，甚至会伴随一些对赌条款等，但是由于被投资企业的上市时间存在很大的不确定性，因此，股权基金的退出依然存在较大的不确定性。而夹层基金通常在投资前已经约定还款计划，企业可以在特定时间内分期或者一次性还清，取决于双方对未来现金流的预测。因此，夹层基金的退出形式更加明确而且灵活。

五是投资收益方式不同。股权基金投资收益主要来自被投项目公司的投资分红以及退出时的股权价差，而夹层基金投资利益回报主要有：一是利率，通常高于商业银行同期贷款利率；二是溢价赎回或转让；三是股权认购或认购权证。

## 10.3 我国发展夹层基金相关法律问题

### 10.3.1 夹层基金的法律环境

由于夹层投资涉及股权与债权同时使用，在金融领域属于混业经营，一方面我们国家不允许金融领域进行混业经营，另一方面我们国家没有专门出台关于股权投资与夹层投资的专业性法律。只能在相关法律如《公司法》、《商业银行法》《证券法》等法律里寻找一些相关的条款，因此，夹层基金在我国目前法律体系框架下还存在较大风险。

### 10.3.2 夹层基金的主体资格问题

在我国，股权基金多以有限合伙制形式存在，而有限合伙制不属于银行金融机构，而我国《商业银行法》规定，非银行性金融机构在没有获得国家允许的情况下不准向其他企业提供借款资金，也就是说股权基金不具备向企业从事债权投资的资质，也就无法从事夹层投资。而我国商业银行又不具备对企业从事权益性投资的资质，因为《商业银行法》规定，“商业银行不得向非自用不动产投资或者向非银行金融机构和企业投资”。之所以如此，因为我国金融领域不允许混业经营。

目前，在我国从事夹层投资的基金只能以信托制方式设立，但信托制基金在企业退出，如IPO方面又有很多限制。所以，由于夹层基金的主体资格问题在很大程度上制约了夹层基金在我国的发展。

### 10.3.3 夹层基金中次级债的法律效力

次级债是相对优先债而言的，因此只有存在优先债，才会有次级债。在我国现行法规中，只有《中国银行业监督管理委员会关于将次级定期债务计入附属资本的通知》和《证券公司次级债管理规定》提及到了次级债，但均与夹层投资中谈及的次级债没有关系。前者是涉及银行业务的，后者只针对证券公司而言。因此中国法律体系中，夹层投资实践中以次级债方式进行操作，是没有法律保障和可执行性的，实践中的变通做法只能规避“次级债”这个法律术语，而改用其他用语，或者签订专门协议。

### 10.3.4 夹层基金中债转股的问题

夹层基金投资条款中，一般都会协定在某种情况下债权可以转化为股权。但我国关于债转股有严格规定。2012 年 1 月 1 日，国家工商行政管理总局颁布的《公司债权转股权登记管理办法》开始实施。根据此规定，司法实践中，属于“债转股”的范围有三类：一是“合同债权”，即公司经营中债权人与公司之间产生的、有合同约定的债权可转为公司股权。“合同债权”转为股权，应提交债权人和公司签署的债权转股权承诺书，双方应当对用以转为股权的债权的真实、合法、有效做出承诺；二是“裁定债权”，即人民法院生效的、裁判确认的债权可转为公司股权。此类债权必须满足债权的真实性、合法性以及获得法律强制力予以认可和支持，可保障权利人的权利实现和司法判决的执行。“裁定债权”转为股权，应提交人民法院的裁判文书；三是“重组债权”，即公司破产重整或者和解期间，经人民法院批准，纳入重整计划或者裁定认可的和解协议的债权可转为公司股权。“重组债权”转为股权，应提交经人民法院批准的重整计划或者裁定认可的和解协议。但夹层投资中的债转股不属于这三类情况[①]。

另外，有关债转股还有两项法规与夹层投资相抵触。一是《公司法》规定，债权转股权作价与非货币财产作价之和，不得高于公司注册资本的70%；二是用以转为股权的债权有两个以上债权人的，债权人对债权已经做出无异议的分割。因此，在债权转股权过程中应当按如下程序进行：第一，属于债权转股权须经批准的，应当依法申请有关部门批准；不需批准的，就要与债权人进行沟通和协商，形成债权转股权的一致意见；第二，委托依法设立的资产评估机构对用以转为股权的债权，进行评估；召开股东（大）会，确认债权作价出资金额并符合《公司法》和公司章程的规定，同时签订债权转股权的协议，做出书面承诺，并且进行相关的会计处理。第三，依法向公司登记机关申请办理注册资本和实收资本变更登记，并按规定提供完整、合法的申报材料。这些要求在夹层投资中都无法实现。

### 10.3.5 夹层基金中股权回购的法律问题

赎回权是夹层基金中比较常用的风险防控条款，赎回权是指如果被投资企业在一个约定期限内没有实现约定的业绩目标（比如上市或者净利润），被投资企业或股东（通常为大股东或控股股东）就有义务以事先约定的价格买回投资者所持有的全部或部分被投资企业的股份，从而实现投资者退出投资企业的目的。从法律角度分析，赎回权是形成权，即权利人依自己意思便能使自己与他人法律关系发生变动的行为。在我国现有法规体系下，回购义务主体不同，相应法律后果也不同。如果回购主体是股东，法律问题较少。如果回购主体是公司，根据《公司法》只有在减少注

---

① 李敏：“关于债权转股权若干问题的探讨”，《新会计》，2013年第3期。

册资本时公司才可以进行股权回购。因此，除非是公司通过股东决议做出减资安排，否则就是违反《公司法》的。在实践中，夹层债权人只能要求目标公司的控股股东、大股东代替公司承担股权回购义务；或者寻找其他替代性方案，如将“股份回赎协议”，改为“出资额回赎协议”，同时设立“减资安排协议”，以股东决议形式将减资安排事先安排好。不过此方案弊端在于程序与成本过于繁琐与高昂。

### 10.3.6 夹层基金中固定收益的法律问题

夹层基金通常要求每年有固定收益，如达不到收益目标还需补偿。在利益补偿方面我国法律并不禁止，但补偿主体不同，法律后果也不同。我国《公司法》规定，股东的出资是不能够抽回的，以及公司在未取得利润的情况下股东是不能从公司分得利润的。也就是说，如果把利润补偿主体约定为公司，那么利润补偿条款会被认定为违反了《公司法》的相应规定，因而，没有法律效力。可行的、变通做法是将利润补偿的义务主体设定为公司原股东。

### 10.3.7 夹层基金中优先股的法律问题

优先股是相对于普通股而言，带有优先级别权益的，如优先分红权、优先清算权、优先认购权以及优先受让权等。但除《创业投资企业管理暂行办法》外，我国《公司法》并没有明确优先股概念。根据《公司法》每一股份应当具有同等权利，即同股同权。但我国法律也没有明确否定优先股，所以在实践中，这些优先权益可采取不同方案代替[①]。

（1）优先分配权

利润分配权，是指特定股权（份）持有人或特定股东，在所持股公司有可分配利润情况下，优先对利润进行分配并达到事前约定的标准为止。但是，必须注意的是，利润分配权仅能从公司的可分配利润本身满足其收益，若公司可分配利润不足以满足的，则不能要求公司补偿。但夹层债权人是可以要求公司的原始股东或大股东给予利润补偿，以满足其固定收益的要求，这是不违反法律规定的，是合法有效的。根据《公司法》规定，股东按照实缴的出资比例分取红利；公司新增资本时，股东有权优先按照

① 肖和保：“创业投资优先股研究”，《财经理论与实践》，2011 年第 2 期。

实缴的出资比例认缴出资。但是，全体股东约定不按照出资比例分取红利或者不按照出资比例优先认缴出资的除外。因此，通过协议约定或公司章程设计，可以实现夹层债权人优先获取红利从而保证其固定收益的特点。鉴于《公司法》允许投资者之间可以不按照出资或持股比例分红，而《外资企业法》等中外合资企业相关法律法规均未对其做出相反规定，所以可以通过在投资协议中做出特别条款约定，实现优先分红的权利。

（2）优先清算权

优先清算权是指，在目标企业清算或结束业务时，特定股东和股份持有人具有的优先于其他股东获得财产分配的权利。我国《公司法》明确规定，公司清算所得在清偿公司债务后的剩余财产，有限责任公司按照股东的出资比例分配，股份有限公司按照股东持有的股份比例分配。因此，优先清算权在我国现行法律框架下无法实现。投资完成后，目标企业若为非中外合资有限责任公司，则清算优先权不能实现。因为，根据《公司法》规定公司财产在清偿公司债务后的剩余财产，须严格按照股东的出资比例分配。在实践中，夹层基金探索在《投资协议》或《股东协议》中明确以合同条款方式通过仲裁方式达到优先清算权的目的。

关于外商独资企业，由于《外商独资企业法及其实施细则》没有就清算后剩余财产分配做出细节规定，所以，适用《公司法》规定，优先清算权也不可在外商独资企业实现。若投资完成后，目标企业为中外合资企业，清算优先权可以实现。因为根据《中外合资经营企业法及其实施细则》的规定，合营各方是可自行约定清偿债务后的剩余财产的分配方式。

（3）优先认购权和优先受让权

优先认购权是指公司在增资发行新股或者可转换债的时候，原有股东优先于股东以外的人，按照其原有的持股比例认购出资的权利。设立优先认购权的目的是在公司有扩大总股本的融资时，保障现有股东的持股比例和权益不被摊薄。在成熟的资本市场中，优先认股权本身是有市场价值的。股东可以自己行使该权利，也可以通过转让权利证书而将新股优先认购权转让给他人行使。当然，原股东的新股优先认购权并不是绝对的，法律确立新股认购优先权是在比较公司内部组织结构平衡和公司资本顺利扩张两种价值之后做出的判断，在某些特定情况下，原有股东新股优先认购权是可以被合理排除的，如定向增发。优先受让权是指公司股东在将股权处置给第三人时，其他股东得以同等条件下优先受让的权利。具体而言，有限责任公司股东股份转让时，在同等条件下，其他股东有优先购买权。如果两个以上股东均主张行使优先购买权的，则应当协商确定各自的购买比例；协商不成的，按照转让时各自的出资比例行使优先购买权。但公司章程对股权转让可以做与此不同的规定。优先认购权和优先受让权是《公司法》及相关法律法规中明确规定的内容，适用于任何组织形式的企业，包括股份有限公司。

## 10.4 国内外夹层基金发展现状

### 10.4.1 国外夹层基金发展现状

夹层基金出现在20世纪80年代，近年来在欧美发达国家迅速发展，为企业在传统的资本市场和银行借贷之外，开辟了新的融资渠道。夹层融资产品在欧美发达市场上具有良好的流动性和较低的波动性，风险和收益特征对机构投资者具有很强的吸引力，保险公司、商业银行、投资银行、养老基金、对冲基金等各类金融机构不断增加对夹层资本的投资。夹层资本在欧美已经成为一个成熟的资产类别。目前，夹层融资在发达国家发展良好。据估计，目前全球有超过1 000亿美元的资金投资于专门的夹层基金。但在亚洲，夹层融资市场还未得到充分发展。尽管一些机构已向亚洲公司提供了夹层融资这种形式，但现在亚洲的夹层基金仍然不多①。

2006年全球夹层基金投资金额攀至高峰，当年夹层基金投资金额共236.00亿美元，较2005年增长184.3%。其中，在北美地区和欧洲地区的夹层基金投资金额均在2006年攀至历史最高峰，分别达到171.00亿美元和59.00亿美元。相比之下，在亚洲及其他地区，夹层投资在2001年之后才逐渐兴起，2008年在亚洲及其他地区的夹层投资金额达到顶峰，为17.00亿美元，与北美和欧洲地区体量庞大的夹层资本相比，规模依然相差甚远。

目前，夹层基金投资者的构成从早期的以保险公司为主，逐渐转变为多种机构类型的投资机构参与其中，包括投资银行、商业银行以及对冲基金等。这些机构多元化投资工具的运用以及复合型投资人才的储备助力夹

① 张娜：“我国中小企业夹层融资的理论与实践研究”，合肥工业大学硕士学位论文，2008年。

层业务的不断拓展。此外，机构投资人中还包括 FOF。

### 10.4.2 我国发展夹层基金存在的问题及其对策

中国的夹层基金从 2005 年开始萌芽，经过短时间的发展，已经形成了外资投资机构运作的专业夹层基金、全球性投资银行参与的夹层资本、国内银行参与的夹层资本以及国内专业机构运作的夹层基金共同在市场活跃的局面。

市场人士称，目前国内主要私募股权机构如鼎晖、中信产业基金、国开金融、弘毅投资等均已设立了自己的人民币夹层基金，或已涉足夹层业务。不过，到目前为止，夹层基金在私募股权投资的业务中，规模仍很小。据不完全统计，2013 年 PE 新募基金中，夹层基金的数量仅为 3 支，募集金额在所有新募基金中只占 0.3%，约为 2 亿美元。

国内夹层基金由于受国内目前金融环境和法律环境的制约，在其发展过程中难免会出现许多问题①：

一是投资者来源受限。从夹层基金的投资者角度出发，由于夹层基金以资产保值作为首要考量，通过经常收益和资产增值为投资者带来平稳的投资回报。根据国外成熟经验，夹层投资对于保险公司、商业银行、FOF 等在内的对投资安全性要求较高的机构投资者吸引度较高，他们除了具备强大的资金实力外，还具备较为完善的风险控制体制。而目前国内许多类似金融机构参与夹层基金都有一定制约。

二是投资工具局限。在投资工具的选择方面，由于受到法律方面限制，投资工具选择比较狭隘。如投资者只能以普通股的形式进入目标企业，通过投资条款设置优先权益，如以普通股分红形式获得类似债权利息，或者选择与信托公司合作方式，投资于信托结构化产品中的劣后级别，从而实现杠杆融资的效果。

三是政策制度不完善。夹层基金主要是在市场经济发达国家产生和发展起来的，这与其完善的市场机制、市场体系以及规范市场运作的一整套法律法规紧密相关。我国是一个发展中国家，不可能在短时间内完成发达国家几百年时间完成的市场体系。我国有关夹层基金运行的法律制度的不完善已成为阻碍夹层基金发展的瓶颈之一。

---

① 张娜："我国中小企业夹层融资的理论与实践研究"，合肥工业大学硕士学位论文，2008 年。

四是缺乏中介服务体系。根据欧美国家的经验，夹层基金的运行需要一系列相关配套的服务体系，尤其是信用评级制度。信用评级机构在夹层融资的基本作用是评价债权的质量，并以“信用等级”的形式向投资者公布评级结果，起到风险提示、降低交易费用的作用。目前我国尚无中立、规范、透明度高的评级机构。

五是夹层基金退出机制受限。目前国内夹层基金多以信托制为主，但没有信托基金上市通道。通过股权转让退出对于投资信托而言也不现实，因为股权转让过程需要就转让价格和条款进行谈判，而且信托到期必须兑付，没有任何弹性空间。回购方式是夹层基金目前比较保守的退出方式。

# 第 11 章　上市公司股权投资（PIPE）

上市公司股权投资（Private Investments in Public Equity，缩写为 PIPE）主要投资上市公司定向增发的私人股权，是上市公司的主要融资渠道之一。由于上市公司信息公开，PIPE 在投资时估值相对客观。PIPE 运作的重点在于交易结构设计。资本市场规模及其发展状况直接影响 PIPE 发展。目前我国 PIPE 规模很小，因此主要介绍国外的一些交易模式。

## 11.1　概述

上市公司股权投资（PIPE）是指主要通过非二级市场途径，如定向增发、大额私下交易等以一定二级市场折价率购买上市公司股票的一种权益性投资，其本质还是投资私人股权（如图 11－1）。

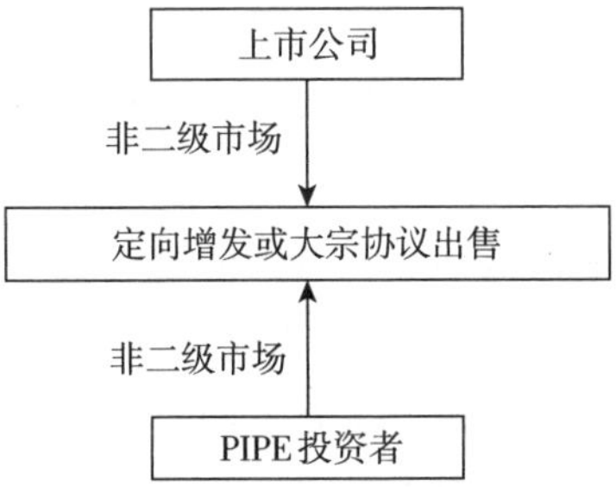


**图 11－1　PIPE 投资模式图**

私人股权与公共股权是一组相对应的概念。公共股权（Public Equity）不是国有制股权，而是指在证券场内市场进行交易的股权，如各国主板市场以及我国创业板市场买卖的股票，也就是说非证券场内市场交易的股权都不属于公共股权。证券市场分为场内市场（二级市场）和场外市场包括如一级半市场（主板定向增发）、柜台交易市场以及新三板（中小企业股份交易所）等。场内市场即连续竞价交易市场，买卖双方实行多对多，确保交易价格公开、公平、公正，如各国的主板证券市场以及我国创业板市场。场外市场虽然属于证券市场，但在交易价格形成机制、发行制度、上市主体以及投资主体等方面都有自己的特点，如柜台市场以及我国新三板（中小企业股份交易所）。第一，场外市场的价格形成机制多样化，除传统的竞价方式（如拍卖）外，还有协商定价以及做市商等，无论哪一种都比不上连续竞价制度更能发现价格、更能体现公允以及交易活跃度也不如连续竞价制度。第二，场外市场发行较场内市场发行门槛更低，而且有的场外市场没有公开发行功能，只有证券交易功能，如我国目前的新三板。第三，场外市场的上市主体较场内市场上市主体的盈利性要差一点或者更加追求成长性，投资风险也相对大一些。所以，只有场内市场交易的股票属于公共股权，而场外市场交易的股票不属于公共股权。

私人股权（Private Equity）相对于公共股权，不是私有制股权，指在非证券场内市场进行交易的股权，包括证券场外交易市场交易的股票以及非证券市场交易的股权，前者包括一级半市场（主板定向增发）交易的股票、柜台交易股票、新三板（中小企业股份交易所）交易的股票，后者是指有限责任公司转让的股权，是私人股权的主要构成部分。私人股权的流动性不如公共股权。非场内市场价格形成机制多样化，如协商定价、做市商报价等，共同特点就是交易双方信息处于非平等地位，总有一方处于信息优势地位，可主导交易价格。股权投资主要以私人股权为投资对象，其流动性远远低于公共股权，因而投资风险大于投资公共股权，但由于其潜在价值有可能被低估存在较大的投机获利空间。

PIPE 基金是主要从事 PIPE 投资的股权基金，基金自身运作管理运营与其他股权基金类似，主要不同点在于投资对象为上市公司，而且主要以二级市场为主要退出渠道（如图 11－2）。

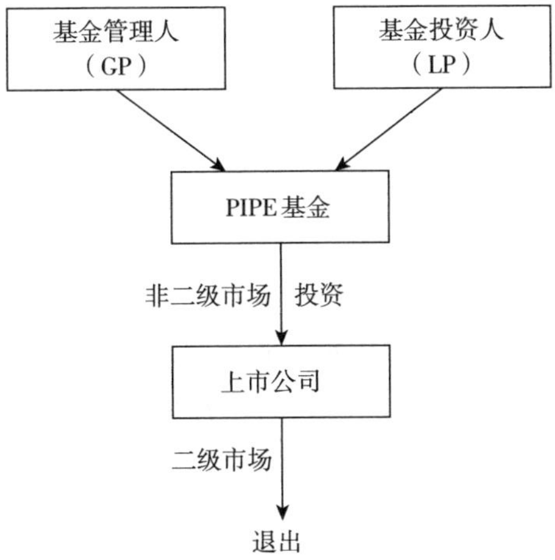


**图 11－2　PIPE 基金运作模式图**

## 11.2　PIPE 交易方式与特点

PIPE 交易属于私下交易，其交易方式分两种情况，一是直接与上市公司交易；二是与上市公司股东交易。

PIPE 与传统二次公开市场发行等融资手段相比具有以下特点；一是融资效率相对高而成本低，因为监管机构审查少而且也不需要昂贵的路演，这使得获得资本的成本和时间都大大降低。因此，PIPE 比较适合一些快速成长为中型企业的上市公司，他们更需要高效的融资方式。二是私募性强，PIPE 涉及的发售对象数量少，有的只向一家发售，又不用发招股说明书，环节少，相对“隐秘”，监管机构不要求公开监管信息。三是与企业重组、整体上市以及引进外资等紧密相连，由于其方便、快捷，可以高效地为上市公司带来资金，捕获有利的产业投资时机，容易得到战略投资者认可。

上市公司选择 PIPE 方式融资，主要基于以下原因：一是上市公司为了适应融资结构而寻找灵活的融资方式；二是上市公司重视整个融资过程的机密性；三是上市公司希望快速开展大规模交易；四是上市公司所属行业在公开股票市场失去融资吸引力等。

## 11.3　PIPE 交易结构设计及证券选择

目前 PIPE 交易结构源于美国注册制。所谓注册制就是监管部门仅对拟上市企业进行合规性审查，即仅审查是否符合相关规定。美国 1933 年《证券法》规定，任何人不得销售任何证券，除非有关该证券的注册说明书已“有效”（effective）。任何企业在美国的 IPO 也必须满足这些要求。美国 IPO 大致分为三个阶段：“注册说明书提交前”、注册说明书提交后的“等待”以及“注册说明书有效后”阶段。而 1982 年颁布的证券交易委员会 D 条例（SEC Regulation D）可以使发行人安全地避开 1933 年《证券法》修订版规定的注册要求。此外，证券交易委员会 144 规则（SEC Rule 144）、144A 规则（SEC Rule 144A），也为避开注册要求提供了法律依据。

因此，PIPE 根据证券发行是否注册进行交易结构设计，主要包括传统交易结构设计和结构化交易结构设计①。

### 11.3.1 传统 PIPE 交易结构设计及证券选择

传统 PIPE 交易结构设计是 PIPE 交易的一种最初形态。所谓传统 PIPE 交易结构设计，即注册证券完成前（提交证券注册说明书至注册完毕期间），通过交易结构设计使投资者规避市场风险（如图 11－3）。注册证券（registered securities）是指注册证券说明书在证券交易委员会批准生效后的证券。这类证券可以自由交易，也没有任何转售的限制，包括私募发行。

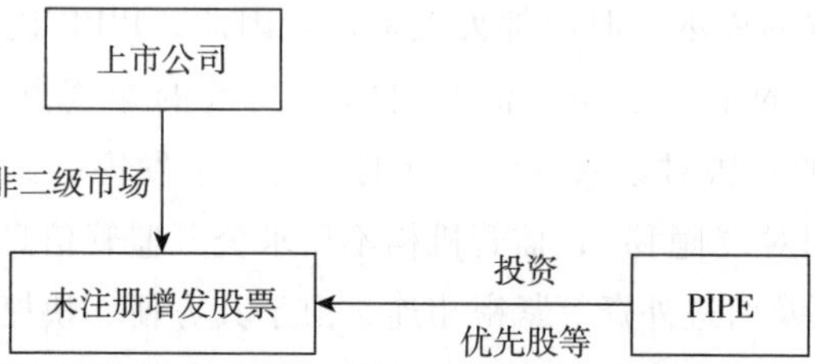


**图 11－3 传统 PIPE 交易结构模式图**

如果私募发行，则由发行人和 PIPE 投资者签订购买协议以设定价格向 PIPE 投资人发行优先股或普通股来扩大资本。根据该协议，发行人同意向投资者销售证券，投资者也同意以固定价格购买固定数量的证券。在

① 斯蒂芬·德森纳、库尔特·金编，张兴等译：《上市公司私募融资》，中信出版社 2007 年版。

签订购买协议时不得支付现金或发行证券，现金支付或证券发行只能在证券注册完成后才能进行。

在这种交易结构中，投资者在受让注册证券之前不必投入资金，避免了证券注册不成功所带来的投资风险，而作为发行人的上市公司希望尽快筹到资金，不希望将交易推迟到注册说明书生效之后。

由于多种原因，传统 PIPE 交易结构设计更倾向于普通股。这样的交易设计一方面投资者更容易理解，另一方面对发行人几乎没有义务要求，发行人不必偿还投资者的投资。因此，普通股交易与可转换债券交易相比发行简单、便捷，交易双方不必为可转换债券的条件做出决定或进行协商。

在实践中发行人通常按照 5% ~10% 的折价把普通股出售给 PIPE 投资者，投资者做出决策时很少要求额外的结构性保护，其收益主要是从折价购买或将来股票的上升中获得投资组合收益。对冲基金和共同基金往往是传统 PIPE 交易结构的最大买家。他们所采用的风险管理策略几乎取决于基金经理人对发行前景所做出的基本面评估和技术面评估，也就是取决于基金经理人的选股才能。因此，这样的选择特别容易受到市场波动影响。

然而，在普通股交易中投资者一般不能享受可转换证券所提供的好处，如反稀释权，或一旦发生破产或清算，可转换证券、优先股首先受到保护。因此，在传统交易设计中采用普通股给投资者增加了投资风险。

### 11.3.2 结构化 PIPE 交易结构设计及证券选择

所谓结构化 PIPE 交易设计，即交易双方达成了一个有关未注册证券销售的购买协议，交割在购买协议签订时同时进行，发行者可在证券还未注册成功时就获得资金（如图 11 -4）。在这种结构中，发行人通常承诺对交易结束后发行的普通股进行注册，或者对交易结束时发行的可转换证券背后的普通股转售进行注册。目前，在美国，这种 PIPE 交易结构比较盛行。

144 和 144A 规则准许一定数量证券在还未注册情况下进行销售，这实际上就是一种有限豁免。根据 144 规则，受限证券可以在两年持有期到期之前，遵照特定条件和限制卖给合格投资者或授信投资者，合格投资者购买的证券不得转售给公共投资者；持有期达到两年后，这类证券可以不受限制地转售。其中，受限证券是指没有向证券交易委员会注册，在某次交

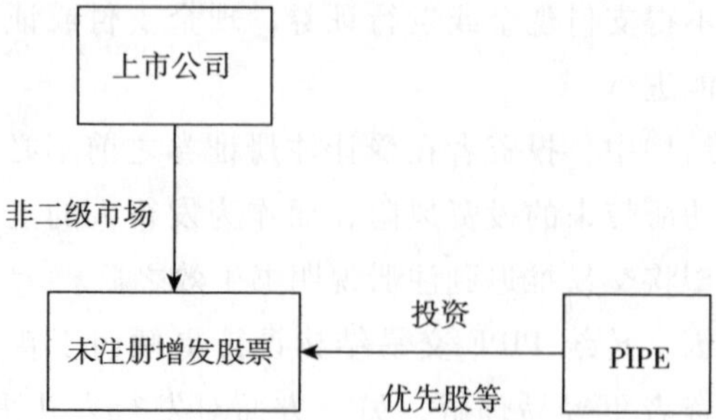


**图 11-4 结构化 PIPE 交易结构模式图**

易（不包括公开发行）中直接或间接从发行人那里获得、有转售限制的证券。而 144A 规则规定在没有公开发行的交易中，允许发行人销售受限证券。144A 规则要求受限证券销售给合格的机构买者，其中，对于销售数量没有限制；当证券发行时，不允许同类别证券在证券交易所上市，或者在报价系统中自动报价①。

结构化 PIPE 交易设计中，未注册证券通常设计为优先股、可转换优先股、可转换债券以及认股权证或上述各类证券组合的形式。

优先股是典型的未注册股票，但是可以按照特定价格，转换成发行人公开交易的普通股，这一特定价格即为“转换价格”。在购买完成前虽然没有进行注册，但发行人承诺在特定时间内完成注册。购买优先股除了能够得到优先权的好处之外，优先股股东比普通股股东有更多的权利和灵活性的选择。例如优先股可以按照特殊的股息率获得股息，而且就股息支付方式进行谈判，包括普通股和现金组合方式，或者将股息直接加到优先股票面价值上以获得更多普通股等；协商优先股转换成普通股的规则，将投资者的投资价值与市场更紧密地挂钩；根据特定事件来调整转换价格等。

在结构化 PIPE 交易结构设计中，可转换债券也是一种常用的金融工具。可转换债券是指其持有者可以在一定时期内按一定比例或价格将之转换成一定数量的另一种证券的债券，为发行人和投资者达成交易条件提供了相当大的灵活性。在公司破产清算时，可转换债券优于优先股和普通股获得赔偿，对于投资者而言，这是一种绝佳优势。此外，可转换证券越来

① 纪晟：“证券私募发行的法律问题探究”，北京交通大学硕士学位论文，2007 年。

越流行的一个辅助性特征是使用连续的或自动偿付条款。这种条款使可转换证券有不同的到期时间，而不是全部证券在同一时间到期。利用这一条款，到期前投资者不必为全部投资承担巨额风险，而是用不同的间隔来逐渐减少投资风险。

在 PIPE 结构设计中，可转换债券没有经过公开注册，是公司的一种债务工具，一般没有资产担保，可以转换为发行人的另一种证券，如通常转换为发行人公开交易的普通股。在购买结束时，虽然普通股没有完成注册，但是发行人承诺在随后的特定时间内对普通股进行注册。

## 11.4 我国 PIPE 监管与发展现状

PIPE 融资方式非常受欢迎，相对于二次发行等传统的融资手段，PIPE 的融资效率相对高而成本低，在 PIPE 发行中监管机构的审查也更少一些，而且不需要昂贵的路演，这使得获得资本的成本和时间都大大降低。然而，相对于美国活跃的 PIPE 市场，我国 PIPE 发展还处于起步阶段。这与我国证券市场发展以及证券制度有关，包括 PIPE 监管制度。

### 11.4.1 我国 PIPE 监管

PIPE 监管核心是 IPO 制度。我国与美国 IPO 制度差别很大，如美国 IPO 实行注册制，而我国实行核准制，公开发行证券门槛比美国高。另外，我国严禁未获证监会批准而公开发行证券。

我国《上市公司证券发行管理办法》规定以下 7 种情况不准非公开发行证券：①本次发行申请文件有虚假记载、误导性陈述或重大遗漏；②上市公司的权益被控股股东或实际控制人严重损害且尚未消除；③上市公司及其附属公司违规对外提供担保且尚未解除；④现任董事、高级管理人员最近三十六个月内受到过中国证监会的行政处罚，或者最近十二个月内受到过证券交易所公开谴责；⑤上市公司或其现任董事、高级管理人员因涉嫌犯罪正被司法机关立案侦查或涉嫌违法违规正被中国证监会立案调查；⑥最近一年及一期财务报表被注册会计师出具保留意见、否定意见或无法表示意见的审计报告。保留意见、否定意见或无法表示意见所涉及事项的重大影响已经消除或者本次发行涉及重大重组的除外；⑦严重损害投资者合法权益和社会公共利益的其他情形①。

另外，我国没有颁布专门针对 PIPE 的法规。目前监管部门对 PIPE 的监管工作主要体现在信息披露的监管上，从制度上将 PIPE 的信息披露规定更加细化。在实际操作过程中往往由于繁琐的信息披露监管程序，失去 PIPE 本应具有的高效、低成本优势。

### 11.4.2 我国 PIPE 发展现状

相对于美国活跃的 PIPE 市场，我国 PIPE 发展还处于起步阶段。这与我国证券市场发展以及证券制度有关，如我国严禁未经批准公开发行证券，因此，结构化 PIPE 交易结构在我国不存在，这一交易结构在美国占据较大比重。

尽管如此，近些年我国 PIPE 发展势态良好。2007 年至 2011 年，PIPE 投资案例数量呈现明显增长态势，案例数量由 53 起增加到 143 起，累计增幅达 170%。

从投资规模来看，由 2007 年 104 亿美元增至 2011 年 127.7 亿美元，增幅达 23%。其中 2008 年因全球金融危机影响，投资规模略有下降，2009 年因淡马锡联合厚朴投资 73 亿美元战略投资建设银行的巨额交易使得 2009 年 PIPE 投资规模居近 6 年之首。

从 PIPE 投资在整个 PE 投资规模占比来看，扣除 2008 年、2009 年的超低和超高影响，2010 年至今基本维持在 35% ~45% 的波动区间。

从行业分布来看，2012 年 PIPE 投资案例数中，制造业、化学工业、金融、医疗健康四个行业分别以 16、10、6、6 笔投资占比 23%、16%、10%、10% 居前四位；投资规模按照行业分布来看，金融行业、制造业、建筑建材行业分别以 30.76 亿美元、6.38 亿美元、5.57 亿美元占比 49%、10% 和 9% 位居各细分行业前三。

我国 PIPE 发展的主要原因：一是行业适用性广。以往 PIPE 主要用于生物技术等领域，如今已广泛应用在各个领域中，如通讯、医疗保健、消费、技术和工业等行业。二是比较适合小规模股票发行市场。通过全市场化的二级市场进行公开发行受市场波动影响很大，而高效、成本低的 PIPE 比较适合中小上市公司进行再融资。三是大型上市公司开始选择 PIPE 方

① 李红波："定向增发简析"，《现代商业》，2009 年第 15 期。

式进行融资。中小上市公司选择 PIPE 方式较多，但当公开市场持续疲软时，一些大型上市公司为了加快融资速度也转向 PIPE 方式。四是 PIPE 逐渐成为全球化市场。国际资本市场上对 PIPE 的需求量在逐渐增大，尤其是美国 PIPE 投资者在全球寻找投资机会，包括在我国资本市场上寻找投资机会，从而推动我国 PIPE 发展。

# 参考文献

1. BOBDING：“中国创业者众筹融资的三个案例”，《沪港经济》，2013 年第 10 期。

2. 艾亚：“海泰—戈壁联姻创建中外风险投资合作模式”，《国际融资》，2007 年第 7 期。

3. 柏高原、李东光：“新金融——私募股权母基金”，《产权导刊》，2012 年第 2 期。

4. 包刚：“外商风险投资的法律规制”，复旦大学硕士学位论文 2011 年。

5. 蔡沧铭：“私募股权投资‘基金的基金’创设和运作的若干问题研究”，厦门大学硕士学位论文，2012 年。

6. 曹珺：“我国政府引导基金的风险防范体系构建”，《商业时代》，2011 年第 7 期。

7. 曹珺：“我国政府引导基金的风险管理研究”，复旦大学硕士学位论文，2011 年。

8. 曹祎遐、朱天运：“众筹模式颠覆融资理念”，《上海信息化》，2014 年第 4 期。

9. 朝华：“关于进一步做好国有企业债权转股权工作意见的通知等”，《化工技术经济》，2003 年第 7 期。

10. 陈蓓：“论私募股权投资基金的法律问题”，复旦大学硕士学位论文，2010 年。

11. 陈明：“我国私募股权投资基金法律问题研究”，复旦大学学位论文，2010 年。

12. 陈颖：“外资私募股权基金设立与退出的法律环境思考”，厦门大学学位论文，2011 年。

13. 陈柳钦：“美国风险投资业的发展及其借鉴”，《上海行政学院学报》，2005 年第 1 期。

14. 成英谦："创业投资机制在中国实现途径研究"，北京交通大学硕士学位论文，2006 年。

15. 程龙："LT 公司上市方案策划"，西南财经大学学位论文，2008 年。

16. 储莉萍："中国杠杆收购第一案——PAG 收购好孩子"，《投资与合作》，2012 年第 11 期。

17. 崔耀娜、谭祖卫、姜明明、何小锋："人民币股权投资母基金运作模式研究"，《金融与经济》，2012 年第 8 期。

18. 单体永："杠杆收购企业融资结构模型研究"，东北大学硕士学位论文，2008 年。

19. 邓超、郑元婷、王昌东："政府促进天使投资发展的国际比较及启示"，《经济问题探索》，2010 年第 1 期。

20. 丁虹："人力资源尽职调查在并购和整合中的应用"，天津大学硕士学位论文，2008 年。

21. 董明璐："FOF 在中国——后金融危机时代背景下的挑战与机遇"，《经济视角》，2010 年第 22 期。

22. 段莎："企业并购后整合风险研究及控制"，《经济生活文摘（上半月）》，2012 年第 7 期。

23. 段永峰："企业杠杆收购融资决策研究"，贵州大学硕士学位论文，2006 年。

24. 范萍："中国物业管理外部性浅析"，《现代物业》，2007 年第 2 期。

25. 傅璇："夹层融资：股权与债务之间资本通道"，《国际融资》，2004 年第 12 期。

26. 高文杰："我国中小型高新技术企业知识产权融资方式的动态比较分析"，中国科学技术大学硕士学位论文，2011 年。

27. 高文星："创业投资组织形式法律研究"，复旦大学学位论文，2009 年。

28. 古华："优质中小企业改制上市的相关问题探讨"，《商业会计》，2011 年第 26 期。

29. 古小刚、张露："拟上市企业私募股权融资相关问题研究"，《改革与开放》，2013 年第 3 期。

30. 顾文伯："上海政法学院学报"，《上海国际金融中心背景下股权投资基金法律制度》，2011 年第 3 期。

31. 郭凌霄："我国房地产企业最优融资组合研究"，哈尔滨工业大学硕士学位论文，2006 年。

32. 郭向军、刘健钧："《创业投资企业管理暂行办法》解读"，《中国经贸导刊》，2006 年第 6 期。

33. 何国华、杨之帆、周志凯："论风险投资的政府监管"，《中国软科学》，2001 年第 10 期。

34. 侯俊："中国 A 股民营企业直接上市与间接上市比较研究"，复旦大学硕士学位论文，2009 年。

35. 胡智："天使投资和天使投资者能动性的研究"，中国科学技术大学硕士学位论文，2012 年。

36. 胡丹丹："理财市场法律规制的冲突及对策"，湖南大学硕士学位论文，2009 年。

37. 胡秀玲："企业并购的风险分析"，《中小企业管理与科技》，2009 年第 28 期。

38. 黄单华："我国艺术品投资市场的基金运作研究"，湖南大学硕士学位论文，2010 年。

39. 纪晟："证券私募发行的法律问题探究"，北京交通大学硕士学位论文，2007 年。

40. 江竹青："我国创业投资引导基金运作模式与方法研究"，合肥工业大学硕士学位论文，2011 年。

41. 蒋瑶茜："政府引导基金绩效评估体系构造研究"，对外经济贸易大学硕士学位论文，2012 年。

42. 李报："我国外商风险投资法律问题研究"，首都经济贸易大学硕士学位论文，2006 年。

43. 李辉："私募股权基金选择目标企业的标准研究"，大连海事大学硕士学位论文，2010 年。

44. 李婧："地产大资管巷战"，《新晋商》，2013 年第 9 期。

45. 李敏："关于债权转股权若干问题的探讨"，《新会计》，2013 年第 3 期。

46. 李岩:“浅析保险公司投资养老社区的风险管理问题”,《投资与合作》, 2013 年第 1 期。

47. 李曜:“管理层收购中的默择内基金”,《证券市场导报》, 2004 年第 5 期。

48. 李真: “互联网金融: 内生性风险与法律监管逻辑”, 《海南金融》, 2014 年第 4 期。

49. 李德福:“中国房地产企业房地产投资信托基金融资方式”, 南开大学硕士学位论文, 2005 年。

50. 李东方:“政府失灵的原因为及其治理探析”,《昆明学院学报》, 2010 年第 1 期。

51. 李红波:“定向增发简析”,《现代商业》, 2009 年第 15 期。

52. 李宏媛:“中国房地产投资基金起步模式的选择”, 对外经济贸易大学硕士学位论文, 2006 年。

53. 李立新、雷良海: “我国私募股权投资发展现状与趋势分析”,《电子制作》, 2013 年第 7 期。

54. 李珊珊:“创业投资资本供给法律问题研究”, 北京交通大学硕士学位论文, 2007 年。

55. 李田香:“我国上市公司资产重组实证研究”, 中南民族大学硕士学位论文, 2004 年。

56. 李晓波:“企业规模论学位论文”, 四川大学学位论文, 2008 年。

57. 李雪静: “众筹融资模式的发展探析”, 《上海金融学院学报》, 2013 年第 6 期。

58. 李雅君:“并购基金并购上市公司的绩效研究”, 首都经济贸易大学硕士学位论文, 2012 年。

59. 李岩、苏鑫:“艺术金融产品的风险控制——基于艺术品价格指数的期货合约设计”,《管理学家》, 2013 年第 17 期。

60. 李艳旻:“创业风险投资制度研究”, 复旦大学学位论文, 2011 年。

61. 李焱鑫:“外资并购对国家经济安全的影响及对策”, 大连海事大学学位论文, 2010 年。

62. 李月川:“一份成功的商业计划书是怎样炼成的”,《科技创业》, 2003 年第 7 期。

63. 梁昭："私募股权投资基金法律制度研究"，湘潭大学学位论文，2012 年。

64. 梁泸月： "房地产投资基金研究"，复旦大学硕士学位论文，2006 年。

65. 刘红："天使投资初探"，《商场现代化》，2009 年第 10 期。

66. 刘洁："通过特殊目的公司境外间接上市监管法律制度研究"，厦门大学硕士学位，2012 年。

67. 刘健钧："《创业投资企业管理暂行办法》解读"，《江苏科技信息》，2007 年第 7 期。

68. 刘健钧："《关于创业投资引导基金规范设立与运作的指导意见》解读"，2009 科技金融创新发展高层论坛，2009 年。

69. 刘健钧："境外创业投资引导基金运作模式与启示"，《中国科技投资》，2006 年第 10 期。

70. 刘健钧："中国创业资本市场发展与创业投资体制建设"，国际金融论坛第三届年会，2006 年。

71. 刘懿增："政府引导夹层基金发展的问题研究"，《现代经济信息》，2013 年第 20 期。

72. 刘志东、宋斌："夹层融资的理论与实践"，《现代管理科学》，2007 年第 5 期。

73. 楼麟："我国创业投资引导基金的现状与问题研究—以苏州工业园区创业投资引导基金为例"，苏州大学硕士学位论文，2012 年。

74. 栾轶玫： "新闻众筹：我的新闻你做主?"，《中国传媒科技》，2013 年第 23 期。

75. 马骎："人民币私募股权基金法律制度研究"，复旦大学硕士学位论文，2011 年。

76. 马俊芳："目标公司董事会反收购权探究"，南京师范大学硕士学位论文，2008 年。

77. 马翊航："私募股权投资基金组织形式研究"，云南财经大学硕士学位论文，2012 年。

78. 毛亦蓝："房地产信托投资基金的 IPO 市场表现影响因素研究"，对外经济贸易大学硕士学位论文，2007 年。

79. 孟冲："实物期权方法在钢铁企业并购定价中的应用"，江西理工大学硕士学位论文，2010 年。

80. 孟培："REITs 在我国公租房建设中的应用研究"，重庆大学硕士学位论文，2012 年。

81. 孟韬、张黎明、董大海："众筹的发展及其商业模式研究"，《管理现代化》，2014 年第 2 期。

82. 潘静："我国房地产投资信托发展研究"，中国人民银行金融研究所硕士学位论文，2006 年。

83. 潘双庆："民营企业资本运作中的对赌协议研究"，《福建论坛（人文社会科学版）》，2009 年第 2 期。

84. 庞跃华、曾令华："创业投资引导基金运作模式的国际比较与中国选择"，《湖南大学学报（社会科学版）》，2011 年第 3 期。

85. 裴力："并购基金的成败分析及风险控制"，《中国城市经济》，2009 年第 12 期。

86. 裘实："保持天使投资本色 避免基金概念炒作"，《投资与合作》，2015 年 3 月 14 日。

87. 秋文："轻轻松松当上美国'房东'"，《股市动态分析》，2013 年第 20 期。

88. 瞿明："并购基金在国际及我国的发展研究"，《管理观察》，2012 年第 12 期。

89. 任红娟："中国房地产投资信托模式研究"，华东师范大学硕士学位论文，2007 年。

90. 邵辉："我国中小企业税收政策存在的问题及对策研究——以常州为例"，苏州大学学位论文，2012 年。

91. 斯蒂芬·德森纳、库尔特·金编，张兴等译：《上市公司私募融资》，中信出版社 2007 年版。

92. 宋小杰："我国创业投资引导基金管理机制研究"，中国海洋大学学位论文，2011 年。

93. 覃琴："房地产信托投资基金投资组合策略研究"，中央民族大学学位论文，2009 年。

94. 谭祖卫、胡芳日："创业投资引导基金运作模式探讨"，《中国科技投资》，2008 年第 8 期。

95. 万婷："我国创业投资引导基金的发展现状及对策研究"，安徽大学学位论文，2012 年。

96. 王超："美国天使投资制度研究及对我国的启示"，对外经济贸易大学硕士学位论文，2012 年。

97. 王冲："物权客体研究——物权客体是否以有体物为限"，西南政法大学硕士学位论文，2009 年。

98. 王飞："政府创业投资引导基金法律制度研究"，西南政法大学学位论文，2009 年。

99. 王红："天使投资在中国的发展探索"，《企业管理》，2009 年第 1 期。

100. 王茜："Crowdfunding——初创企业的融资救星"，《全球科技经济瞭望》，2013 年第 12 期。

101. 王大贤："夹层融资：一种灵活的融资方式"，《国际融资》，2006 年第 8 期。

102. 王桂林："广州创业投资引导基金运作模式研究"，中山大学学位论文，2010 年。

103. 王华景："我国中小高科技企业成长期的夹层融资应用研究"，对外经济贸易大学硕士学位论文，2010 年。

104. 王立中："天津市创业投资机制研究"，天津大学硕士学位论文，2004 年。

105. 王利明："中国物权法的制定、体系及适用：中国特色与中国经验"，中外法律体系比较国际学术研讨会，2007 年。

106. 王瑞梅："中美上市公司并购动因与效应比较研究"，山西财经大学硕士学位论文，2006 年。

107. 王伟光："我国人民币 PE/VC 基金组织形式研究"，对外经济贸易大学学位论文，2010 年。

108. 王笑雨："风险投资契约条款设置对风险企业成长绩效影响研究"，浙江大学硕士学位论文，2013 年。

109. 王元君："私募股权投资基金 LP 研究"，云南财经大学学位论文，2013 年。

110. 闻岳春、程同朦："政府引导基金和海外风险资本在支持技术创新方面的应用研究”，《浙江金融》，2008 年第 11 期。

111. 吴江：“拓宽私募股权投资基金资金来源渠道”，《现代经济（现代物业中旬刊)》，2010 年第 3 期。

112. 吴军：“租赁公司融资方式比较及实证分析”，天津大学学位论文，2008 年。

113. 吴敏：“试论我国企业并购的动因及存在问题”，《培训与研究 - 湖北教育学院学报》，2004 年第 5 期。

114. 吴晓敏：“敌意收购中的并购与反并购策略研究”，对外经济贸易大学硕士学位论文，2000 年。

115. 伍康鸿：“关于发展我国企业并购基金的探析”，《学理论》，2012 年第 25 期。

116. 夏荣静：“推进我国创业投资引导基金发展的探讨综述”，《经济研究参考》，2011 年第 36 期。

117. 肖颖：“政府引导型并购基金的运行机制研究”，北京交通大学硕士学位论文，2013 年。

118. 肖和保：“创业投资优先股研究”，《财经理论与实践》，2011 年第 2 期。

119. 肖太福：“非公有制企业发行股票并在创业板上市之法律研究”，会议论文，2009 年。

120. 谢琼：“中国转型经济环境下创投企业的投资管理过程及风险控制方法研究”，复旦大学硕士学位，2009 年。

121. 邢金义：“鄂尔多斯 ABC 商贸有限公司上市前重组改制方案设计”，河北工业大学硕士学位论文，2013 年。

122. 徐锋：“上市公司反收购措施研究——以“毒丸”为研究对象”，西南政法大学硕士学位论文，2008 年。

123. 许欣：“关于政府引导基金运作模式的比较与分析”，《江苏科技信息（学术研究)》，2011 年第 12 期。

124. 续芹、刘静、刘松青：“Pre - IPO 基金的作用——来自香港主板市场中国企业的经验证据”，中国会计学会财务成本分会 2006 年年会暨第 19 次理论研讨会 2006 年。

125. 宣甲尧：“外商投资性公司若干法律问题研究”，复旦大学学位论文，2005 年。

126. 闫琳："引导基金支持战略性新兴产业发展的运行模式研究"，山西财经大学学位论文，2012 年。

127. 颜永廷："我国房地产信托投资基金发展趋势"，《金融与经济》，2008 年第 4 期。

128. 杨波："企业管理效率与并购风险"，《现代企业》，2011 年第 12 期。

129. 杨东、刘翔："互联网金融视阀下我国股权众筹法律规制的完善"，《贵州民族大学学报（哲学社会科学版）》，2014 年第 2 期。

130. 于飞："我国上市公司杠杆收购中的融资模式研究"，安徽大学硕士学位论文，2008 年。

131. 于林："我国天使投资发展现状与对策研究"，《改革与战略》，2012 年第 10 期。

132. 于雪："中国家族企业上市融资法律问题研究"，哈尔滨工程大学学位论文，2009 年。

133. 于凤坤："政府创业投资引导基金的实践与作用"，《中国科技投资》，2007 年第 9 期。

134. 于海龙："商业银行小微企业信用风险管理研究"，中国海洋大学学位论文，2013 年。

135. 于林、张燕："政府引导天使投资发展的国际比较与启示"，《探索》，2013 年第 4 期。

136. 俞洋："中国艺术品投资基金发展研究"，云南财经大学硕士学位论文，2013 年。

137. 翟家誉："夹层融资——创新房地产开发企业金融信托融资的有效途径"，《会计师》，2011 年第 9 期。

138. 张娜："我国中小企业夹层融资的理论与实践研究"，合肥工业大学硕士学位论文，2008 年。

139. 张浩林："广发证券反并购案策略研究"，《邯郸职业技术学院学报》，2012 年第 4 期。

140. 张克明："企业杠杆收购的财务风险预警机制研究"，《中国农业银行武汉培训学院学报》，2012 年第 3 期。

141. 张蕾、侯洁、王志敏："浅析政府引导基金"寻租"风险防范"，

《科技管理研究》2011 年第 22 期。

142. 张立军："中国国情国力"，《夹层融资：期待在中国发展》，2006 年第 3 期。

143. 张清华："第四方物流夹层融资的相关问题浅析"，《中小企业管理与科技》，2011 年第 3 期。

144. 张树梅、曲慧、沈永健："从投融资体制变迁看国有企业资本结构优化"，《现代商贸工业》，2008 年第 7 期。

145. 赵坚："中国企业管理层收购初探"，复旦大学硕士学位论文，2004 年。

146. 赵光明："发展人民币母基金（FOF）推动私募股权人民币基金健康发展"，《中国市场》，2011 年第 26 期。

147. 郑威："我国私募股权基金监管法律问题研究"，江西财经大学硕士学位论文，2009 年。

148. 郑鈜、李潇潇："并购基金的监管路径：一个商法思维的分析框架"，《南方金融》，2014 年第 1 期。

149. 郑元婷："高新技术中小企业中天使投资的运行模式及对策研究"，中南大学硕士学位论文，2009 年。

150. 周围："政府创业投资引导基金的运营管理研究"，复旦大学学位论文，2012 年。

151. 周颖："国有企业脱困呼唤企业重组——透析仪电重组案例"，上海交通大学硕士学位论文，2001 年。

152. 周海彤、魏静茹、刘晴："资本结构、公司高管和公司价值——基于权衡理论、啄序理论等探讨资本结构对公司高管和公司价值的影响"，《商品与质量：理论研究》，2012 年第 6 期。

153. 周倩倩："我国私募股权基金投资策略研究"，中国石油大学（华东）硕士学位论文，2010 年。

154. 周绍朋、傅璇："夹层融资的中国模式探析"，《国家行政学院学报》，2006 年第 2 期。

155. 周运兰："中小企业股权融资和股权再融资研究"，华中农业大学博士学位论文，2008 年。

156. 朱文莉、刘思雅："政府创业投资引导基金发展现状、问题及对策”，《会计之友》，2014 年第 2 期。

157. 卓方芳：“非法吸收公众存款罪的理解与适用”，湖南师范大学硕士学位论文，2013 年。

158. “关于并购”，《财经界》，2005 年第 3 期。

159. “关于创业投资引导基金规范设立与运作的指导意见”，《安装》，2008 年第 12 期。

160. “关于外商投资举办投资性公司的规定”，《对外经贸财会》，2004 年第 7 期。

161. “中国的引导基金如何运作”，《国际融资》2014 年第 4 期。

网络资源

162. “《创业投资引导基金指导意见》解读_ 百度文库”，http：//wenku. baidu. com。

163. “2013 年政府引导基金专题报告”，http：//www. docin. com。

164. “关于创业投资引导基金设立方案_ 百度文库”，http：//wenku. baidu. com。

165. “国外典型创业投资引导基金的运作模式—MBA 智库文档”，http：//doc. mbalib. com。

166. “国外政府创业投资引导基金运作模式的比较”，http：//www. docin. com。

167. “挤出效应_ 百度文库”，http：//wenku. baidu. com。

168. “境外创业投资引导基金运作模式与启示_ 百度文库”，http：//wenku. baidu. com 。

169. “私募股权投资的新变化之七，政府引导基金 FOF”，http：//www. docin. com/。

170. “一文读懂政府引导基金_ 百度文库”，http：//wenku. baidu. com。

171. “政府失灵的主要表现是什么？”，http：//www. sdsgwy. com。

172. “中国产业投资基金综述”，http：//www. docin. com。

173. “中国的引导基金如何运作 - 新闻频道 - 和讯网”，http：//news. hexun. com。